Verein für Psychoanalytische Sozialarbeit (Hg.)
Verrückte Lebenswelten

Verrückte Lebenswelten

Über Ressourcenorientierung
in der Psychoanalytischen Sozialarbeit

Herausgeber:
Verein für Psychoanalytische Sozialarbeit
Rottenburg und Tübingen

edition diskord im Brandes & Apsel Verlag

Sie finden unser Gesamtverzeichnis mit aktuellen Informationen im Internet unter: www.brandes-apsel-verlag.de
Wenn Sie unser Gesamtverzeichnis in gedruckter Form wünschen, senden Sie uns eine E-Mail an: info@brandes-apsel-verlag.de
oder eine Postkarte an:
Brandes & Apsel Verlag, Scheidswaldstr. 22,
60385 Frankfurt a. M., Germany

1. Auflage 2009
© Brandes & Apsel Verlag, Frankfurt a. M.
Alle Rechte vorbehalten, insbesondere das Recht der Vervielfältigung und Verbreitung sowie der Übersetzung, Mikroverfilmung, Einspeicherung und Verarbeitung in elektronischen oder optischen Systemen, der öffentlichen Wiedergabe durch Hörfunk-, Fernsehsendungen und Multimedia sowie der Bereithaltung in einer Online-Datenbank oder im Internet zur Nutzung durch Dritte.
Umschlag: Franziska Gumprecht, Frankfurt a. M.
Satz: Gaby Wurster, Tübingen.
Druck: Impress, d.d., Printed in Slovenia.
Gedruckt auf säurefreiem, alterungsbeständigem und chlorfrei gebleichtem Papier.

Bibliografische Information der Deutschen Nationalbibliothek:
Die Deutsche Nationalbibliothek verzeichnet diese Publikation in der Deutschen Nationalbibliografie; detaillierte bibliografische Daten sind im Internet über http://dnb.d-nb.de abrufbar.

ISBN 978-3-86099-608-9

Inhalt

Vorwort 7

Christof Krüger
Psychoanalytische Sozialarbeit im Spannungsfeld
der Forderungen nach ökonomischer Rationalität,
Alltagsnähe und Ressourcenorientierung 11

Peter Kastner
Geschichte(n) verstehen oder systemisch denken.
Anmerkungen zur Wahrnehmung der Veränderung
in der Sozialpädagogik – Verdrängung des Unbewussten
aus der Sozialarbeit 30

Catherine Moser
Der Zickzack-Jugendliche. Ein direkter Weg? 50

Achim Perner
Selbstheilungskräfte im Hilfeprozess.
Zur Mobilisierung von inneren und äußeren Ressourcen
in der Psychoanalytischen Sozialarbeit am Beispiel der Arbeit
mit dissozialen Jugendlichen 70

Beate Fischer und Thomas Kuchinke
Das Optimum im Minimum?
Langzeitbetreuung einer Familie mit minimalen Ressourcen 86

Esther Leuthard und Caroline Pahud de Mortanges
Reparieren statt verstehen.
Nicht nur AuftraggeberInnen erwarten schnelle Lösungen 112

Sylvie Etrich und Hartmut Kleefeld
„Komm doch mal bitte in mein Zimmer."
Eine ungewöhnliche Krisenintervention bei einem
zwölfjährigen Jungen, der eine Erzieherin
lebensbedrohlich verletzte 127

Ingrid Allerdings und Reinhold Wolf
„Wohin denn ich?"
Haltlosigkeit und Trittsuche in der Lebenswelt
psychotischer Ungetrenntheit – eine Fallgeschichte 149

Ross A. Lazar
„Du hast keine Chance ..., also nutze sie!"
Erziehen, Kurieren und Regieren in Zeiten der Krise 172

Michael Günter, Michael Maas und Horst Nonnenmann
„Gemeinsam sind wir stark."
Bandenbildung gegen Ohnmacht und depressive Ängste 185

Johan De Groef
„Was sich nicht lösen darf, soll man tragen."
Institutionelle Arbeit als Arbeit des Teppichknüpfens 208

Autorinnen und Autoren 229

Vorwort

Die 14. Fachtagung des Vereins für Psychoanalytische Sozialarbeit e. V. in Rottenburg und Tübingen fand vom 7. bis 9. November 2008 in Rottenburg statt.

Mit dem Tagungsthema *Verrückte Lebenswelten. Über Ressourcenorientierung in der Psychoanalytischen Sozialarbeit* wollten wir über die Entwicklungen und Veränderungen in den letzten beiden Dekaden in Jugend- und Eingliederungshilfe reflektieren.

Diese Entwicklungen verdanken sich allgemein dem gesellschaftlichen, spezifisch dem jugendhilfepolitischen und wissenschaftspolitischen Bemühen um Rationalisierung und Operationalisierung, dem Versuch der Effektivierung und Planbarkeit der Jugendarbeit. Im Tagungstitel sind zwei zentrale Begriffe dieser Tendenzen enthalten: die Begriffe der „Lebenswelten" und der „Ressourcenorientierung", weitere zentrale Konzepte des zeitgenössischen Diskurses sind „systemische Theorie" und „Steuerung".

Sigmund Freud hatte im Geleitwort von 1925 zur ersten Ausgabe von August Aichhorns Buch *Verwahrloste Jugend. Die Psychoanalyse in der Fürsorgeerziehung*, einem der Gründungstexte der Psychoanalytischen Sozialarbeit, geschrieben:

> Ich hatte mir frühzeitig das Scherzwort von den drei unmöglichen Berufen – als da sind: Erziehen, Kurieren, Regieren – zu eigen gemacht, war auch von der mittleren dieser Aufgaben hinreichend in Anspruch genommen. Darum verkenne ich aber nicht den hohen sozialen Wert, den die Arbeit meiner pädagogischen Freunde beanspruchen darf.

Neben dem Aspekt, dass Psychoanalytische Sozialarbeit eine Kombination dieser drei unmöglichen Berufe darstellt, sofern in ihr in je spezifischem, individuell angepasstem Verhältnis zugleich analysiert, erzogen und regiert, also eine lebbare Umwelt zu konstruieren versucht wird, wollen wir hier den Begriff des „Unmöglichen" herausgreifen.

Vielleicht konnte 1925 im wissenschaftlichen Diskurs deshalb noch gescherzt werden, weil noch etwas Unmögliches, etwas Nicht-Planbares, etwas Überraschendes gedacht werden konnte. Heute drohen diese Spielräume im Versuch der Operationalisierung des Unmöglichen, im Versuch, die menschlichen Verhältnisse und die Welt steuerbar und planbar zu machen, tendenziell verloren zu gehen. Im gesellschaftlichen Wirkungs- und Betätigungsfeld der Psychoanalytischen Sozialarbeit – das heißt in einer Schnittmenge der Diskurse der Jugendhilfe, der Sozialpädagogik, der Schulpädagogik, der systemischen Therapie und Familientherapie, der Psychiatrie, der psychoanalytischen Psychotherapie sowie der Sozial- und Jugendhilfepolitik – breiten sich Begriffe und Vorstellungen bis in die Gesetzestexte hinein aus, die stark durch ökonomische und steuerungspolitische Strategien geprägt scheinen. Strategien zudem, die sich eher an das bewusste Ich als an das Unbewusste wenden.

Die Kategorie der Unmöglichkeit tritt hier in den Hintergrund. Wo Freud noch hervorhob, dass psychoanalytische Fallgeschichten sich immer wieder wie Novellen lesen, werden heute im Dienste möglichst effizienter Dienstleistungen oft keine Fallgeschichten mehr erzählt, sondern eher die Erreichung messbarer Ziele gezählt und bewertet.

Es ist eine Frage, ob so die Komplexität der menschlichen Verhältnisse adäquat abgebildet und beeinflusst werden kann. In den verrückten Lebenswelten der Menschen, mit denen wir es in der Psychoanalytischen Sozialarbeit oft zu tun haben, stoßen wir immer wieder auf Unmöglichkeiten, die nur schwer und auf mühsamen Umwegen – wenn überhaupt – zu überwinden sind. Bedeutet es das Ende der Reichweite und damit auch der Zuständigkeit der Jugendhilfe, wenn diese Unmöglichkeiten nicht mit gezielten Interventionen verwandelt werden können?

Unbestreitbar ist, dass auf dem Hintergrund knapper gesellschaftlicher finanzieller Ressourcen versucht werden muss, die vorhandenen Mittel möglichst effizient einzusetzen. Unbestritten ist wohl auch, dass die gesellschaftliche Entwicklung immer mehr gravierende psychosoziale Problemlagen erzeugt, die den Strategien der Steuerung – von der Makro-Ebene der Sozialplanung und Sozialpolitik bis zur Mikro-Ebene der einzelnen Familie und des einzelnen Jugendlichen – schwer überwindbare Hindernisse entgegenstellen. Diskussionswürdig scheint aber, wie diesen Problemlagen möglichst wirksam und nachhaltig begegnet werden kann.

Wie kann man also mit dem umgehen, was sich der Steuerbarkeit und Planbarkeit entzieht?

Auf unserer Tagung wollten wir versuchen, ein psychoanalytisches Verständnis von Entwicklung, der Aktivierung von Ressourcen, der Berücksichtigung des Unbewussten, der alltagsnahen Arbeit in und mit Lebenswelten und mit Netzwerken und Systemen zu formulieren.

Wie immer waren es auch diesmal die Schwierigkeiten unserer alltäglichen Arbeit, die uns zur Formulierung dieses Themas brachten: Häufig begegnen wir in unserer Arbeit mit ich-strukturell beeinträchtigten Menschen, die nur beschränkt im Sinne eines Dienstleistungs- und Kundenmodells kontraktfähig sind, allen denkbaren Unmöglichkeiten, die nicht planvoll in Möglichkeiten umgewandelt werden können. Hier müssen wir oft andere Wege und Umwege suchen. Wie diese individuell angepassten Wege aussehen können, lässt sich kaum auf einer allgemeinen Ebene darstellen, vielmehr eher am Beispiel von Fallnovellen zeigen.

Die Beiträge, die wir in diesem Buch vorlegen, sind angeordnet nach dem Prinzip: vom Allgemeinen zum Besonderen (und wieder zurück). Zunächst werden Einzelfälle dargestellt, in denen auch die Familiensysteme berücksichtigt werden, dann Fallgeschichten von Gruppen und Institutionen.

Der Einführungsvortrag von *Christof Krüger* umreißt das Thema in seinen vielfältigen Verästelungen, ausgehend von der praktischen Erfahrung im Feld der Jugendhilfe im Tübinger Verein für Psychoanalytische Sozialarbeit.

Peter Kastner rekonstruiert kenntnisreich den geschichtlichen Prozess der Verdrängung der Psychoanalyse und des Unbewussten aus der Sozialarbeit auf jugendhilfepolitischer und ausbildungspolitischer Ebene.

Catherine Moser verknüpft allgemeine Erwägungen über den Begriff der Ressource mit konkreten Fallgeschichten. Sie affirmiert aus psychoanalytischer Perspektive die Abweichung von der Norm im Sinne eines Rechtes auf Besonderheit.

Achim Perner bietet eine systematische Interpretation des Begriffes der Ressourcenorientierung in der Psychoanalytischen Sozialarbeit an, die er an dann an einem detaillierten Fallbeispiel darstellt.

Die folgenden vier Beiträge von *Beate Fischer* und *Thomas Kuchinke,* von *Esther Leuthard* und *Caroline Pahud de Mortanges,* von *Sylvie Etrich* und *Hartmut Kleefeld,* von *Ingrid Allerdings* und *Reinholf Wolf* stellen Fallgeschichten aus der Praxis der Psychoanalytischen Sozialarbeit und der Jugendpsychiatrie vor, in denen bereits sehr stark auch auf die Ressourcen und Defizite der Familiensysteme der eigentlichen Klienten, also der symptomtragenden Jugendlichen reflektiert wird.

Ross Lazar stellt eine Verbindung her zu historischen und aktuellen gesellschaftlichen und politischen Entwicklungen. Er eröffnet das Feld der strukturell zu unterscheidenden Ebenen von Gesellschaft/Institution, Gruppe und Individuum, und entfaltet es am Fallbeispiel von Supervisionen in sozialpädagogischen Institutionen.

Auf dieser Ebene der Verschränkungen der drei Systeme von Individuum, Gruppe und Institution entfaltet sich auch der Beitrag von *Michael Günter, Michael Maas* und *Horst Nonnenmann,* der die Schwierigkeiten von Bandenbildungsprozessen im Sinne der Entwicklung einer „Insassen-Subkultur" (Goffman) aufgreift.

Johan De Groef schließlich integriert in seinem Beitrag diese drei Ebenen in eindrücklicher und höchst persönlicher Form. Dem Titel seines Vortrags entnehmen wir denn auch das folgende, öffnende Motto:

„Was sich nicht lösen darf, soll man tragen."

Die Herausgeber

Christof Krüger

Psychoanalytische Sozialarbeit im Spannungsfeld der Forderungen nach ökonomischer Rationalität, Alltagsnähe und Ressourcenorientierung

Lässt sich Beziehungsarbeit messen?

Frau Maier sitzt mir gegenüber und ist schon seit einiger Zeit verstummt. Meine Worte und Fragen scheinen sie nicht mehr zu erreichen. Lähmende, schwer aushaltbare Stille erfüllt das Zimmer. Im Raum stehen noch ihre vorher geäußerten Vorwürfe gegen alle, die vorgeben, sie und ihre Tochter unterstützen zu wollen. Niemand könne ihr und ihrer Tochter helfen. Auf solch eine Unterstützung könne sie verzichten. Wieder lasse man sie im Stich.

In ihrer Erstarrung und Unerreichbarkeit ist sie gleichzeitig unfähig, zu gehen. Dies hat sie sich auch dadurch erschwert, dass sie sich immer ganz am Kopfende des Raumes einnistet und mir den Platz an der Tür überlässt. Mich überfällt eine lähmende, verzweifelte Stimmung, und es wird mich wieder viel Zeit und innere Energie kosten, diesen Termin, diese Begegnung miteinander zu überstehen, zu einem konkreten Ende zu bringen und zu „verdauen". Und erneut werde ich in der Unsicherheit zurückbleiben, ob er eine Fortsetzung findet. Dabei hätte ich dieses Gespräch heute eigentlich dafür nutzen müssen, eine gemeinsame Tischvorlage fürs Hilfeplangespräch kommende Woche zu erstellen. Darin sollten der Sinn und vor allem die Ziele dieser Familienhilfe etwas transparenter gemacht werden. Ich bin mal wieder auf die gute Verbindung zum zuständigen Jugendamtsmitarbeiter und dessen Offenheit und Verständnis angewiesen, damit diese Hilfe und Begleitung auch ohne die Erfüllung solch vorgegebener formalisierter Verfahrensabläufe eine Chance auf eine Fortführung findet.

In den meisten anderen meiner Begleitungen von Kindern, Jugendlichen und ihren Eltern ist es nicht viel anders. Wie gehe ich zum Beispiel mit Johannes um, der seit einem halben Jahr zu mir kommt, uns aus der Jugendpsychiatrie mit dringender Bitte um ambulante Nachbetreuung vermittelt wurde und der konsequent leugnet, irgendein Problem zu haben? Sein in allen Belangen redegewandter Vater, der immer wieder auch in unsere Termine einbricht, weiß dagegen ganz genau gegenüber allen Institutionen zu erklären und psychodynamisch zu analysieren, welche Probleme sein Junge habe und welche Ziele man aufgrund dessen mit ihm verfolgen müsse. Wie dieser verrückten Situation gerecht werden und der Sprachlosigkeit und völligen Verweigerung dieses Jungen eine Stimme geben? Wie den Vater für eine andere, distanziertere Sichtweise gewinnen, in der er, seine Geschichte und Erfahrungen genügend Platz finden und die trotzdem Raum für ein eigenständiges Erleben seines eng an ihn gebundenen Sohnes lässt?

In diesem Zusammenhang fällt mir auch Frau Berger ein, die zweimal die Woche zu mir kommt und es nie schafft, pünktlich zu sein. Gleichzeitig nimmt sie das Ende des Termins nur zur Kenntnis, wenn ich aufstehe und mit ihr konkret das Zimmer verlasse. Sie ist mit ihrem achtjährigen Sohn Philipp in einer völlig verrückten, unabgegrenzten Weise verstrickt. Wenn sie über ihn spricht, spricht sie von sich und umgekehrt. Diese Unabgegrenztheit drückt sich auch darin aus, dass Philipps Zimmer, wie übrigens die ganze Wohnung, bis oben hin mit ihren Dingen vollgestopft ist. Ein Problembewusstsein für fehlende Grenzen gibt es nicht und lässt sich erst mal auch nicht mit ihr erarbeiten.

Es ist insgesamt schwerer geworden, eng vorgegebene standardisierte Rahmenbedingungen für die Genehmigung und Weiterbewilligung von Hilfen und damit verbundene bürokratisch rationale Verfahrensweisen mit den „verrückten Lebenswelten" unserer Klienten in Einklang zu bringen.

Wir sind einerseits gezwungen, wie ein durchrationalisierter Betrieb unsere geleistete Betreuungsarbeit bis auf die Minute genau in eine Datenbank einzugeben. Andererseits werden uns gleichzeitig die für unseren Arbeitsansatz unverzichtbaren inneren Reflexionsräume in Form von engmaschig begleitender Supervision nicht mehr in dem Umfang wie früher zugestanden. Unsere Arbeit erfordert im Grunde die Möglichkeit, schwierige gegenseitige, verschlungene Beziehungsprozesse mit ihrer spezifischen Psychodynamik in geschützten Berichten darstellen zu können. In gemeinsam erstellten Tischvorlagen, die vorrangig am Gedanken der Transparenz und Partizipation ausgerichtet sind,[1] ist das nur schwer möglich.

Es bleibt für uns, wie im Übrigen auch für alle anderen im Sozial- und Gesundheitsbereich Tätigen, nicht folgenlos, wenn anstatt des Menschen, die abrechenbare Leistung, die man für ihn erbringt, immer mehr ins Zentrum der Aufmerksamkeit rückt. Unsere Arbeit unterliegt in zunehmendem Maße, als Folge der europaweiten Einführung markt- und wettbewerbsorientierter Steuerungsmechanismen in die Soziale Arbeit seit Mitte der Neunzigerjahre, ökonomischen Kriterien der Messbarkeit. Im Rahmen der Programmatik des „aktivierenden Sozialstaats"[2] ist es in den letzten Jahren zu einer „fortgeschrittenen technologischen Ausrichtung der Sozialen Arbeit"[3] bzw. einem „flächendeckenden Einzug betriebswirtschaftlicher Denk- und Handlungsformen"[4] auch in der Kinder- und Jugendhilfe[5] gekommen. Der darin unternommene Versuch, die Qualität sozialer Arbeit und ihre Messbarkeit[6] über Gesetzgebungen[7] zu regeln, hat eine Menge problematischer Auswirkungen. Die grundsätzliche Befristung der Auftragsvergabe und die bewusste Förderung der Konkurrenz der Träger und Anbieter schränken nicht nur bei uns Flexibilität und Handlungsspielräume immer mehr ein. Konnten wir früher in der ambulanten Arbeit das Setting zusammen mit unseren Klienten in einer längeren probatorischen Phase entlang auch unbewusster Prozesse konstruieren bzw. sich entwickeln lassen, sind wir jetzt oft schon von Beginn an mit engen formalen und inhaltlichen Vorgaben und messbaren Zielen konfrontiert.[8] In einer solchen outcome-orientierten Jugendhilfe verlagert sich der Schwerpunkt weg von der Beziehung zwischen Helfendem und Hilfesuchenden hin zum messbaren „Produkt" nach Euronorm 9004[9] mit Gütesiegel und Verfallsdatum. Wer hier als Träger seine Marktkompetenz über entsprechende qualitative Produktbeschreibungen nicht überzeugend darstellen kann, wird sich nicht lange halten können.[10]

Es wäre interessant, an dieser Stelle einmal darüber nachzudenken, ob der Mess-, Steuerungs- und Planbarkeitswahn, der sich in der Sozialen Arbeit breit gemacht hat, auch als gesellschaftlich unbewusster Projektions- und Bewältigungsversuch von Ängsten verstanden werden kann, die aus der fehlenden Regulierung und Steuerung des Weltwirtschaftssystems kommen. Die eigentlich „verrückten" Lebenswelten und das Fehlen von nachvollziehbarer Rationalität finden wir mehr in der Finanzwelt wieder, wie die jüngste globale Finanz- und Wirtschaftskrise anschaulich belegt.

Untrennbar verbunden mit der geschilderten Ökonomisierung des Sozialen ist die implizite Annahme eines rational handelnden, gleichberechtigten, vertragsfähigen Kunden, der eine Dienstleistung auswählt und in Anspruch nimmt. Es wird also an die Stelle der bewussten Reflexion einer notwendigerweise asymmetrischen Beziehung, die Ideologie einer durch die Orientierung am Marktmodell gleichberechtigten Partnerschaft gesetzt. Es wird der Eindruck erweckt, es könnte im Prinzip auch hier eine freie Wahl über ein

Warenangebot unterschiedlicher sozialer Dienstleistungen geben. Prämisse dieser allenthalben propagierten Kundenorientierung ist, dass der Kunde bzw. Konsument weiß, was er will, und diese Wünsche auch artikulieren und einfordern kann.

Richard Sennett beschreibt in seinem Buch *Der flexible Mensch* sehr anschaulich den Zeitgeist einer ganz aufs Kurzfristige ausgerichteten Ökonomie, dessen zentrales Kennzeichen neben Zeitverknappung die zunehmende Flüchtigkeit persönlicher Beziehungen ist. Sein Leitmotiv bezogen auf den Alltag der Menschen formuliert er so: „Bleib in Bewegung, geh keine Bindungen ein und bring keine Opfer."[11]

In ganz ähnlicher Weise kritisiert Paul Virilio den modernen Zeitgeist, der uns zu „Sklaven von Flexibilität und Geschwindigkeit"[12] degradiert. Psychische Prozesse und Beziehungen brauchen ihre Zeit und in der Hektik eines immer schnelleren Konsums und Warenaustausches reist die Seele zwangsläufig hinterher.

Die Entwertung von Beziehung und Bindung im Diskurs der Ökonomisierung ist kein Zufall. Bindung entsteht aus der Anerkennung der Abhängigkeit. Genau dies verletzt das narzisstische Ideal eines autonomen, bewussten und rationalen Nachfragers von Dienstleistungen.

Wir sehen uns also mit einem Rationalitätsbegriff konfrontiert, der sich vor allem an das vernünftige und bewusste Ich richtet. Diesen Vernunftbegriff kann man als Ergebnis eines tragischen Zusammenspiels solch unterschiedlicher Strömungen, wie der neoliberalen Aktivierungsideologie und der Selbsthilfebewegung sehen.

Entstanden als Bewegung gegen die „Entmündigung durch Experten", gegen Bürokratismus und Bevormundung hat die Selbsthilfebewegung berechtigterweise die Eigenverantwortlichkeit und Autonomie des mündigen Bürgers betonen müssen. Inzwischen ist der Ansatz Hilfe zur Selbsthilfe und seine Aufforderung zur Eigeninitiative zentrale Leitlinie in der Sozialgesetzgebung.[13] Die dort bürokratisch festgeschriebene Forderung einer nachweislichen Eigeninitiative vor dem Erhalt von Leistungen, zusammengefasst unter dem Slogan „Fordern und Fördern", verkehrt meiner Ansicht nach den Grundgedanken der Hilfe zur Selbsthilfe. Wer öfters Klienten im undurchsichtigen Gesetzes- und Bürokratiedschungel der Hartz-IV-Gesetzgebung begleitet hat, weiß, wovon ich rede.

Entspricht der hier als Empfänger von Hilfen konstruierte „vernünftige" Klient als aufgeklärter Kunde und Nutzer bereitgestellter Dienstleistungen unseren Erfahrungen? Dieses Bild trifft im Übrigen genauso wenig auf uns als sozial Tätige zu, die wir ganz ähnlichen Prozessen des Nicht-Wissens, des Zweifelns, innerer Widersprüchlichkeit unterworfen sind. Und doch sind wir immer mehr aus ökonomischen Selbsterhaltungsinteressen gezwungen, unser kategorisches „Nicht- Wissen- Können" nach außen hin in „Rational-Messbares" zu verwandeln. Dies hinterlässt sichtbare Spuren bei uns als Mitarbeiter, aber auch in unserer Institution, deren Folgewirkung längst noch nicht absehbar ist.

Jürgen Habermas hat die Zuspitzung der zunehmenden Rationalisierung der Welt auf eine bestimmte Sorte von Rationalität „Verfahrensrationalität" genannt. Danach gilt als vernünftig „nicht länger die in der Welt selbst angetroffene oder die vom Subjekt entworfene bzw. aus dem Bildungsprozess des Geistes erwachsene Ordnung der Dinge, sondern die Problemlösung, die uns im verfahrensgerechten Umgang mit der Realität gelingt."[14]

Ein solcher Vernunftbegriff autonom und rational handelnder Akteure fällt historisch hinter die Erkenntnisse der Dialektik der Aufklärung und Sigmund Freuds zurück, der hervorgehoben hat, dass niemand „Herr im eigenen Haus ist" und sein kann. Er ignoriert dabei völlig den Diskurs der Vernunftkritik, der über Nietzsche, Bataille und Foucault die Schattenseiten und Fallstricke einer solchen positiven, monologisierenden Rationalität entlarvt hat.

Die Gefahr ist erneut groß, dass mit dieser einseitigen Rationalisierung, die nicht zufällig mit einer zunehmenden Entwertung von Sozialer Arbeit als Beziehungsarbeit einhergeht, mehr oder weniger gewollt gesellschaftliche Exklusionsprozesse befördert werden. Kinder, Jugendliche und Eltern, die aufgrund ihres besonderen psychischen Eigensinns nicht von außen aktivierbar und zu einem vorgegebenen rationalen Arbeitsbündnis in der Lage sind, drohen, von einer nachhaltigen psycho-sozialen Entwicklungshilfe abgekoppelt zu werden.[15] Michael May betont, dass über die radikale Kundenorientierung und der mit ihr transportierten Vorstellung des rationalen, mündigen Klienten „den nicht zum Zuge gekommenen Gruppen die Verantwortung dafür, dass sie die Dienstleistungen nicht nachgefragt hätten, nun selbst zugeschoben werden (kann)."[16] Wer vertritt noch die Interessen der nicht so leicht aktivierbaren und rational sich äußern könnenden Menschen, und zahlt sich das noch aus?

Es gibt mehrere Gründe, warum wir uns bei dieser Tagung expliziter mit den aktuell bestimmenden Theorien in der Sozialarbeit und ihren wichtigsten Begriffen, der Lebenswelt- und Ressourcenorientierung, auseinandersetzen. Einer liegt in einer deutlich feststellbaren veränderten Anfragesituation. So haben wir es in unserer Ambulanz immer öfter mit Anforderungen an eine nachgehende Familienhilfe im Alltag, bzw. der „Lebenswelt" der Betroffenen zu tun. Damit ist – nicht zuletzt aus der ökonomischen Notwendigkeit der eigenen Refinanzierung – eine deutliche Schwerpunktverlagerung von früher mehr therapeutisch hin zu stärker handlungsorientierten sozialarbeiterisch geprägten Rahmenbedingungen in unserer Arbeit zu verzeichnen. Dazu gehört übrigens auch die Verpflichtung aller freien Träger und Anbieter, eindeutiger gesellschaftliche Kontrollaufgaben hinsichtlich unseres Klientels zu übernehmen. Dies engt die Freiräume, die aus der konstruktiven Spaltung des „doppelten Mandates"[17] zwischen freiem Träger und Jugendamt früher erwachsen sind, immer mehr ein. Umso notwendiger ist es geworden, uns noch mehr als früher auf dem Feld der Sozialarbeit mit den zuständigen Jugendämtern, aber auch anderen Anbietern und Trägern über gemeinsame und differente Inhalte, Ansätze und Begrifflichkeiten auszutauschen und zu verständigen.

Fordert man einen Sozialarbeiter auf, die zwei wichtigsten theoretischen Leitideen zu nennen, auf die er seine Arbeit bezieht, so wird man fast immer zu hören bekommen, dass seine Arbeit lebensweltorientiert und alltagsnah sei und er systemisch bzw. ressourcenorientiert denke und handle. Was ist darunter zu verstehen? Inwiefern arbeiten wir in der Psychoanalytischen Sozialarbeit alltags- und lebensweltorientiert? Wie beziehen wir Ressourcen ein und was kennzeichnet unsere Arbeit in „verrückten Lebenswelten", wie sieht sie konkret aus?

Die Lebenswelt ist nicht vor Ort

Lebensweltorientierung ist seit vielen Jahren, seit Hans Thiersch 1978 in der Zeitschrift *Neue Praxis* seinen ausgearbeiteten Vortrag unter dem Titel „Alltagshandeln und Sozialpädagogik" veröffentlichte, zu einer „identitätsstiftenden Chiffre in allen Feldern der Sozialen Arbeit"[18] geworden. Spätestens seit der 8. Jugendbericht der Bundesregierung die Standards einer zeitgemäßen Jugendhilfe unter dem Oberbegriff der „Lebensweltorientierung" gefasst hat,[19] ist er innerhalb der Sozialarbeit nicht mehr wegzudenken. Seine Prinzipien der Prävention, Regionalisierung, Alltagsorientierung, Partizipation und Integration findet man als Schlagworte fast in jeder Arbeitsfeldbeschreibung und Konzeption, sei es in der Kindertagesstätte oder in der Altenhilfe, wieder. Vergleicht man jedoch die

Differenziertheit und Komplexität dieses Begriffs mit seinen aktuellen, inflationären und populären Anwendungen und seiner einseitigen Interpretation, so ist ein massiver inhaltlicher Substanzverlust festzustellen. Das öffnet einer unkritischen auch ökonomischen Funktionalisierung Tür und Tor. Dabei droht das verloren zu gehen, was dieser Ansatz mit Grundprinzipien der Psychoanalytischen Sozialarbeit gemein hat: der Respekt und die gleichzeitige bewusste kritische Distanz zu den subjektiven Deutungen des Gegenübers. Thierschs ursprüngliche explizite Bezugnahme auf eine kritische Phänomenologie und Alltagstheorie in der Tradition von Bourdieu, Agnes Heller und im Speziellen Kosik, gerät immer mehr in Vergessenheit. Darin wird Alltagsorientierung eben nicht nur als Respekt vor der Lebensbewältigung und den subjektiven Lebensentwürfen, sondern ganz entscheidend auch als Dekonstruktion falscher „pseudokonkreter" subjektiver Konstruktionen verstanden. Das Spannungsfeld von subjektiver Wahrheit und Selbsttäuschung ist meiner Ansicht nach ohne Bezugnahme auf eine Theorie intrapsychischer Konflikte und der Annahme eines Unbewussten nur schwer aufrechtzuerhalten. Und genau davon, von dem komplexen intra- und interpersonellen Konfliktgeschehen, der unaufhebbaren gegenseitigen unbewussten Verstrickheit von Sozialarbeiter und Klient, nimmt die moderne Lebensweltheorie immer mehr Abstand. Die unter dem zentralen Leitgedanken der Partizipation einseitig betonte Wertschätzung der Kompetenzen und Lebenserfahrungen bzw. der Selbstbestimmung der Klienten kann, wie Bernd Ahrbeck betont, so dazu führen, dass Alltagsorientierung als falsche Parteilichkeit und Anpassung an den Klienten missverstanden wird. Eine intensive notwendigerweise konflikthafte Beziehungsarbeit ist nicht mehr notwendig, da eine Position eingenommen wird,

> die auf die Selbstheilungskräfte der Betroffenen und auf äußere Korrekturen setzt, die die Innenwelt unangetastet lassen. Auf der Beziehungsebene folgt daraus, dass Differenzen zwischen den Betroffenen und den Sozialpädagogen-/arbeitern immer weiter zurücktreten. Beide sollen an der gleichen Stelle mit dem gleichen Ziel arbeiten. Eine Fremdheit zwischen ihnen scheint es nicht mehr zu geben. Der Standpunkt des Anderen ist, zugespitzt formuliert fast umstandslos zum eigenen Standpunkt des Sozialpädagogen geworden.[20]

Gerade indem man in falsch verstandener Alltagsorientierung und Alltagsnähe auf eigene Methoden, Rahmenbedingungen und Orte, d. h. auf ein professionell begründetes Setting, verzichtet, wird es immer schwerer, das notwendige Spannungsfeld zwischen Respekt und Konfrontation aufrechtzuerhalten.

Meiner Ansicht nach ist es in diesem Zusammenhang kein Zufall, dass sich erst mit der Implementierung der Lebensweltorientierung im 8. Jugendbericht und einem damit verbundenen Fokus auf Fragen praktischer Umsetzung dieses Ansatzes endgültig auch ein Begriffswechsel weg vom Alltagsbegriff zu dem der Lebenswelt durchgesetzt hat. Obwohl als „Schnittstelle zwischen Subjekt und subjektiver Realitätskonstruktion, sozialer Normen und objektiven Lebensbedingungen"[21] verstanden, gewinnt neuerdings die pragmatische Interpretation von Lebenswelt als konkretem, objektiv vorfindbarem Lebensraum, als Lebenswelt vor Ort, immer mehr Einfluss. Damit einher geht ein in der Sozialen Arbeit sich immer mehr durchsetzender Trend, den Fokus weg von der „Beziehungs- und Bindungsarbeit" auf die Veränderungen im sozialen Umfeld des Klienten bzw. auf die Neugestaltung einer sozialen Infrastruktur zu setzen.[22]

An dieser konkreten geografischen Verortung der Lebenswelt als äußerem Sozialraum und objektiver Realität wird deutlich, dass im Interesse ökonomischer Steuerbarkeit und Einsparungsvorgaben die Differenz zwischen subjektiven Konstruktionen und Beziehungswelten und budgetierten, von außen definierten Sozialräumen verloren gehen kann. Versteht man die „Lebenswelt" dagegen im Wesentlichen auch als subjektiv konstruierten „inneren Ort", so macht es gerade Sinn, eine nachgehende, alltagsnahe Arbeit im konkreten äußeren Lebensfeld des Klienten um einen davon unterschiedenen andersartigen und von anderen (therapeutischen) Regeln des Sprechens bestimmten Ort zu ergänzen. Dies kann über ein konstruktives Zusammenspiel „von inneren und äußeren Orten" überhaupt erst einen Entwicklungs- und Denkraum für alle Beteiligten eröffnen.[23]

Ressourcenerschließung in Beziehungsprozessen

In der Hervorhebung der Bedeutung eines professionellen, sozialtherapeutisch strukturierten Settings trifft sich der Ansatz Psychoanalytischer Sozialarbeit – wie auch in anderen Punkten[24] – mit den Prinzipien der systemischen Familientherapie. So spannend es wäre, das Verhältnis von Psychoanalytischer Sozialarbeit zu systemischen Ansätzen und Denkweisen differenzierter zu betrachten – dies würde den Rahmen dieses Eröffnungsvortrags sprengen –, werde ich mich auf zwei eng miteinander verknüpfte Begriffe konzentrieren, die aus der systemischen Therapie kommend[25] den Diskurs in der

Sozialen Arbeit inzwischen ähnlich wie die Lebensweltorientierung nachhaltig bestimmen. Es sind dies die *Prinzipien eines lösungs- und ressourcenorientierten Denkens* und Zugangs zum Klientel in der Sozialarbeit.

Das Prinzip der Lösungsorientierung geht dabei von der zentralen Annahme aus,

> dass jedes System bereits über alle Ressourcen verfügt, die es zur Lösung seiner Probleme benötigt ... Um die Ressourcen aufzufinden, braucht man sich nicht mit den Problemen zu beschäftigen, der Fokus liegt von vorneherein auf der Konstruktion von Lösungen.[26]

In bewusster Abgrenzung zu einer Defizitorientierung, die nach wie vor medizinische, psychiatrische und klinische Diskurse bestimmen, wird hervorgehoben, dass Menschen an jedem Punkt ihrer Entwicklung über eine Vielzahl von Möglichkeiten verfügen. Betont wird, dass die Zentrierung auf Probleme und Vergangenheit kontraproduktiv sein kann und eine zielorientierte, lösungs- und zukunftsorientierte Sichtweise oftmals viel schneller zu produktiven, gewünschten Veränderungen führt. Die aus dem Konstruktivismus abgeleitete Erkenntnis, dass es im Prinzip unendlich viele subjektive und soziale Konstruktionen von Wirklichkeit gibt, unterstützt diese Sichtweise positiven Denkens.[27]

Die Konjunktur dieser Begriffe und ihre Einbettung in eine Kundenorientierung[28] sind keinesfalls zufällig und unabhängig von dem erwähnten übergreifenden Diskurs einer Ökonomisierung des Sozialen zu sehen. Aufgrund eines im Rahmen der Aktivierungsideologie bewussten Rückgangs eines sozialstaatlichen Ressourceneinsatzes müssen die potentiellen Ressourcen der Adressaten der Hilfe zwangsläufig in den Mittelpunkt rücken. Obwohl der Begriff Ressourcenorientierung sich neben familiären und denen des sozialen Netzwerks durchaus auch auf schlummernde, verschüttete bzw. unbewusste individuelle Möglichkeiten bezieht, stehen in der Praxis und Theorie Sozialer Arbeit die außerhalb der Person des Klienten liegenden Ressourcen eindeutig im Vordergrund.

In der Abwendung von einer an „linearen", einseitig „kausalen", vorrangig an inneren psychischen Prozessen orientierten Klient-Sozialarbeiter-Beziehung hin zu einer „feldorientierten", die Bedeutung der sozialen Beziehungen und des sozialen Netzwerks betonenden Arbeit, sind sich die Vertreter einer Lebenswelt- und die einer systemischen Orientierung[29] übrigens sehr einig.

Wie lösungs- und in obigem Sinn ressourcenorientiert lässt sich mit der Klientel Psychoanalytischer Sozialarbeit arbeiten?

Es ist inzwischen nicht mehr die Ausnahme, sondern vielmehr der Regelfall, dass unser Arbeitsansatz dort nachgefragt wird, wo aufgrund großer psychischer Schwierigkeiten der Eltern oder eines Elternteils eine zielgerichtete, vorrangig an äußeren und sozialen Ressourcen orientierte rationale Arbeit nicht zum erwünschten Erfolg führt. Mir liegt es fern, die Eltern, mit denen wir es oft in langer, intensiver und wertschätzender Beziehungsarbeit zu tun haben, in pauschaler Weise vorab zu pathologisieren. Doch ist gleichzeitig nicht von der Hand zu weisen, dass der Anteil an selbst sehr bedürftigen, in großen inneren Nöten steckenden, „ungehaltenen" Eltern, die ihren Kindern trotz aller gutgemeinten Bemühungen nicht die notwendigen inneren und äußeren Grenzen zur Verfügung stellen können, bei unseren Anfragen stetig zuzunehmen scheint.[30] Es handelt sich dabei gerade nicht um solche Familien, in denen ein Elternteil nach außen hin deutlich erkennbar psychisch erkrankt ist und entsprechende psychiatrische Behandlung in Anspruch nimmt. Vielmehr begegnen wir *verrückten Lebenswelten*, deren Charakteristikum darin zu bestehen scheint, dass eine gegenseitige Stabilisierung oft nur auf Kosten psychischer Entwicklung, fehlender Individuation und der Leugnung wichtiger Realitäten, wie beispielsweise der Anerkennung der eigenen inneren Schwierigkeiten und Probleme, gelingt.

In diesen Fällen kann es noch nicht darum gehen, im Sinne lösungsorientierten Denkens die „Problemtrance", wie systemische Familientherapeuten die Fixierung auf ein Problem nennen, zu verlassen. Das verleugnete, nicht wahrgenommene oder paranoisch nach außen und auf andere projizierte Problem muss vielmehr erst gemeinsam konstruiert und vertieft werden.

Das häufige Fehlen gelungener Trennungs- bzw. Triangulierungserfahrungen und ein damit verbundenes folgeschweres Verrücken von Ich-Grenzen in diesen Familien und Lebenswelten haben nicht selten symbioseähnliche Verwicklungen und Verschlingungen zur Folge. In diesen wird das Kind, aber umgekehrt auch der erwachsene Elternteil, nicht als getrennte äußere eigenständige Person wahrgenommen. Eltern erleben ihre Kinder als Teile ihres eigenen Selbst, sie verwenden sie in psychoanalytischer Terminologie „als Selbstobjekt". Sie sind demnach nur unzureichend in der Lage, die eigene

Abwesenheit beim Kind positiv zu besetzen bzw. können es schwer zulassen, ihr Kind in ihrer Gegenwart allein zu lassen.[31] Nach Fonagy fehlt hier die Fähigkeit zur Mentalisierung, das heißt „in sich selbst und anderen Gefühle wahrzunehmen und diese als *psychische Phänomene* zu begreifen."[32] Dies hat Folgen für den Zugang und die Arbeit mit diesen Familien. Die genannten verrückten Lebenswelten bilden, systemisch gesprochen, nach außen hin ein oft sehr abgeschlossenes und rational wenig beeinflussbares System. Dies muss keinesfalls bedeuten, dass keine Kooperationsbereitschaft und kein Austausch mit den Systemumwelten, sprich den Helfersystemen, anzutreffen sind. Diese sind im Gegenteil sogar oft sehr ausgeprägt, führen aber trotz viel gut gemeinter Bemühungen auf allen Seiten nicht zu grundlegenden systeminternen Veränderungen.

Aus meinen Erfahrungen mit zahlreichen langjährigen Betreuungen einzelner Eltern haben sich hier im Grunde ganz ähnliche Grundsätze und Prinzipien bewährt, wie ich sie aus der sozialtherapeutischen Einzelbegleitung früh bindungs- und entwicklungsgestörter Kinder und Jugendlicher kenne.

Ein erstes zentrales Grundprinzip ist es zunächst, die *Übertragungsbereitschaft der Eltern anzunehmen*, sich auf eine *intensive Beziehung einzulassen*, d. h. sich im Sinne von Winnicott und Bollas als Übertragungsobjekt verwenden zu lassen.

Die Begleitung solcher Eltern und Familien kann im Weiteren als *Containment* beschrieben werden, in dem es einerseits darum geht, für die emotionalen Äußerungen und Botschaften offen zu sein, diesen Affekten aber einen begrenzenden und haltgebenden Widerstand entgegenzusetzen. Es braucht auch das, was Bion als Alpha-Funktion bezeichnet hat, die Fähigkeit, als Gegenüber Beta- in Alpha-Elemente zu transformieren, ohne von ihnen mitgerissen und überwältigt zu werden.

Dies ist leichter gesagt als getan. Um gegenüber solch dualen, eingeschlossenen bzw. zu eng gebundenen Eltern-Kind-Systemen eine öffnende „dritte Position" (Britton) einnehmen zu können, bin ich selber auf diesen öffnenden Bezug, auf eine(n) mitbeteiligte(n) Kollegin(en),[33] bzw. ein *Setting*,[34] eine regelmäßige *Supervision* und eine gemeinsame Realität angewiesen. Ich kann gleichzeitig auch keine rein therapeutische, abstinente Haltung einnehmen, sondern greife gezwungenermaßen bewusst und *aktiv* in die Lebenswelt der Betroffenen ein. Von zentraler Bedeutung sind, neben der Herstellung eines analytischen Raumes für die Entfaltung von Übertragungsprozessen, eine handelnd-zielorientierte Haltung, die auf

Veränderungen äußerer Bedingungen gerichtet ist. Theoretisch wird hier ein Wechselspiel von Real- und Übertragungsbeziehung fruchtbar. Nur so ist es meiner Einschätzung nach möglich, sowohl das Abgleiten in realitätsferne, innerpsychische Welten als auch ein unfruchtbares Mit-Agieren allein auf der Ebene äußerer Realität zu verhindern.

Bezogen auf die Begleitung von Frau Berger bedeutete dies z. B. mit ihr eine neue Wohnung zu suchen, die es ihr eher ermöglicht, ihre Dinge, von denen sie sich nicht trennen kann, in einer Garage und einem Dachboden unterzubringen. Dies hat wiederum in einem nächsten Schritt ermöglicht, gemeinsam mit ihr und ihrem Sohn das vollgestellte Kinderzimmer Stück für Stück auszuräumen und somit einen eigenen äußeren aber auch inneren Raum für den Jungen zu schaffen.

Bei Frau Maier kam ich irgendwann in die Situation, ihr bei einer Autopanne und beim Abschleppen behilflich sein zu können. Es gelang ihr an diesem Punkt zum ersten Mal, Hilfe anzunehmen, ohne diese gleichzeitig zu entwerten. Dies veränderte unsere Gespräche und schuf eine Öffnung in einem bis dahin immer wieder paranoisch abgeschlossenen, sich selbstbestätigenden Wissen. Frau Maier konnte allmählich einen regelmäßigen Gesprächsrahmen akzeptieren, was ihre Tochter mit immer größerer Beunruhigung zur Kenntnis nahm. Es dauerte noch eine ganze Weile bis es schließlich gelang, auf dieser Beziehungsbasis, die erstmals eine Triangulierung im Familiensystem schuf, „ressourcenorientiert" die Bereiche in ihr zu stärken, die nicht von der pathologischen Bindung an ihre Tochter infiziert waren. Dies kennzeichnete den Beginn einer sehr produktiven „inneren Netzwerkarbeit".

Ressourcenorientierung in der Psychoanalytischen Sozialarbeit bedeutet also primär mithilfe einer niedrigschwelligen, intensiven und haltgebenden sozialtherapeutischen Beziehung die Vorraussetzung für einen lösungsorientierten Zugang überhaupt erst zu schaffen.

Wichtige Ressourcen unseres Arbeitsansatzes bestehen demnach zum einen in der *Bereitschaft* der Psychoanalytischen Sozialarbeit, sich auf *langjährige, intensive Beziehungsprozesse* mit Kindern, Jugendlichen und Eltern einzulassen, mit denen ein nach außen hin effizientes, zielorientiertes Arbeiten nicht möglich ist. Es können über ein solches Beziehungsangebot, die Bereitstellung eines gemeinsamen Erfahrungs- und Beziehungsraumes doch sehr viele Menschen erreicht werden, die sonst wegen den erwähnten ökonomischen Rationalitätskriterien aus Hilfsangeboten herauszufallen drohen.

Die Bezugnahme auf eine *psychoanalytische Theorie*, die *Erklärungsmodelle für intrapsychische und interpersonelle Konflikte und Prozesse* anbietet, stellt eine weitere unverzichtbare Ressource für die Arbeit mit und in solchen Familien dar. Dabei besteht eine wichtige Bedeutung eines solchen Theoriebezugs in der *Distanzierungsfunktion*, die sie zur Verfügung stellt.

Schließlich bildet eine *enge supervisorische Begleitung* eine zentrale Ressource in unserer Arbeit, die es überhaupt erst ermöglicht, sich auf solch schwierige Beziehungsprozesse einzulassen. Mit ihrer Hilfe können *eigene unbewusste Ressourcen*, die immer in die Übertragungs- und Gegenübertragungsprozesse einfließen, als solche erkennbar und nutzbar gemacht werden.

Die hier aufgeführten Ressourcen sind längst nicht mehr selbstverständlich in einer alltags- und lösungsorientierten Sozialarbeit.

Nicht-Wissen als gemeinsame Ressource gegen eine ökonomische Funktionalisierung Sozialer Arbeit

Wenn die Kernhypothese meiner Ausführungen zutrifft, dass nicht nur unser Ansatz, sondern auch die Lebensweltorientierung, wie die anderen populären, vom systemischen Denken inspirierten Konzepte in der Sozialarbeit in der Gefahr stehen, von einem hegemonialen Diskurs der Ökonomisierung des Sozialen funktionalisiert zu werden; wenn es weiterhin stimmt, dass selbst diese aktuell in der Sozialarbeit bestimmenden Diskurse nur dort eine Chance haben, wo sie faktisch oder begrifflich in die Logik effizienter, aktivierender Hilfen integriert werden können, dann ist es auch aus der Perspektive der Psychoanalytischen Sozialarbeit eminent wichtig, institutions- und theorieübergreifend nach einer Gegenstrategie zu suchen und sich im Sinne einer anderen „Qualitätssicherung" unserer Arbeit auf eine gemeinsame Grundhaltung zu verständigen. Ich denke, es könnte hilfreich sein, dabei das „Nicht-Wissen" als Gegenbegriff gegen „Messbarkeit" ins Zentrum der Begegnung mit dem Anderen zu stellen. Eine solche Haltung findet sich sowohl im psychoanalytischen Diskurs, der Theorie Sozialer Arbeit, als auch im systemischen Denken wieder. So etwa in der französischen Psychoanalyse bei Lacan, der von der „hohen Kunst" spricht, „eine Position des Nicht-Wissens" zu erlangen. Sie ist gleichzeitig ein zentraler Grundgedanke bei Bion, der in einem ähnlichen Zusammenhang die „negative Fähigkeit", im Zweifel und Nicht-Wissen zu verharren, hervorhebt, über die der Therapeut, aber auch der Sozialarbeiter, verfügen sollte.

Für die Sozialarbeit fordert Burkhard Müller ganz ähnliche professionelle Kompetenzen für die Sozialpädagogen, die darin bestehen, noch nicht zu wissen, was gut für andere ist, und diese Unwissenheit und Ungewissheit aushalten zu lernen. Ziel ist demnach die „kompetente Bewältigung eines prinzipiellen *Nicht-Wissen-Könnens.*"[35] Im gleichen Sinne entlehnt Thiersch der Systemtheorie den Begriff der „strukturierten Offenheit"[36] für seine Theorie alltagsorientierter Sozialpädagogik. Schließlich kennzeichnet das systemische Denken und die systemische Familientherapie nach der Überwindung kybernetischer Modelle die zentrale Erkenntnis, dass zielgerichtete, an ihrer Effizienz messbare „instruktive Interaktionen" von Systemen aufgrund der Autonomie, der „Autopoiesis", d. h. der Selbsterzeugung von Systemen, nicht möglich sind.

Vielleicht gelingt es, sich auf eine Einstellung zu einigen, welche die „Unwissenheit" des Therapeuten und Sozialarbeiters und der Anstrengung und Fachlichkeit benötigende dauernde Versuch, diese immer wieder neu herzustellen, als zentrale, grundlegende Ressource in der Begegnung mit dem anderen versteht.

Anmerkungen

1 Die Tendenz der Verabsolutierung eines sich allein am vernünftigen und bewussten Ich orientierenden Transparenzgedankens und einer „Das kann man doch alles mit Eltern und Kinder besprechen"-Ideologie treibt im Übrigen auch in der stationären Arbeit ihr Unwesen.
2 Zur Diskussion der positiven wie negativen Folgen aktivierender Strategien und Konzepte in der Sozialarbeit geben Bernd Dollinger und Jürgen Raithel einen guten Überblick. Sehr kritisch in Bezug auf die Nebenfolgen und Einseitigkeiten der Aktivierungspolitik auf die Klienten argumentieren Dahme und Wohlfahrt.
3 Thiersch, 2005, S. 15.
4 Galuske, in: Knuth, N., u. a. (Hg.), S. 88.
5 Auch das KJHG hat im Grunde der Ökonomisierung des Sozialen Vorschub geleistet, da dort nicht mehr die Institutionen, die Hilfsangebote anbieten, gefördert werden, sondern die Dienstleistungen, auf welche die Bürger Anspruch haben. Damit sind zwangsläufig die Dienstleistungen der Jugendhilfe, die nicht zufällig in Anlehnung an die Industrie Produkte genannt werden, in den Mittelpunkt der neuen administrativen Steuerung gerückt. Diese Produkte können als „Waren" auf dem freien Markt vom Jugendamt bezogen und den Bürgern angeboten werden. Dabei wird übersehen, dass man sie nicht so einfach aus spezifischen institutionellen Kontexten herauslösen kann; dafür ist die Psychoanalytische Sozialarbeit ein gutes Beispiel.

6 In diesem Zusammenhang muss man wohl auch die „Flut immer neuer Konzepte, Begriffe, Techniken, die eine immer zielgenauere und effektivere Intervention versprechen" (Galuske, in: Knuth, S. 87), einordnen.
7 Vgl. hierzu u. a. die rechtlichen Regelungen zu Leistungs-, Entgelt und Qualitätssicherungsvereinbarungen (z. B. §§ 93 BSHG, §§ 78aff. SGBVIII, §§ 80ff. SGVXI).
8 Dies ist ein Ergebnis der „Zusammenführung von Fach- und Ressourcenverantwortung" in Folge der „Neuen Steuerung", die bewusst die Verantwortlichkeit der ASD-MitarbeiterInnen auch für die „Wirtschaftlichkeit" ihrer genehmigten Hilfen ausgeweitet hat.
9 Seit 1987 wird Qualität nach der DIN EN ISO 9004 (Euro-Norm) weltweit einheitlich definiert. Und zwar geht es darin um die Eignung eines Produktes oder einer Dienstleistung zur Erfüllung festgelegter Erfordernisse.
10 Längst hat man auf die Ökonomisierung der Sozialen Arbeit auch im Bereich der universitären Ausbildung von Sozialarbeitern reagiert. Dies bekomme ich wöchentlich hautnah mit, wenn ich in meiner nebenberuflichen Tätigkeit als Dozent an der Berufsakademie leidvoll erfahren muss, dass die heutigen StudentInnen und angehenden Sozialarbeiter aufgrund der angebotenen Veranstaltungen sich zwar fast alle in betriebswirtschaftlichen Diskursen und Terminologien gut auskennen, dagegen kaum mehr etwas von innerpsychischen Prozessen, geschweige denn vom Unbewussten verstehen. Die Psychoanalyse ist schon seit einiger Zeit als wichtige Bezugswissenschaft dieser Profession verschwunden.
11 Sennett, S. 29.
12 Virilio, S. 74f.
13 Vgl. dazu Helms.
14 Habermas, 42f.
15 Zur Exklusionsthese vgl. auch Blandow, S. 184. Sehr lesenswert und provokant in seinen Thesen zur Sozialen Exklusion finde ich Heinz Bude.
16 May, S. 69.
17 Inzwischen kann man mit Recht in Anlehnung an Bourdieu von einem „dreifachen Mandat" sprechen, welches neben Hilfe und Kontrolle auch die Aufgabe einer ökonomisch effizienten Verwendung der Mittel beinhaltet (vgl. Bourdieu, S. 211ff.).
18 Galuske, 2006, S. 11.
19 Vgl. Jordan und Sengling, S. 14.
20 Ahrbeck, S. 10.
21 Vgl. Thiersch und Grunwald.
22 Vgl. dazu die heute modern gewordenen Ansätze in der Sozialen Arbeit, die anstelle der Bedeutung der Beziehung von Sozialarbeit und Klient die Erhebung von Bedarfslagen und die Steuerung und das Management von Hilfeprozessen in den Vordergrund rücken (vgl. Löcherbach).
23 Vgl. dazu den gleichnamigen Band unserer Fachtagung 1992.
24 So gibt es z. B. gleiche Wurzeln systemischer Therapie und Psychoanalytischer Sozialarbeit, was die Klientel betrifft. Die systemische Therapie ist wie die Psychoanalytische Sozialarbeit aus der Arbeit mit Kindern und Erwachsenen entstanden, die an schweren psychischen Problemen (Psychosen, schwere Verhaltensauffälligkeiten) litten, die einen andern als einen rein einzeltherapeutischen Zugang notwendig machten. Die Einbezie-

hung der Eltern, der Familie und notwendiger äußerer sozialer Rahmenbedingungen als unverzichtbare Ergänzung zu einer sozialtherapeutischen Begleitung eines Einzelnen und die damit verbundene Notwendigkeit einer wichtigen Kooperationstätigkeit sind Grundprinzipien in der Psychoanalytischen Sozialarbeit. Dazu gehört auch die Erkenntnis, dass Probleme der Kinder oft nur über die Begleitung und Behandlung der Eltern gelöst werden können. Und wir haben es nicht selten dabei auch mit unbewussten tansgenerationalen Prozessen zu tun.

25 Die lösungsorientierte Kurztherapie wurde Mitte der Siebzigerjahre in den USA u. a. von Steve De Shazer zunächst durchaus als Abgrenzung gegenüber damals üblichen Ansätzen systemischer Therapie entwickelt. Inzwischen ist ein lösungsorientiertes Vorgehen, mit dem man annimmt, langwierige, unfruchtbare und defizitorientierte Problemzentrierungen abzukürzen und zu vermeiden, eine vorherrschende Haltung in der Theorie und Praxis Sozialer Arbeit und zählt zu den Kernkompetenzen jedes Sozialarbeiters.

26 Schlippe und Schweitzer, S. 124.

27 Fälschlicherweise wird hier von systemischer Seite oftmals ein Widerspruch zum psychoanalytischen Denken postuliert, der so im Grunde nicht haltbar ist. So antwortet der berühmte Systemtheoretiker Fritz B. Simon in einem Interview (vgl. dazu http://www.fritz-simon.de/Kersting-Interview.html) z. B. auf die Frage einer grundlegenden Differenz zwischen systemischem und psychoanalytischem Denken: „Ich sehe den Hauptunterschied zwischen Psychoanalytikern und Systemikern darin, dass Analytiker immer irgendwie noch auf der Suche nach Wahrheit sind, auf der Suche nach dem, was wirklich in der Kindheit geschehen ist." Simon übersieht in dieser Unterscheidung, dass die Psychoanalyse längst davon abgerückt ist, nach „Wahrheiten" und einem objektiven Geschehen in der Vergangenheit zu suchen, sondern wie die moderne Systemtheorie ebenfalls von einer subjektiven Konstruktion von Wirklichkeiten ausgeht. So spricht beispielsweise Anna Freud schon 1976 davon, dass „das Ich nur verändern könne, was es getan hat, nicht, was ihm angetan wurde" (zit. nach Cremerius, S. 405).

28 Vgl. dazu u. a. Schweitzer, 1995, S. 292–313.

29 Im aktuellen Lehrbuch der systemischen Therapie mit Kindern und Jugendlichen betont Retzlaff zunächst ganz im herkömmlichen Sinne systemischer Therapie, dass der Therapeut sich „neben der Familie" (Retzlaff, S. 25) als Berater einzuordnen hat und sich nicht in Beziehungsprozesse verwickeln lassen sollte. Aus dieser Position einer „richtig verstandenen Kundenorientierung" (ebd.) heraus sollen Kinder und Familien darin bestärkt werden, ihre Angelegenheiten selbst zu gestalten. An späterer Stelle schränkt er dies wieder ein, indem er feststellt, dass der Therapeut nicht außerhalb des Behandlungssystems stehen kann und seine Person sogar „wichtigstes Instrument der systemischen Therapie ist" (ebd., S. 28).
Es scheint sich mittlerweile in der systemischen Therapie eine Trendwende abzuzeichnen, in der der Person des Therapeuten und dem Beziehungsprozess, in dem er sich mit dem Klienten befindet, wieder mehr Bedeutung zugemessen wird. Dass damit unbewusste Übertragungs- und Gegenübertragungsprozesse verbunden sind und berücksichtigt werden müssen, bleibt jedoch weiterhin unerwähnt.

30 Untersuchungen sprechen davon, dass es schätzungsweise 200.000 bis 500.000 betroffene Kinder psychisch kranker Eltern in Deutschland gibt (Mattejat und Remschmidt). Etwa ein Drittel der Kinder, die sich in stationärer kinder- und jugendpsychiatrischer Behandlung befinden, haben einen psychisch kranken Elternteil (ebd., S. 15). Was passiert mit ihnen und ihren Eltern nach ihrer Entlassung angesichts der nach wie vor problematischen Kooperationsbeziehungen zwischen Jugendhilfe und Psychiatrie? Auch aus diesem Grund wurde die Notwendigkeit einer besonderen Berücksichtigung und Begleitung von Kindern psychisch kranker Eltern in den letzten Jahren auch öffentlichkeitswirksam stark betont, was zahlreiche aktuelle Fachtagungen und neuere Veröffentlichungen belegen (vgl. u. a. Lenz sowie Schone und Wagenblass). In ihnen überwiegt jedoch eine systemisch orientierte Denkweise, die ressourcenorientiert zusammenzutragen versucht, was positiv zum Funktionieren und zum Erhalt solcher „besonderer Familiensysteme" beitragen kann. In präventiver Absicht wird versucht, ein differenziertes Angebot frühzeitiger Hilfen aufzulisten und einzufordern, um einer Trennung und einer Herausnahme dieser Kinder vorzubeugen. All dies steht unter der Prämisse, dass Kinder ihre Eltern brauchen, „auch wenn diese psychisch krank sind" (Mattejat und Remschmidt, S. 66). Im vorrangigen Fokus von Förderung, Stärkung und Erhalt der Eltern-Kind-Beziehung droht meiner Meinung nach der „Balanceakt zwischen Respekt vor andersartigen Lebensentwürfen", dem „Recht auf Elternschaft psychisch kranker Eltern" und „der Gewährleistung des Kindeswohls" erneut in eine Schieflage zuungunsten der betroffenen Kinder und Jugendlichen zu geraten.

31 Buchholz bezeichnet diese Kompetenz als „Triade der Phantasie" (Buchholz, S. 207.

32 Rhode-Dachser, S. 16.

33 Ich würde den von uns in der Psychoanalytischen Sozialarbeit oft befolgten Rat von Paul Federn, Kinder und Familienmitglieder nicht von derselben Person betreuen zu lassen (in: Meng, S. 57) dahingehend erweitern, dass es gerade für die Eltern sehr bedeutsam sein kann, sich auf zwei unterschiedliche Personen beziehen zu können (eine Person begleitet die Eltern, die andere begleitet das Kind und wird ebenfalls punktuell in die Elternarbeit eingebunden). Zwischen den Mitarbeitern werden dann nicht selten unbewusste externalisierte Konflikte der Eltern sichtbar und bearbeitbar.

34 Zur Bedeutung eines professionellen Settings in Abgrenzung zu einer wenig Rahmenbedingungen setzenden alltagsnahen Begleitung vgl. auch Verein für Psychoanalytische Sozialarbeit, 1996, S. 166.

35 Müller, S. 80. Müller, dessen Standardwerke über „Sozialpädagogisches Können" in der Theorie der Sozialen Arbeit einen hohen Stellwert genießen, gehört zu den wenigen prominenten Sozialpädagogen, für den die Psychoanalyse als Bezugswissenschaft nach wie vor einen ganz zentralen Stellenwert besitzt.

36 Thiersch, 1993.

Literatur

Ahrbeck, Bernd, *Zur Dissozialität geboren?*, unveröffentlichter Vortrag, Berlin 2007.

Bourdieu, Pierre, et al., *Das Ende der Welt*, Konstanz 1997.

Buchholz, Michael B., *Die unbewusste Familie. Lehrbuch der psychoanalytischen Familientherapie*, München 1995.

Bude, Heinz, *Die Ausgeschlossenen*, München 2008.

Cremerius, Johannes, „Die Konstruktion der biographischen Wirklichkeit im analytischen Prozess", in: Ders. (Hg.), *Vom Handwerkzeug des Psychoanalytikers. Das Werkzeug der psychoanalytischen Technik*, Tübingen 1984, S. 398–425.

Dahme, Heinz-Jürgen, und Wohlfahrt, Norbert, „Aktivierender Staat. Ein neues sozialpolitisches Leitbild und seine Konsequenzen für die soziale Arbeit", in: *Neue Praxis* 1/2005, S.10–32.

Dollinger, Bernd, und Raithel, Jürgen, *Aktivierende Sozialpädagogik*, Wiesbaden 2006.

Galuske, Michael, „Methodenentwicklung in der Kinder- und Jugendhilfe – Risiko oder Chance?", in: Knuth, N., u. a. (Hg.), *Hinter'm Horizont geht's weiter ... Perspektiven der Kinder- und Jugendhilfe*, Frankfurt/M. 2006, S. 87–112.

Galuske, Michael, *Lebensweltorientierte Jugendsozialarbeit*, in: Grunwald, Klaus, und Thiersch, Hans, *Praxis Lebensweltorientierter Sozialer Arbeit: Handlungszugänge und Methoden in unterschiedlichen Arbeitsfeldern*, Weinheim 2008, S. 233–246.

— und Thole, Werner, „Zum Stand der Methodendiskussion in der Sozialen Arbeit", in: dieselb. (Hg.), *Vom Fall zum Management. Neue Methoden der Sozialen Arbeit*, Wiesbaden 2006, S. 9–14.

Grunwald, Klaus, und Thiersch, Hans, *Praxis Lebensweltorientierter Sozialer Arbeit: Handlungszugänge und Methoden in unterschiedlichen Arbeitsfeldern*, Weinheim 2008.

Habermas, Jürgen, *Nachmetaphysisches Denken*, Frankfurt/M. 1988.

Helms, Ursula, „Die Verankerung des Selbsthilfegedankens in den Büchern des Sozialgesetzbuches", in: Deutsche Arbeitsgemeinschaft Selbsthilfegruppen e. V., *Selbsthilfegruppenjahrbuch 2007;* http://www.dag-shg.de.

Jordan, Erwin, und Sengling, Dieter, *Kinder- und Jugendhilfe. Einführung in Geschichte und Handlungsfelder, Organisationsformen und gesellschaftliche Problemlagen*, Weinheim 2002.

Knuth, Nicole; Koch, Josef; Nüsken, Dirk, und Wolff, Mechthild (Hg.), *Hinter'm Horizont geht's weiter ... Perspektiven der Kinder- und Jugendhilfe*, Frankfurt/M. 2006.

Lenz, Albert, *Kinder psychisch kranker Eltern*, Göttingen 2005.

Löcherbach, Peter; Klug, Wolfgang; Remmel-Faßbender, Ruth, und Wendt, Wolf Rainer (Hg.), *Case Management. Fall- und Systemsteuerung in der Sozialen Arbeit*, München und Basel 2005.

Mattejat, Fritz, und Remschmidt, Helmut, *Kinder psychotischer Eltern*, Göttingen 1994.

May, Michael, „Soziale Dienstleistungsproduktion und Legitimationsprobleme des Sozialstaates", in: *Widersprüche* 52/1994, S. 65–72.

Müller, Burkhard, „*Sozialpädagogische Interaktions- und Klientenarbeit*, in: Otto, Hans-Uwe; Rauschenbach, Thomas, und Vogel, Peter (Hg.), *Erziehungswissenschaft. Professionalität und Kompetenz*, Opladen 2002, S. 79–90.

Retzlaff, Rüdiger, *Spiel-Räume. Lehrbuch der systemischen Therapie mit Kindern und Jugendlichen*, Stuttgart 2008.

Rhode-Dachser, Christa, und Wellendorf, Franz (Hg.), *Inszenierungen des Unmöglichen*, Stuttgart 2004.

Schone, Reinhold, und Wagenblass, Sabine, *Kinder psychisch kranker Eltern zwischen Jugendhilfe und Erwachsenenpsychiatrie*, Weinheim 2006.

Schweitzer, Jochen, „Kundenorientierung als systemische Dienstleistungsphilosophie", in: *Familiendynamik* 3/1995, S. 292–313.

Schweitzer, Jochen, und Schlippe, Arist von, *Lehrbuch der systemischen Therapie und Beratung*, Göttingen 2003.

Sennett, Richard, *Der flexible Mensch. Die Kultur des neuen Kapitalismus*, Berlin 1998.

Thiersch, Hans, „Strukturierte Offenheit. Zur Methodenfrage einer lebensweltorientierten Sozialen Arbeit", in: Rauschenbach, Thomas, u. a. (Hg.), *Der sozialpädagogische Blick*, Weinheim 1993, S. 11–28.

Verein für Psychoanalytische Sozialarbeit (Hg.), *Innere und äußere Orte*, Tübingen 1992.

— *Fragen zur Ethik und Technik psychoanalytischer Sozialarbeit*, Tübingen 1995.

Virilio, Paul, *Revolutionen der Geschwindigkeiten*, Berlin 1993.

Peter Kastner

Geschichte(n) verstehen oder systemisch denken.
Anmerkungen zur Wahrnehmung der Veränderung in der Sozialpädagogik – Verdrängung des Unbewussten aus der Sozialarbeit

Jedoch: wenn ich davon ausgehe, dich zu verstehen, so kann ich wohl trachten, daß ich so stehe, wie du stehst, und daß ich auch dahin zu stehen komme, so du stehst – oder doch so nah wie möglich. Allein, nun zeigt es sich, das ist nicht ausführbar: Situativ nicht, rein mechanisch nicht. Genau an dem Ort, an den du dich gestellt hast, kann niemand sonst stehen – da stehst ja du! Und wollte ich es verkehren, daß ich mich an deinen Standpunkt zu stellen dächte, so ließe sich das nicht anders wahr machen, daß ich dich von diesem Ort verdrängen müßte, den du eben jetzt einnimmst.

Dann – und unter einzig dieser Bedingung – könnte ich da stehen, wo du stehst; könnte ich mithin deine Perspektiven, die An- und Aussichten, welche die deinen sind, zu den meinen machen und den Ort deines Anredens mit dem meinen genau und konsequent identifizieren. Durch Vertauschen. Durch Beiseite- und zugleich durch Herunter- sowie, notwendigerweise, Abschieben also des zu Verstehenden, anders nicht, und anders auch nicht vorstellbar.[1]

Verstehen ist antworten. Der Hinweis von Bodenheimer, dass das „Verstehen" im Sinne von „ich verstehe dich" etwas Gewaltsames hat, zeigt auf, dass dieses Verstehen auf der Verdrängung der Diskrepanz beruht, dem Leugnen der Differenz. Wird dieser Abwehrvorgang nicht vollzogen, kann es zum Nichtverstehen kommen, zu der Erfahrung, dass die Antwort unbedeutsam bleibt und eher die Erfahrung des Alleingelassenseins bestärkt als die angestrebte Hilfestellung.

Die Geschichte der Theorie der Sozialarbeit (ich verwende Sozialpädagogik und Sozialarbeit synonym, obwohl ihre Quellen durchaus unterschiedlich sind) ist auch eine Geschichte des Umgangs mit Verstehen.

Ruth Bang hat in dem ersten deutschsprachigen Lehrbuch über die Einzelfallhilfe (Casework) 1958 die Form des sozialarbeiterischen „Verstehens" beschrieben, die für Jahre der Hintergrund der

Sozialarbeit blieb und noch in der heutigen Diskussion als verloren gegangenes Ideal oder immer noch zu bekämpfende Anmaßung seine Relevanz behalten hat.

Zur Casework-Methode gehört die Fähigkeit des Sozialarbeiters, auf Grund bestimmter vorausgegangener Informationen eine gute Falldiagnose stellen zu können. Das kann er durch die neue Art des Verstehens menschlicher Verhaltensweisen, durch die Einbeziehung des psycho-sozialen Aspektes in sein Bemühen, die Persönlichkeit des Klienten und seine Schwierigkeiten zu begreifen. Dabei werden die psychischen Realitäten – also die Entwicklung seines Gefühlslebens, emotionale Entbehrungen und Befriedigungen, frühere Fehlerfahrung im Gefühlsbereich usw. – eine Rolle spielen, sowohl im Hinblick auf die Diagnose wie auf die Entscheidung über die beste Hilfsmaßnahme.[2]

Ergänzend sei hier nur stichwortartig erwähnt, dass aus dieser Sichtweise des „Verstehens" im Sinne der Diagnostik die Hilfe zur Selbsthilfe (als Reifungshilfe) entstand. Casework geht von der Überzeugung aus, dass in der Mehrzahl der Fälle im Klienten Kräfte vorhanden sind, die ihn befähigen, mit seinen Schwierigkeiten fertig zu werden.

Es [...] ist die Aufgabe des Case-Workers, sie den Klienten wieder neu verfügbar und bewußt zu machen. [...] Hier sei nur in Kürze erwähnt, daß dieses im Rahmen der sogenannten 'helfenden Beziehung' geschieht, daß die beruflich reife Persönlichkeit des Sozialarbeiters als Werkzeug dient und daß diese Art von Hilfe ohne tiefenpsychologische Kenntnis nicht denkbar ist.[3]

Dass das Vertrauen auf die Selbstheilungskräfte (im Gegensatz zu der optimistischen Annahme der inhärenten Wachstumskräfte der humanistischen Psychologie, (insbesondere C. Rogens Selbstentfaltungstendenz) nicht grenzenlos ist, zeigt die Einschränkung, die mit dem überlegenen Verstehen des Sozialarbeiters begründet wird.

Hat eine entsprechende Falldiagnose zu der Ansicht geführt, daß der Klient über keine ausreichende seelische Gesundheit verfügt, um von seinem Recht auf Selbstbestimmung einen konstruktiven Gebrauch machen zu können, und geschieht dann die Entscheidung für eine Maßnahme und ihre Durchführung nicht im Sinne von Strafe und Vergeltung, sondern auf Grund der objektiv-sachlichen Überlegung, daß sie unter den gegebenen Umständen die optimale Lebenshilfe für alle Beteiligten darstellt, so vollzieht sich vertiefte

Einzelfallhilfe. Es wäre gut, zwischen zwei Verfahrensweisen zu unterscheiden: Die erste wäre ein Vorgehen im Sinne von Hilfe zur Selbsthilfe; es beruht auf der Wandlung im Denken, Fühlen und Verhalten des Klienten auf Grund von Einsicht, Selbstkritik und Lernen aus Erfahrung. Das zweite Vorgehen strebt dort, wo es an Fähigkeit zu Einsicht, Selbstkritik und Lernen aus Erfahrung gebricht, eine mehr äußere Anpassung aufgrund von Unterwerfung unter eine als überlegen erlebte Autorität an. Letzteres Vorgehen bedarf ebenso wie die Hilfe zur Selbsthilfe einer konsequent aufrechterhaltenen akzeptierenden Einstellung des Helfenden.[4]

Hier wird das sogenannte Dilemma des „Doppelmandats" der Sozialarbeit angesprochen. Der Lösungsversuch liegt in einer Spaltung der Methodik (Hilfe zur Selbsthilfe bei ausreichendem Potential) oder Kontrolle durch autoritäre Führung bei festgestellten Defiziten in der Persönlichkeit. Dabei wird die Autorität des Sozialarbeiters im Wesentlichen mit seinen Kenntnissen der Psychodynamik und der damit verbundenen Selbstreflexion (psychoanalytische Selbsterfahrung, Supervision, Einzelfallbezogene Kasuistik) legitimiert. Zwar ist nicht zu verkennen, dass diese Spaltung aufgehoben werden soll durch die Forderung an den Sozialarbeiter, den Klienten uneingeschränkt zu akzeptieren, jedoch findet diese Forderung keine Entsprechung in der vorgeschlagenen Methodik und bleibt somit im konkreten Handeln wirkungslos. Es ist eine ideologische Haltung, die den Rahmen abgeben soll, in dem der Sozialarbeiter handelt.

Wichtig erscheint im Zusammenhang des Themas, dass „die Psychoanalyse" hier als Legitimation für autoritäres „Besserwissen" missverständlich verwandt wird. Es soll hier nicht die Auseinandersetzung geführt werden, wie es zu diesem Missverständnis kommen konnte. In der folgenden Argumentation lässt sich zeigen, dass sich die Kritiker dieses Ansatzes argumentativ nicht mit dem ersten Methodenweg beschäftigten (tiefenpsychologisches Wissen als Voraussetzung zum Verstehen einer Individualität, die sich bildet und ausdrückt als Geschichte des Triebschicksals in der Auseinandersetzung mit der Realität), sondern sich in ihrer Ablehnung argumentativ auf den zweiten Methodenvorschlag bezogen. Diese Kritik bezog sich aber nicht nur auf das „Autoritäre", sondern wesentlich auf die darin enthaltene Aufforderung zur Anpassung an die vorhandene gesellschaftliche Realität. Stichwortartig sei erinnert: Fünfzigerjahre, Neubegründung der Sozialarbeit als Teil des Reedukationsprogramms, Wirtschaftswunder mit der Hoffnung auf endgültige Beseitigung der materiellen Armut, Beginn der Kritik an der Restaurierung, 68er-Bewegung mit der Betonung auf befreite Individualität als Voraussetzung und Mittel des Kampfes gegen die herrschenden Verhältnisse.

Dass in diesem Umfeld der Ansatz und die Begründung einer Theorie der Sozialarbeit, wie sie sich den Kritikern darstellte mit ihrer Forderung nach angepasster Individualität, Verwertbarkeit und gesellschaftlich verweigerter Teilhabe, einer grundsätzlichen Kritik unterzogen wurde, ist verständlich. Dass gerade die Sozialarbeit einen „linken" Anspruch vertrat und ihre Hoffnung mehr auf die Veränderung der Verhältnisse setzte als auf die Veränderung des Individuums, dass nicht Anpassung an die Verhältnisse, sondern deren Revolution gefordert wurde, war Glaubenssatz und Hoffnung vieler (auch des Autors). Dass die Psychoanalyse Teil dieser Hoffnung war, begründete sich im Wesentlichen mit der Wiederentdekkung ihres kritisch-emanzipatorischen Potentials. Autoren wie Marcuse, Reich, Bernfeld, aber auch Mitscherlich und Richter wurden wichtig mit ihrem Verständnis vom Spannungsverhältnis zwischen Individuum und Gesellschaft. Die Mainstream-Psychoanalyse mit ihrer Hinwendung und Einstellung in das Gesundheitssystem, der damit verbundenen Pathologisierung des Unangepassten, kurz der Einstellung in die kapitalistische Gesellschaft war für die Kritiker und Theoretiker dabei eher die willkommene Bestätigung für die notwendige Abgrenzung und Verwerfung psychoanalytischer Konzepte in der Sozialpädagogik.

Geißler und Hege beschreiben die Lage in ihrem einflussreichen Lehrbuch *Konzepte sozialpädagogischen Handelns* 1978: „Versucht man die gegenwärtige Situation sozialpädagogischer Arbeit einzufangen, so kommt man zu der Feststellung, daß jene Tendenzen an Einfluß gewinnen, welche die früher oftmals überzogenen Hoffnungen auf gesellschaftliche Veränderung in übermäßigem Umfang wieder reduzieren. [...] Die kritischen Potenzen innerhalb beruflicher Arbeit und die damit verbundene Experimentierfreudigkeit werden zunehmend weniger aktualisiert. Der Begründungs- und Rechtfertigungszusammenhang der Inhalts- und Zieldimensionen beruflichen Handelns bleibt undiskutiert, methodische Fragen werden davon losgelöst behandelt."[5] Nachdem die Autoren auf die subjektive Belastung und individuelle Enttäuschung der Sozialpädagogen und die sich verschlechternde wirtschaftliche Gesamtlage kurz eingehen, betonen sie: „Diese Faktoren erklären nur unzureichend die Verschiebung der professionellen Problemsicht von den Zielen und Inhalten auf die Methoden und Verfahren. Andere Faktoren kommen hinzu: die zunehmende Festlegung sozialpädagogischer Tätigkeiten durch Rechtsvorschriften und Programme legt Inhalte und Ziele fest. Hierdurch verlagert sich die berufliche Handlungskompetenz weitgehend in die Scheinfreiheit der Methodenvariabilität. Häufig kann nicht mehr über den beruflichen Auftrag selbst diskutiert werden, sondern nur noch über die Methode der Realisierung."[6] Für die Ausbildung ergaben sich nach der Erfahrung der Autoren:

> Inhalte und Ziele sozialpädagogischen Handelns treten als Problem in den Hintergrund. Die Konsequenz daraus ist ein zunehmend unübersichtlicher Methodenpluralismus, bei dem allein die Verfahren konkurrieren und ihr notwendiger Rückbezug zu den Inhalten und Zielen und die Integration in einem Konzept sozialpädagogischen Handelns unterbleibt. [...] Zunehmend schwieriger wird unter diesen Vorzeichen eine sinnvolle Auseinandersetzung über sozialpädagogische Konzepte, wenn diese mit Effektivitätskriterien ökonomischer Prozeßabläufe gemessen werden. [...] Die sichtbar kritiklose Hast, mit der marktgängige Weiterbildungsveranstaltungen besucht und abgehakt werden, die Zusatzqualifikationen rein verfahrenstechnologischer Art für das sozialpädagogische Handeln anbieten, läßt die Vermutung zu, daß hier eine konsequente materiale und tiefgehend substantielle Auseinandersetzung mit dem eigenen Arbeitsfeld und den dort anfallenden Problemen vermieden wird. Praxis wird dabei auf Technologie reduziert, auf den Umgang mit vorgefertigten Verfahren, die nur noch ihr Anwendungsfeld und die dazugehörenden Personen suchen.[7]

Bedenkt man, dass diese Beschreibungen vor einem Vierteljahrhundert entstanden, darf man ob ihrer unveränderten, ja potenzierten Aktualität erschrecken.

Im Folgenden wird kurz skizziert, wie die Sozialpädagogik in der Theoriebildung auf diese Ausgangslage reagierte. Einerseits wurde die Tendenz weiterverfolgt, durch spezialisierte Verfahren eine bessere Kompetenz zu behaupten, andererseits wurden Theorien herangezogen, um die entstehende Lücke zu füllen, die der Verzicht auf die psychoanalytische Theorie begründete. So beschreiben Geißler und Hege, obwohl offensichtlich dem psychoanalytischen Denken verpflichtet, in ihrer Darstellung sozialpädagogischer Konzepte klientenbezogene Beratung nach Rogers, kommunikationstheoretische Beratungskonzepte nach Watzlawick gleichberechtigt, wenn auch deutlich kritisch.

Neben dieser Richtung, Sozialpädagogik aufzusplittern in immer kleinteiligere Spezialgebiete, und dem daraus entstandenen Verfahrenstraining entwickelte sich als bewusste Abkehr vom sogenannten klinischen Expertentum die Lebensweltheorie, wie sie vor allem von Hans Thiersch formuliert wurde. Insbesondere die Übernahme ihrer wesentlichen Annahmen durch die rechtliche Normierung[8] führte dazu, dass die Lebensweltorientierung als Theorie (und vergleichsweise eingeschränkt in der Praxis, dort eher als Behauptung auftretend) der Sozialpädagogik einen breiten Einfluss gewann. Thiersch u. a. zeichnen aus ihrer Sicht die Entwicklung des Konzeptes lebensweltorientierte Soziale Arbeit nach:

> Das Konzept entwickelte und profilierte sich im Lauf der letzten 3 Jahre als Antwort auf gesellschaftliche und sozialpolitische Herausforderungen in Phasen. In den 70er Jahren entstand es als Antwort vor allem auf zwei konträre gesellschaftliche Herausforderungen: Die kritisch-radikale Diskussion der späten 60er Jahre mit ihrer politisch bestimmten Funktion von Sozialer Arbeit hatte Fragen des Handelns und der konkreten Bewältigung von Lebensverhältnissen in ihrem Eigensinn randständig werden lassen. Diese wurden vernachlässigt auch – zum Zweiten – angesichts des beginnenden Ausbaus der Sozialen Arbeit im Zeichen von Spezialisierung mit ihrer Neigung zur differenzierten Expertenschaft. Lebensweltorientierung als Antwort auf politische und fachliche Entfremdung verband die Kritik an traditionell obrigkeitlich bestimmten, disziplinierenden und expertokratisch bestimmten Arbeitsformen mit dem Entwurf neuer Konzepte. [...] Lebensweltorientierung hielt – gesellschaftspolitisch gesehen – fest am Ziel gerechter Lebensverhältnisse, an Demokratisierung und Emanzipation (jeder hat seinen Alltag und darin sein Recht auf Verständnis und Hilfe im Zeichen gerechter Verhältnisse) und professionstheoretisch gesehen – an den Chancen rechtlich gesicherter, fachlich verantwortbarer Arbeit.[9]

Die Autoren sehen durchaus, dass die Realisierung des Konzeptes in der Praxis zu Problemen führt. „Nachdem sich das Konzept Lebensweltorientierung durchgesetzt hatte, rückten die Probleme der praktischen Realisierung in den Vordergrund. Das Konzept verlor in seiner breiten Benutzung oft an Prägnanz und damit einhergehend an kritischer Schärfe. Präzisierende Reformulierungen wurden nötig."[10]

Es kann vermutet werden, dass nicht nur Anwendungsprobleme eine Rolle spielten, sondern das Konzept selbst in der Praxis nicht konkret umgesetzt werden konnte.

Wenn Alltagsorientierung nicht in dem dialektischen Verständnis konkretisiert wird, das die kritische Alltagstheorie (Bourdieu) vorgibt und die Thiersch u. a. als wesentlichen Bestandteil ihres Konzeptes ausweisen, kann es zu folgenschweren Konsequenzen führen. Wenn Alltag beschrieben wird als „Spannungsfeld in dem Doppelsinne der 'Pseudokonkretheit', als 'Dämmerlicht von Wahrheit und Täuschung'", dann würde man eher erwarten, dass die Methodik sich auf konkrete, in Individuum und Gesellschaft stattfindende Täuschungen bezieht, die Ent-täuschung als Ziel ihres professionellen Handelns begreift. Wenn stattdessen in der Verkürzung Parteilichkeit heißt, dass die Übernahme der Sichtweise (einschließlich der Selbsttäuschungen und daraus entstehenden Wahrnehmungsverzerrungen) des Anderen die Aufgabe des Sozialpädagogen ist, so wird deutlich, dass dieser sich in der Beziehung gerade der Betonung der Diskrepanz entzieht. Die Sichtweise auf den Menschen wird konzeptbedingt einseitig und eben nicht nur wegen der fragwürdigen Vereinfachung in der Praxis.

> Lebensweltorientierte Praxis richtet ihre Unterstützungen – in bezug auf Zeit, Raum, soziale Bezüge und pragmatische Erledigung – an den hilfsbedürftigen Menschen so aus, daß diese sich dennoch als Subjekte ihrer Verhältnisse erfahren können. [... Sie] sieht Menschen in ihren Stärken, die aus der Zumutung von Bewältigungsaufgaben resultieren, wie auch in ihrer Aversion gegen Zwänge und Zumutungen, sich auf Lebensentwürfe einzulassen, die nur äußerlich sind und keine Bedeutung für die eigene Lebensgestaltung haben.[11]

Programmatisch wird hier für einen halben Blick auf den Menschen geworben, der Standpunkt des Anderen wird im Sinne von Bodenheimer übernommen und damit zum eigenen Standpunkt des Sozialpädagogen. Die Gefahr besteht dabei darin, dass hier Nähe suggeriert wird, die die Diskrepanz leugnet und so gerade Begegnung in der Beziehung vermeidet. Implizit wird Soziale Arbeit funktionalisiert im Hinblick darauf, wieweit diese zu einem „gelingenden Leben" beiträgt. Die kritische Hinterfragung, wie die Vorstellungen hierüber zustande kamen, wo und wie der Einzelne mit seinen Wünschen und Begierden beiträgt zu den verheerenden Umständen, die wiederum seine Alltagssituation prägen, wird nicht gestellt und konzeptionell ausgeblendet.

Der nach außen gewandte Blick auf die gesellschaftlichen Strukturen, die als Anforderungen und Zumutungen an das Individuum erfasst werden, bedeutet nicht, dass das Konzept blind ist gegenüber der Innenwelt. Das Wissen um Ängste, Träume, Wünsche wird erwähnt, bleibt aber im Konzept marginal. Dies wird besonders deutlich an der Beschreibung der Diagnose (und damit die Beschreibung dessen, was verstanden werden soll) – als Grundlage der Hilfeplanung und der darin enthaltenen Zielsetzungen und Methodik.

Diagnose – im allgemeinen Sinne gewonnen als Erkenntnis des Problems und der Interventionsmöglichkeiten – gewinnt aus der Perspektive einer lebensweltorientierten Sozialen Arbeit in den heutigen widersprüchlichen und individualisierten Verhältnissen besonderes Gewicht.[12]

Die Hilfeplanung für individuelle Interventionen sowie Jugendhilfe- und Sozialplanung sind zentrale Instrumente lebensweltorientierter Sozialer Arbeit zur Neugestaltung einer sozialen Infrastruktur. Diagnosen beziehen sich auf die Situation der Menschen in ihren Verhältnissen und die darin verfügbaren Ressourcen.[13]

Hier wird der Kern des Konzeptes noch einmal verdeutlicht. Soziale Arbeit dient wesentlich der Neugestaltung (durch Veränderung vorhandener oder ersatzweisem Stellen neuer) sozialer Infrastruktur. Sie hat keine Vorstellung von der Erfassung und Bearbeitung von inneren Konflikten und deren Auswirkungen in den sozialen Bezügen des Individuums.

Lebensweltorientierte Soziale Arbeit will ihrer Intention nach den Menschen in seinem Gewordensein verstehen als Ausdruck seines Eigensinns, der sich bildete und schärfte an den Auseinandersetzungen mit Herrschaftsansprüchen einer Gesellschaft, die gerade diese Sinngebung bestreitet, soweit sie nicht den funktionalen Ansprüchen entspricht.

Damit diese grundlegende Sichtweise in Theorie und Praxis sozialer Arbeit als Leitidee abgesichert werden kann, bedarf es nicht nur der rechtlichen Normierung in der Praxis (die weitgehend mit dem KJHG gelungen scheint), sondern auch der Legitimierung durch Theorien, die diesen Anspruch wissenschaftlich begründen. Zur Durchsetzung dieses Anspruchs mussten aber nicht nur Begründungstheorien ausgewählt werden, die mit den dargestellten Intentionen kompatibel sind, sondern es mussten die Theorien und die daraus abgeleiteten Methoden und Verfahren abgelehnt und bekämpft werden, die auf einem anderen Menschenbild beruhen. Die Aufgabe, diese Sichtweise als allgemeinverbindlich zu etablieren und durchzusetzen, ist nicht allein durch Propagierung und Geltendmachen einer spezifischen Theorie zu lösen. In der Logik der Aufgabenstellung ist es dabei zwingend, bisherige Sichtweisen nicht nur diskursiv anzugreifen, sondern sie normativ aus dem Bereich der Sozialarbeit zu eliminieren. Dieser Vorgang soll hier nicht im Einzelnen nachvollzogen und in seiner Faktizität begründet werden. Die Darstellung beschränkt sich auf den Bereich der Ausbildung, die wiederum für die Gestaltung von Sozialer Arbeit konstitutiv ist. Dabei ist zu berücksichtigen, dass das Konzept „Lebensweltorientierung" selbst wiederum nicht einfach übernommen wird, sondern im Prozess der Generierung der Sozialarbeitswissenschaft wiederum angepasst wurde. Trotzdem darf vermutet werden, dass die Vertreter der Sozialarbeitswissenschaft auf dem Konzept aufbauen und die aufgezeigten Argumentationslinien vertreten.

Mit dem „Kerncurriculum Wissenschaft Soziale Arbeit/Sozialarbeitswissenschaft für Bachelor- und Masterstudiengänge in Sozialer Arbeit *(Sozialmagazin* 2005), vorgelegt von der Deutschen Gesellschaft für Sozialarbeit, erarbeitet von der Sektion 'Theorie und Wissenschaftsentwicklung in der Sozialen Arbeit' mit den Mitgliedern Prof. Dr. E. Engelke, MSW M. Leidewitz, Prof. Dr. K. Maier, Prof. Dr. R. Sorg, Prof. Dr. S. Staub-Bernasconi" wird ein vorläufiger Höhepunkt des geschilderten Prozesses aufzeigbar. Im bisherigen Argumentationsverlauf sind dabei die Leitlinien des Curriculums von besonderer Aussagekraft.

„Leitlinien des Kerncurriculums Sozialer Arbeit.

Die Anerkennung der Sozialen Arbeit als eigenständige Fachwissenschaft durch die Hochschulrektorenkonferenz und Kultusministerkonferenz und das national wie international akzeptierte Verständnis von Sozialer Arbeit als Disziplin und Profession ergeben folgende Leitlinien für ein Kerncurriculum des Hauptfachstudiums Soziale Arbeit:
– Die stringente Orientierung der curricularen, inter- und transdisziplinären Wissensorganisation am Objekt- und Handlungsbereich der Sozialen Arbeit, das heißt an sozialen Problemen, bezogen auf Individuen wie auf die Strukturen sozialer (Teil)-Systeme.
– Die Integration der im internationalen Kontext vielfältigen theoretischen und handlungstheoretischen Traditionen sowie der umfangreichen Forschung zu sozialarbeitsrelevanten Fragestellungen unter Berücksichtigung kontextueller wie kontextübergreifender Aspekte.

- Die Erweiterung des Praxisfeldes über die Einzelfall- und Familienarbeit sowie über eine individuums- oder gruppenzentrierte Arbeit in sozialpädagogischen Handlungsfeldern hinaus, und zwar im Hinblick auf soziale Probleme, die sowohl bezüglich ihres Vorkommens als auch ihrer Verursachung die Thematisierung einer sich formierenden Weltgesellschaft, ihrer Struktur und Dynamik und ihres Einflusses auf den individuellen Lebenslauf und gesellschaftliche (soziale) Kategorien, notwendig machen.
- Die problemlose, strukturell gesicherte Durchlässigkeit der Studiengänge Sozialer Arbeit auf Bachelor-, Master- und Promotionsniveau.

Um diese Orientierung zu gewährleisten, ist von Folgendem Abstand zu nehmen:
- die implizite oder explizite Bestimmung einer fachfremden 'Leitwissenschaft' für die Soziale Arbeit wie beispielsweise Pädagogik,
- Ökonomie, Recht, Soziologie, Sozialpolitik als zentrales Kriterium für die curriculare Wissensorganisation.
- Die Vermittlung von allgemeinen Bezugswissenschaften wie Biologie, Psychologie, Soziologie, Ökonomie, Politologie oder Kulturtheorie u. a. m. ohne Bezug zum Gegenstand Sozialer Arbeit.
- Das bezuglose Nebeneinander von speziellen Handlungstheorien/Methoden wie Psychoanalyse, Verhaltensmodifikation, Gestalttherapie, Transaktionsanalyse, Methoden der Medien-Spiel-Pädagogik, Erlebnispädagogik, Beratung, Gesprächsführung, Rhetorik, Moderation, Case-Management, Sozialtherapie, Gruppenpädagogik, Gruppendynamik und Gruppenpsychotherapie, Streetwork, aufsuchende Soziale Arbeit, Sozialplanung, Stadtteil- und Kulturarbeit, Netzwerkarbeit usw. Auch Handlungstheorien/Methoden sollten sich, vor allem, wenn sie in Kontexten außerhalb der Sozialen Arbeit (z. B. mit Adressaten aus der weißen, einheimischen Mittelschicht) entwickelt wurden, u. U. in modifizierter Weise am Gegenstand Sozialer Arbeit orientieren.
- Die Auswahl und Vermittlung von Methoden, die sich vornehmlich auf Einzelfallarbeit, genauer an Beratungs- und Therapieformen ohne Bezug zum persönlichen sozialen Umfeld oder Sozialraum orientieren."

Zur Erinnerung: Von all diesem Wissen und Können ist Abstand zu nehmen, soll wohl heißen, darf nicht mehr gelehrt werden und als Wissen in der Sozialen Arbeit benutzt werden. Es soll hier nicht auf die Diskussion über die Frage nach Notwendigkeit und Sinn einer Sozialarbeitswissenschaft eingegangen werden, zumal die Frage normativ entschieden wurde. Im weiteren Verlauf wird eine kleine Randbeobachtung im Mittelpunkt der Argumentation stehen: Im ersten Spiegelstrich wird die stringente Orientierung an sozialen Problemen, bezogen auf Individuen und die Strukturen sozialer Systeme verlangt. Das heißt, dass hier implizit Bezug genommen wird auf die Systemtheorie, die offenbar als einzige Bezugstheorie mit der neuen Wissenschaft kompatibel ist. In der Auflistung der zu vermeidenden Wissensgebiete steht die Psychoanalyse an vorderster Stelle. Beides ist nicht zufällig, sondern folgt Zusammenhängen, die im Folgenden skizziert werden sollen.

> Die Systemtheorie oder Theorie sozialer Systeme ist fast universell als Referenztheorie für die Soziale Arbeit anerkannt. Sie eignet sich hervorragend, um dem Gegenstand Sozialer Arbeit, die komplexe Lebenssituation, gerecht zu werden. Sie ermöglicht, Problem-/Person-Situationen, Zusammenhänge von Struktur und Prozess zu erfassen wie auch Veränderungen zu erkennen. Sie ermöglicht ebenfalls, verschiedene Methoden auf verschiedenen Handlungsebenen zu integrieren. [...] Das systemtheoretische Denken zeichnet sich durch einen hohen Abstraktionsgrad aus, was die Handhabung manchmal erschwert, gleichzeitig aber auch ihre Universalität begründet.[14]

Diese Einschätzung stammt von einer Psychoanalytikerin, die in der Veröffentlichung „Beziehungsräume in der Sozialen Arbeit" vehement für die psychoanalytische Theorie und ihre Anwendung in der Praxis (so der Untertitel) wirbt. Nicht zufällig ist der Terminus Psychoanalytische Theorien. Die vorgestellte Gliederung – Konflikttheorie (als Basis gedacht mit dem Grundmodell der Triebtheorie und der Strukturtheorie nach S. Freud), darauf aufbauend Ich-Psychologie (Abwehr und Ich-Funktionen), Objektbeziehungstheorie (vom Einpersonen Intrapsychischen zu einer dyadisch-interpersonellen Ausrichtung) über die Bindungstheorie (mit dem Schwerpunkt der Untersuchung des äußerlich beobachtbaren Verhaltens in Gegensatz-Ergänzung zur Objekttheorie mit ihrem Schwerpunkt auf internalisierten Interaktionsmustern) zur Selbstpsychologie (das Selbst als übergeordnete Struktur gegenüber den ursprünglichen Instanzen. Bewusst, vorbewusst und unbewusst wird hier ein Weg nachgezeichnet, weg vom Trieb und seinen Schicksalen, hin zum Selbst und seinen Motivationen. Zustimmend referiert Stemmer-Lück, die als Ersatz für die duale Triebtheorie fünf basale Bedürfnisgruppen vorgeschlagen hat – psychische Regulierung physiologischer Erfordernisse – Bindung und Zugehörigkeit, Selbstexploration und Selbstbehauptung in Form von Antagonismus oder Rückzug und sinnlicher Genuss und sexuelle Erregung. „Jedes System sorgt für die Erfüllung und Regulierung von Grundbedürfnissen. Jedes beruht auf klar zu beobachtenden Verhaltensweisen. Jedes System ist eine psychische Entität mit neurophysiologischen Korrelaten."[15] Grob skizziert wird hier eine Bewegung des Zeitgeistes mit vollzogen und begründet, die den Schwerpunkt von Innen nach Außen verlagert, vom unbewussten Konflikt über die Betonung der Steuerungsmöglichkeiten des Ich hin zu einem autarken Selbst, das innere Motivationen als Information aufnimmt und die äußere soziale Welt nach ihrer Funktionsfähigkeit zur Befriedigung sozialer Bedürfnisse absucht. Hier kann sich zeigen, dass die Übernahme systemtheoretischer Grundannahmen in der Psychoanalyse die Fantasie eines allmächtigen Ich-Selbst ist, die in rationalen Beschreibungen die Hoffnung verbirgt, von der Herrschaft des Unbewussten erlöst zu werden.

Plänkers setzt sich in dem Aufsatz „Psychoanalyse und Systemtheorie" kritisch mit dem Versuch auseinander, Systemtheorie und Psychoanalyse zu vereinen. Unter Hinweis auf Sigmund Freud zitiert er, dass die Herrschaft des Ichs einem psychologischen Ideal entspricht, über dessen Erreichbarkeit er keine Vorhersagen trifft. „Die Fähigkeit, das Triebleben zu beherrschen, d. h. Vernunft und Triebe in dem Maße aufeinander abzustimmen, daß letztere nicht als unbewußte Determinanten unerkannt wirken, wäre in der Tat eine Integrationsleistung von primärer Menschennatur und gesellschaftlicher Realität – ein Ideal, das, betrachtet man Freuds kulturpessimistischen Standpunkt, für diesen offensichtlich in weiter Ferne angesiedelt ist."[16] Plänkers referiert zustimmend die Positionen von Adorno (1955/1960) und Horn (1968). „Der herrschende gesellschaftliche Verkehr dominiere vielmehr die Menschen und treffe Entwicklungstendenzen von Subjekthaftigkeit im Innersten. Das manifestierte Bild der Gesellschaft verhüllt derart die latenten Herrschaftsbeziehungen, daß sich auch die Individuen ein falsches Bewußtsein dieser Verhältnisse bilden. Der gesellschaftliche Zusammenhang legitimiert sich heute funktional, an Sachzwängen orientiert. Dem entspricht die Systemtheorie Luhmanns."[17] Auf soziale Beziehungen angewandt, ergibt sich die Frage, ob die Systemtheorie, in ihrer Abstraktionshöhe von konturlos im Austausch stehenden Elementen, nicht diese Entsinnlichung als spezifisch wissenschaftliche Idee zum Ausdruck bringt. Dem entspräche dann eine systemtheoretische Konzeption sozialer Beziehungen, die auf die zentralen Begriffe der psychoanalytischen Konfliktpsychologie verzichten kann: den Trieb, die Abwehr, das Unbewusste, den Ödipuskomplex. Historisch gesehen, wurden systemtheoretische Konstruktionen in die Psychoanalyse einbezogen, als es darum ging, erste Erklärungen für die entwicklungsgeschichtlich frühen psychischen Störungen zu finden, bei denen enge Mutterbindungen und sehr belastete Verhältnisse zur außersymbiotischen Objektwelt, die sich in der Person des Vaters symbolisieren, im Vordergrund stehen.

> Greift man hier Mitscherlichs Gedanken der vaterlosen Gesellschaft wieder auf, wird deutlich, daß eine systemtheoretische Konzeption innerpsychischer oder interpersonaler Beziehungen jene Nivellierungstendenz zum Ausdruck bringt, die mit der Abwesenheit des Vaters als strukturbildendes Element für die Persönlichkeit des Einzelnen wie für die Gesellschaft einhergeht.[18]

Ahrbeck bezieht sich mit seiner Konstatierung der Erziehungsvergessenheit auf das gleiche Phänomen der Verweigerung der (erwachsenen, nicht nur väterlichen) Autorität, mit deren Hilfe Inhalte und Ziele von Erziehung gesetzt werden können. Auch er sieht in der Übernahme systemtheoretischen Denkens in die Pädagogik allgemein und in die Sozialpädagogik, im Besonderen in der Verbindung mit konstruktivistischen Beschreibungen der Welt, eine Nivellierung weg vom Konflikt hin zum Problem und dessen Lösungen.

Die Frage, warum die alte Geschichte von Ödipus, von Macht und Gewalt, Sexualität und Tod als grundlegendes Deutungsmuster menschlicher sozialer Existenz nicht mehr modern ist, scheint sich zu erübrigen. Die Heilsversprechen der globalisierten Welt sind zwar nicht mehr ganz so verführerisch wie noch vor einigen Jahren, jedoch werden sie als unentrinnbare Schicksalsmacht, als die Realität angesehen. Hier tritt „die Wirtschaft" als Ordnungsmacht auf, die global und individuell den Rahmen bestimmt, in dem sich Entwicklung und Selbstwerdung abspielen. „Vater" Staat hat abgedankt, die „Mutter" als symbiotische Gesellschaft zur gegenseitigen Befriedigung elementarer Bedürfnisse wird immer versagender. In dieser Situation wird versucht, Soziale Arbeit in Übereinstimmung mit internationalen Konventionen als Profession zu begründen, die die Verwirklichung von Menschenrechten als zentrale Bestimmung hat. Aus der Beschreibung des Master of Social Work – Soziale Arbeit als Menschenrechtsprofession:

> Für die Bewältigung der Zielkonflikte zwischen Ökonomie, Sparzwang, Effizienz versus professioneller Dienstleistungsqualität sind seit den 90er Jahren fast unübersehbare Ausbildungen in Betriebswirtschaftslehre und Sozialmanagement entstanden, die das betriebswirtschaftliche Know-how als eine Art professioneller „Kernkompetenz" der Sozialen Arbeit definieren. Aber: Effizienz und Pragmatik müssen ihre Grenzen an der Menschenwürde und Rechtsstaatlichkeit finden.[19]

Hier zeigt sich das Unbehagen an einer Modernität, die ihr Versprechen offensichtlich nicht eingehalten hat. Der Rekurs auf ein Recht, das Menschenrechte als unhintergehbare Objektivität des Menschen behauptet und deren Einklagung zur Grundlage der Profession machen will, verweigert einen Begriff von Subjektivität, der geprägt ist von innerem Konflikt und dessen Schicksal in der äußeren Welt, repräsentiert durch die Symbole von Mutter und Vater. Die Verwendung der Systemtheorie in der Sozialpädagogik (wie auch in der Psychoanalyse) ist nicht nur Indikator für die ersehnte Anpassung an und Geltung in der Welt, sondern Voraussetzung und Legitimation dieser Anpassungsleistung. Das Bestehen darauf, dass Geschichte als Lebensgeschichte erzählt und erhört werden kann, ist nicht nur einfach unmodern, sondern in psychoanalytischem Sinn notwendige Realität, um Menschsein im vollen Sinn zu gewährleisten.

Die Forderung, Lebensgeschichte als Geschichte zu verstehen, die nicht nur gehört, sondern erhört werden soll, berührt auch die Frage nach einer Haltung, die sich in der Beziehungsgestaltung kultiviert. Der Sozialpädagoge, und darin sind sich alle geschilderten Richtungen scheinbar einig, wirkt wesentlich durch und mit seiner Person in konkreten Beziehungen. Dabei stellt sich immer die Frage, welchen Standpunkt der Erzähler einnimmt, d. h., was er für relevant hält, in welchen Teilen seiner Geschichte er verstanden werden will und welche Intentionen er verfolgt. In der helfenden Beziehung wird darauf abgehoben, dass durch das vermittelte Interesse an der Geschichte bestimmte Aspekte betont, verdeutlicht oder in Frage gestellt werden. Beide Standpunkte, des Erzählers (Klient) und Zuhörers (Sozialpädagoge), beeinflussen sich gegenseitig, im Idealfall als Aushandeln gedacht,[20] im Realfall als Ergebnis der Definitionsmacht entschieden. Wenn der Zuhörer systemisch denkt, wird er vorrangig an dem Teil der Geschichte interessiert sein, der die Funktionen und das Beeinflusstwerden der Subsysteme durch das strukturierende System betrifft. Das bekannteste Beispiel hierfür ist die systemisch begründete Familientherapie. Nicht das Subjekt in seiner ganzen Komplexität ist von Interesse, sondern seine Funktion innerhalb des Systems Familie. Der Berater nimmt dabei den Standpunkt eines „höheren Verstehens" ein, indem er von Außen das Interagieren von Subsystemen (den Individuen) mit dem strukturgebenden System (Familie) beschreibt und erklärt. Seine Beziehungshaltung ist dabei geprägt von einer Grundhaltung der Distanz, die verhindern soll, dass er in das dynamische Geschehen verwickelt wird, Teil des zu beschreibenden Modells und dadurch Partner/Partei statt objektiver Beobachter wird. Dieses (stark vereinfachte) Modell gilt immer dann, wenn soziale Systeme als Ausgangspunkt des Verstehens genommen werden, von der Beschreibung innerpsychischer Systeme über interpersonale bis hin zur Makroanalyse gesellschaftlicher Gesamtsysteme. Es ist ja gerade die erhoffte Objektivität der Beschreibung, die den Anschluss an einen rationalen Wissenschaftsdiskurs finden soll, der allein gesellschaftliche Anerkennung verspricht. Dieser Auffassung steht konträr die Haltung eines Zuhörers entgegen, der sich von der Geschichte packen lässt, emotional berührt wird, mit der Geschichte mitgeht und Anteil nimmt und so Teil der Lebensgeschichte wird.

Die Geschichte der Theorie und Praxis der Psychoanalyse ließe sich auch darstellen als Geschichte des Verwickeltwerdens (Umgang mit Übertragung/Gegenübertragung) und des sich Verweigerns, als den Kampf, trotz des Verwickeltseins den analytischen Standpunkt des Zuhörers und des Verweigerns des Mitagierens durchzuhalten.

Die dabei zu beobachtenden Veränderungen in Theorie und Praxis, wie sie sich in den hundert Jahren entwickelten, ist dabei nicht einfach die Geschichte einer sich stetig durch Erkenntnis erweiternden und genaueren Erfassung der „Wahrheit", sondern bewusst und unbewusst Ausdruck und Anpassung an den Zeitgeist, wie er sich als Ergebnis des jeweiligen Herrschaftsinteresses manifestiert. Die beschriebene Bewegung innerhalb der Sozialpädagogik ist in diesem Sinne zu verstehen als Kampf um die Definitionsmacht, was als anthropologische Konstituante des Subjekts und sein Verhältnis zur Objektwelt der „Realität" zu gelten hat.

Wenn als zur Zeit geltender Höhepunkt das Subjekt als Träger von objektiven Rechten beschrieben wird, ergibt sich daraus die professionelle Aufgabe, die Sozialarbeit als Menschenrechtsprofession zu verstehen. Dem ist nicht zu widersprechen, sondern es ist anzumerken, dass der Sinn der Lebensgeschichte für das Subjekt verkürzt wird, dass Recht-haben und möglicherweise Recht-bekommen nicht ausreicht, um das komplexe Leben in Beziehungen zufriedenstellend zu gestalten.

Skizzenhaft wurde dargestellt, wie und warum psychoanalytisches Wissen aus Theorie und Praxis der Sozialarbeit verdrängt wurde. Gemeint ist damit nicht, dass im Bereich fallbezogener Sozialarbeit nicht auch mit psychoanalytischen Begriffen gearbeitet wird. Dass ein Klient seine Probleme verdrängt oder gegen die Beratung Widerstand leistet, ist meist umgangssprachlich verstanden und nicht als Anschluss an die Theorie der Psychoanalyse gedacht. Aber auch wenn die Psychoanalyse als Hilfswissenschaft angesehen wird, aus deren Begriffsinventar der Sozialarbeiter sich im Sinne eines Werkzeugkastens bedient, ist das Wesentliche nicht erfasst. In der Beschreibung von Peter Kutter:

> Ein Sozialarbeiter kann natürlich versuchen, die Beratung eines Klienten so psychoanalytisch wie möglich durchzuführen ... Dies bedeutet vor allem, den Konfliktbereich von bewußten auf unbewußte Bereiche auszudehnen, die Wahrnehmung um die unbewußte Dimension zu erweitern, sich in unbewußte Motive und Ängste des Klienten einzufühlen und auf eigene unbewußte Reaktionen in der Begegnung mit dem Klienten zu achten. In dem Maße, als sich Sozialarbeiter mit unbewußten Konflikten befassen, betreiben sie Sozialarbeit in psychoanalytischer Perspektive.[21]

An dieser Stelle sei darauf hingewiesen, dass nicht nur der Klient und der Sozialarbeiter unbewusste Motive und daraus resultierende Ängste und Abwehrvorgänge zeigen, sondern auch Institutionen durch ihre Repräsentanten. Deren Wahrnehmung als Träger triebgesteuerter Motive und damit auch gerade der damit verbundenen Irrationalität ist ungleich schwieriger und gefahrvoller für die Betroffenen als die Zuschreibung solcher Zustände für Klienten und in Grenzen auch für die Sozialarbeiter.

Wenn die bisherige Argumentation nachvollziehbar ist, bedeutet dies, dass die Bekämpfung/Verdrängung der psychoanalytischen Sichtweise auch und gerade in der Entwicklung einer Sozialarbeiterwissenschaft dem Anerkennen des Wirkens unbewusster Prozesse gilt. Das Unbewusste als das Nicht-Beherrschte ist Gegenstand der Furcht, dass das Ich und damit das Rationale geschwächt und es seinen Aufgaben nicht mehr gerecht wird. Nun könnte man argumentieren, dass in dieser Situation gerade Psychoanalytiker gebraucht würden. Ist doch der Kampfruf von Sigmund Freud: „Wo Es (Unbewusstes) war, soll Ich (Bewusstsein) werden", das Versprechen, dass durch die Stärkung des Ich den Ansprüchen des Triebes wirkungsvoll entgegengetreten werden kann. Übersetzt in das Feld der Sozialarbeit bedeutet dies, dass besonders schwierige Fälle an den Therapiebereich abgegeben werden, damit in diesem Schutzraum der Einbruch des Irrationalen in die reale Welt gemildert oder sogar verhindert werden kann.

Es ist zu vermuten, dass die Ablehnung der Anerkennung der Einsicht, dass der Mensch eben kein autonomes Subjekt und schon gar nicht ein autonomer Kunde und Benutzer von sozialen Dienstleistungen ist, nicht nur in der von Freud vermuteten Kränkung des Ichs als verhinderter Herr im Haus begründet ist. Die Ablehnung der Psychoanalyse im sozialen Feld scheint mir auch darin begründet, dass Psychoanalytiker mit dem Anspruch auftreten, die einzig Legitimierten zu sein, die mit dem Unbewussten professionell umgehen könnten.

Hier wird ein Herrschaftsanspruch eingefordert, der für andere Professionen abstoßend sein muss. Wenn Psychoanalyse sich selbst missversteht als einzige Methode zur Bekämpfung des Unbewussten durch Rationalisierung des Bewussten, so würde die Ablehnung dieser Theorie und Praxis nicht nur verstehbar, sondern auch akzeptabel.

Sieht man sich die gegenwärtige Praxis von Sozialarbeit insbesondere im Bereich der Hilfeplanung als einen wesentlichen Bereich an, so drängt sich die Vermutung auf, dass mit der Ablehnung psychoanalytischer Welt-Anschauung ein Vakuum entstanden ist, das sowohl die Theorie als auch die Praxis der Beziehung zwischen Klient und Sozialarbeiter betrifft. Um dieses Vakuum zu füllen, wird im wesentlichen wie vorher beschrieben die Systemtheorie in Verbindung mit Lebensweltorientierung und der Annahme verwendet, Klienten seien hinreichend verstanden als Träger von Rechten. Hinzu kommen als Ansprüche des Staates die neuen Steuerungsmodelle, die in ihrer bürokratischen Logik eine Rationalität einfordern, wie sie einem betriebswirtschaftlichen Kalkül entspricht. Ich kann hier nicht auf die einzelnen Beispiele eingehen, sondern beziehe mich auf einen Bericht, den das Sozialpädagogische Institut im SOS-Kinderdorf herausgegeben hat als Ergebnis eines Modellversuchs des Bundesministeriums zur Hilfeplanung. In der Einleitung wird beschrieben:

> Das Hilfeplanverfahren ist ein komplexes und widersprüchliches Unterfangen ... Eingebettet in das Dreieck der Jugendhilfe zwischen Leistungsempfänger, Leistungserbringer und Kostenträger, ist es zugleich gesetzliche Anforderung und pädagogische Herausforderung. Es ist Planungs- und Steuerungsinstrument für die erzieherischen Hilfen im Einzelfall, mit dem zugleich das Zusammenwirken von Jugendämtern und freien Trägern im Bereich der Erziehungshilfen organisiert wird. Nicht zuletzt soll es gewährleisten, dass die Klienten, Jugendlichen und ihre Familien an der Planung der Hilfsmaßnahmen angemessen beteiligt werden.[22]

Die Reihenfolge ist nicht zufällig. Sie zeigt unverhüllt die Prioritäten: Das Planen und Steuern und das Vertreten von Institutionsinteressen muss gewährleistet sein, und wenn dann Spielraum bleibt, sollen die Betroffenen noch beteiligt werden. Dass dieses Anforderungsprofil nicht einfach zu erfüllen ist, wird konzediert. Dass die Widersprüche nicht das Verfahren sprengen, diese Aufgabe unterliegt den Fachkräften, die „neben ihren sozialpädagogischen Kompetenzen der Beratung, Diagnose oder des Fallverstehens über ausgeprägte kommunikative Kompetenzen und über Fähigkeiten der Prozessgestaltung und Mediation verfügen."[23] Hier wird mit Hilfe konstruierter Sachzwänge eine Weltanschauung erzwungen, die von der Prämisse ausgeht, dass menschliche Verhältnisse plan- und steuerbar sein müssen, dass sie kalkulierbar und objektivierbar gemacht werden können. Auftretende Widersprüche durch den Eigen-Sinn menschlichen Lebens müssen durch „kommunikative Kompetenz" verschleiert werden und wenn dies nicht gelingt, dann durch Rückgriffe auf die Schutz- und Kontrollfunktion des Staates gewaltsam gelöst werden.

Zusammenfassend wird hier ein Vertrauen in ein starkes, geradezu als omnipotent gedachtes Ich sichtbar, das in der Tat der grundlegenden psychoanalytischen Einsicht widerspricht, dass das Ich eben nicht Herr im Hause ist, sondern in Konflikten gefangen ist. Diese bestimmen bestenfalls immer wieder aufs Neue einen Ausgleich zwischen unbewussten Triebansprüchen und den Anforderungen einer versagenden Realität.

Während diese Ausführungen entstanden sind, erlebten wir einen Zusammenbruch der Finanzmärkte, der die Realitätstauglichkeit betriebswirtschaftlichen Denkens massiv in Frage stellt. Plötzlich wird eine Infragestellung bisher unanzweifelbarer Gewissheiten spürbar wie zum Beispiel: Der Markt wird es richten; Wettbewerb ist das Beste; Gewinn und Rendite sind die relevanten Bezugspunkte menschlichen Handelns usw. Das Ergebnis dieser Verunsicherung ist allgemeine Angst, im speziellen Bereich der Finanzwelt „nackte Panik, die mit Rationalität nichts mehr zu tun hat", so ein Kommentar zum Absturz der Börse um zwanzig Prozent innerhalb von zwei Tagen. Es folgten aber auch die zu erwartenden Abwehrmechanismen: Spaltung zwischen Finanz- und Realwirtschaft, wobei die Finanzwirtschaft gleich virtueller Irrationalität gesetzt wird, damit das Vertrauen in eine Realwirtschaft erhalten bleibt, an die man sich klammern kann. Spaltung zwischen dem (guten) System und Einzelnen (bösen), die irrational und damit ver-rückt gehandelt hätten. Dem Einzelnen werden dann Triebdurchbrüche zugesprochen wie Gier und Maßlosigkeit. Es wird nach einer Verstärkung des individuellen Über-Ichs (Stichwort: Wertedebatte) gerufen und eine Stärkung der Rationalität durch verstärkte Regulierung und Steuerung. Appelle werden an die Einsichtsfähigkeit von Einzelnen und Institutionen gerichtet. Zu guter Letzt wird Vertrauen umgemünzt zu höchstem Kapital, das für die Allgemeinheit im Verhältnis zu herrschenden Personen und Verhältnissen unbedingt notwendig ist.

Ich will diese kurze Skizze beenden mit dem Hinweis, dass das Geschehen auch als Ausdruck eines versagenden Ich-Bewusstseins individueller und kollektiver Art verstanden werden kann, das seine Hauptaufgabe der Realitätsprüfung nicht mehr wahrnehmen kann. Damit der Voraussetzung für eine Konstruktion von Realität, die befriedigend gelebt werden kann, wieder eine Chance gegeben wird, ist es meines Erachtens notwendig, unbewusste Prozesse als Wirklichkeit gestaltend wahrzunehmen, sie zulassend zu akzeptieren und die Ängste, die sie auslösen, als Erkenntnismöglichkeit zu benutzen und nicht einfach blind zu bekämpfen.

Dies gilt meinem Erachten nach für die eine ganze Welt, in der wir leben, für Jugendhilfeplanung so gut wie für die Finanzwelt.

Anmerkungen

1 Bodenheimer, S. 15.
2 Bang, S. 20.
3 Ebd., S. 20.
4 Ebd., S. 25.
5 Geißler und Hege, S. 5 und S. 11.
6 Ebd. S. 12.
7 Ebd. S. 14.
8 KJHG, siehe vor allem Münder, 1998.
9 Thiersch, S. 165.
10 Ebd. S. 165.
11 Ebd. S. 172.
12 Vgl. Heiner.
13 Ebd. S. 174.
14 Stemmer-Lück, S. 38.
15 Ebd. S. 126.
16 *Psyche* 1986, S. 700.
17 Ebd. S. 703.
18 Ebd. S. 704.
19 Zentrum für postgraduale Studien Sozialer Arbeit, Berlin.
20 Vgl. Habermas und Thiersch.
21 Kutter, S. 67.
22 SOS 2000.
23 Ebd. S. 6.

Literatur

Ahrbeck, Bernd, *Kinder brauchen Erziehung*, Stuttgart 2004.
Bang, Ruth, *Psychologische und methodische Grundlagen der Einzelfallhilfe*, München und Basel 1968.
Bodenheimer, Aron R., *Verstehen heißt antworten*, Stuttgart 1992.
Deutsche Gesellschaft für Sozialarbeit, „Kerncurriculum Wissenschaft Soziale Arbeit! Sozialarbeitswissenschaft", in: *Sozialmagazin* 4/2005.
Geißler, Karlheinz, und Hege, Marianne, *Konzepte sozialpädagogischen Handelns*, München 1978.
Kutter, Peter, *Sozialarbeit und Psychoanalyse*, Göttingen 1974.
Mader, Wilhelm, *Kritische Fragen an die Systemische Therapie aus psychoanalytischer Sicht*, Vortrag, Bremen 1996.
Plänkers, Thomas, „Psychoanalyse und Systemtheorie", in: *Psyche* 8/1986.
Stemmer-Lück, Magdalena, *Beziehungsräume in der Sozialen Arbeit*, Stuttgart 2004.
Thiersch, Hans; Grunwald, Klaus und Köngeter, Stefan, „Lebensweltorientierte Soziale Arbeit", in: Thole, Werner (Hg.), *Grundriss Sozialer Arbeit*, Opladen 2002, S. 161–178.
Zentrum für postgraduale Studien Sozialer Arbeit e. V. Berlin, *Master of Social Work – soziale Arbeit als (eine) Menschenrechtsprofession*, Berlin 2005.

Catherine Moser

Der Zickzack-Jugendliche. Ein direkter Weg?

Der Untertitel dieser Tagung hat mich aufmerken lassen: Über Ressourcenorientierung in der Psychoanalytischen Arbeit.

Ressourcenorientierung: Ich habe mich gefragt, was das bedeutet. Sich an seinen Ressourcen orientieren oder sich orientieren dank seiner Ressourcen oder seine Ressourcen entdecken, um sich zu orientieren?

Ressource. Lesen wir die Definition:
Re: Präfix, das die Wiederholung unterstreicht, die Intensität, die Opposition. Source: Mittel, Quelle. von lat. *resurgere,* „hervorquellen", ist ein Mittel, eine Handlung zu tätigen oder einen Vorgang ablaufen zu lassen. Eine Ressource kann ein materielles oder immaterielles Gut sein. Also Ressourcen sind, was wir alle haben, ohne es zu wissen, oder was sich unter dem Titel sammelt „Was Sie schon immer haben wollten und sich nicht getraut haben zu fragen!"

Wenn man das Wörterbuch der Psychotherapie aufschlägt, findet man:

> Ressourcen sind in der Hypnotherapie im Patienten liegende Fähigkeiten, aber auch Wahrnehmungs-, Denk- und Erlebnisweisen, Eigenschaften, Haltungen, Einstellungen und Erfahrungen, die geeignet sind, für die Lösung eines Problems oder für die Erreichung eines therapeutischen Ziels nutzbar gemacht zu werden. Die Arbeit mit Ressourcen, die den gesunden Anteilen des Patienten entstammen, ist eines der Hauptprinzipien der Lösungsorientierten Hypnose.[1]

Und tatsächlich, wir finden keine „Ressource" im *Vocabulaire de la Psychanalyse* von Laplanche und Pontalis, auch im *Wörterbuch zur Psychologie* von Werner Fröhlich nicht! Eine verrückte Lebenswelt, wenn sich die Begriffe der Hypnose in unsere analytische Arbeit unhinterfragt einschleichen.

Es war einmal!

Aber man könnte so formulieren: Ressourcen sind im liegenden Patienten, anstatt im Patienten liegende Fähigkeiten ..., in dem das Unbewusste zum Sprechen kommt. Die Hypnose gibt vor, Techniken anzubieten, mit denen man einen Weg zum Unterbewussten des Patienten finden und Ressourcen freisetzen kann. Er wird vom Arbeiten im psychoanalytischen Sinn abgehalten. Deswegen möchte ich mich auf die Etymologie des Wortes konzentrieren und die Vielfalt der Bedeutung nutzen.

Ressource: Eine Quelle die von Neuem zu sprudeln beginnt, die den Durst löscht und die alles bringt, was man sich wünscht, aber die auch im engen Wortsinn der Wiederholung des Gleichen einen Widerstand entgegensetzt.

Sich auf den Weg zur Quelle zu begeben bedeutet gleichzeitig, zu wiederholen und sich dem zu widersetzen, was man gehabt hat, auf der Suche nach dem, was man tatsächlich ist. Kann dieser offenkundige Widerspruch durch die Orientierung aufgelöst werden, an welcher Quelle man sich orientieren sollte und auf welchem Weg?

Hören wir den Text des Liedes von Xavier Naidoo, „Dieser Weg":

Also ging ich diese Strasse lang
Und die Strasse führte zu mir
Das Lied was du am letzten Abend sangst
Spielte nun in mir
Noch ein Paar Schritte und dann war ich da
Mit dem Schlüssel zu dieser Tür

Dieser Weg wird kein leichter sein
Dieser Weg wird steinig und schwer
Nicht mit vielen wirst du dir einig sein
Doch dieses Leben bietet so viel mehr
Manche treten dich, manche lieben dich,
Manche geben sich für dich auf,
Manche segnen dich, setz dein Segel nicht,
Wenn der Wind das Meer aufbraust

Dieser Weg wird kein leichter sein
Dieser Weg wird steinig und schwer

Unser Zuhören als Analytiker stolpert über diese Worte wie über diese Steine, denn es handelt sich um mich, die Strasse führt zu mir, das Lied spielt in mir, der Weg zu mir ist nicht leicht. Ich fühle mich von diesen Worten angesprochen, denn die Botschaft, die ich daraus ziehe, ist, dass das Leben für mich, wie auch für die Anderen erstaunliche Wege geht, einen Zickzackkurs um die Hindernisse herum, dabei versucht es, um die Unwetter herumzuschiffen, wenn der Wind das Meer aufbraust.

Fast wie ein Echo zu dem Lied der heutigen Zeit hören wir, was Fernand Deligny, ein herausragender Vertreter der Antipsychiatrie in Frankreich, 1958 über einen autistischen Patienten schrieb:

> Er ist daran gewöhnt, seine Wege zerstört zu sehen. Er haut von zu Hause ab, geht weit weg und entfernt sich von den bekannten Wegen. Es gibt zwei Welten, zwei Erden: eine, die von den Wegbereitern vorgegeben ist, auf der er schon gegangen ist, Mauern, Bäume und Büsche, die er schon gesehen hat, und seine Erinnerung ist über die Jahre treu und zuverlässig. Die andere Erde ist zu entdecken. Dort geht er hin.[2]

Eine andere Erde, die es zu entdecken gilt, die jedoch zu sich führt, in der Bewegung der Flucht nach vorn, im besten Fall, der Flucht aus sich heraus, im schlimmsten Fall, das heißt in die Psychose, ins Exil.

Ich bin da, wo ich nicht denke zu sein, da wo es mir nicht mehr gelingt, die Dinge an den rechten Platz zu rücken. Es ist wie ein Verschwinden von imaginären und symbolischen Orientierungspunkten, eine Verarmung von imaginären Repräsentationen und symbolischen Identifikationen.

Das Exil, so Deligny, der gelesen hat, was Lacan über das „Ex-il", das „ehemals Er" geschrieben hat. Wie und wodurch ist jedes dieser „Er", die wir sind, anders als sie es wären, wenn die „sie, die Anderen nicht da wären"? Wie der Schriftsteller Gershom Scholem schreibt, geht die Erlösung der Welt durch den Bruch; ich zitiere: „Alles, was existiert, ist im Exil." Und Lacan schreibt: „Ex-istiert."

Uns, den Psychoanalytikern, bleibt die Aufgabe, die Querwege des Überschreitens aufzuspüren, die Wege der Schulschwänzer im Gedicht von Prévert, die „ja" mit dem Kopf, aber „nein" mit dem Herzen sagen, die „ja" zu denen sagen, die sie lieben, aber „nein" zum Lehrer!

„Tun, als ob", oder „sein wie", so lautet die Frage.

Die Irren und die Kinder: zwei Bereiche, in denen die Psychoanalyse ohne die Schwere einer totalitären Theorie angewendet werden konnte. Hinsichtlich dieser absoluten dominierten Wesen – wer wird eigentlich mehr dominiert als ein Verrückter oder ein Kind? – hat man sich getraut zu sagen, dass der Verstoß gegen sie oder vor ihnen real war und kein Fantasma? Man hat ihnen Einrichtungen gebaut, um sie aufzufangen an einem Ort, wo es ihnen möglich war, ihr Herz zu erleichtern, sich frei zu machen von dem, was sie wirklich belastet. Ich nenne an dieser Stelle Ronald D. Laing, Alexander Neil, Bruno Bettelheim, Maud Mannoni, Fernand Deligny, die Gründer dieser Institutionen für Verrückte und Kinder oder für verrückte Kinder. Denken diese Gründer, dass die Fantasmen der Ursprung der falschen Erinnerung sind, oder vielmehr, dass die wahren Erinnerungen in Fantasmen zerlegt sind?

Diese Gründer, deren Bücher über die Grenzen hinaus bekannt sind, arbeiteten jenseits der offiziellen Lehre. Dort, wo sich die Theorie und das Leben in Uneinigkeit befanden, haben sie sich für das Leben entschieden, das verletzte Leben und den Schmerz.

Die Idee war auch, niemals mehr eine „Kolonialisierung" des Kindes durch die rechtspolitischen Erzieher zu erlauben, d. h., es wird niemals mehr erlaubt sein, dass Menschen über Menschen bestimmen. Die Gründer solcher Lebensstätten haben das Projekt von Rousseau übernommen, Menschen und Völker möchten zurück zur Natur und zur Vernunft gemäß Émiles Projekt, weil Émile auf seine Art ein entkolonialisierter Mensch ist.

Ich habe Fernand Deligny (1913–1996) erwähnt und würde ihn Ihnen gern vorstellen. Er hat sich gegen Ende der Sechzigerjahre des Autismus als eines Modells einer Form der anonymen Existenz bedient, verneint, zurückgewiesen sich aufbäumend gegen das, was man die „symbolische Domestizierung" nennt. Der biblische Moses, wie die Kinder Delignys oder der Held des *Films The Left-handed Gun (Einer muss dran glauben)* von Arthur Penn (1958) (von Paul Newman interpretiert), haben alle gemeinsam, dass sie deklassierte Helden sind, auf der Suche nach dem Vater, und alle von einer Schwierigkeit des Sprechens erfasst.

Wenn ich Moses als Beispiel einer schwierigen Kindheit heranziehe, vom Findelkind bis zum Moses, der die Juden anführt, ist das nicht das beste Beispiel eines Zickzack-Jugendlichen, der sucht und rebelliert, prahlt und anderen seinen Willen aufzwingt, sogar tötet, und die Pläne seines Vaters – Gottes – durchkreuzt, und der schließlich das Gelobte Land hoch oben vom Berg Nebo aus betrachtet, das er niemals betreten darf ..., weil er gezweifelt hat?

Um metaphorisch die Sprache der Nicht-Sprache des Autismus anzupassen, und das sprechende Subjekt der Art des Seins des Autisten, suchte Deligny also eine Sprache ohne Subjekt, eine infinitive Sprache, des (reflexiven) „sich", „mich", „er" beraubt, eine Sprache des Körpers und des Handelns, eine repetitive Sprache. Er eliminiert die Person mit ihren konjugierten oder reflexiven Formen, „ich", der oder die, die spricht, und „er" oder „sie", der oder die, von dem/der man in seiner/ihrer Abwesenheit spricht, und das demonstrative „dies" *(ce)* ersetzt das reflexive „sich" *(se), das auf sich selbst verweist. Er schreibt: „Es ist krank, dieses Kind. Dieses 'es' der dritten Person, das einem Kind zugeschrieben wird, dessen Krankheit es gerade ist, nicht 'ich' zu sein, erschien mir immer suspekt." Sein Werk ist das Bild eines Prozesses der Entledigung seiner selbst und vom „einen" in der Arbeit des Schreibens – mehr als 3000 Seiten – in der Recherche unendlich wiederholt im kleinsten gemeinsamen Nenner der Gattung. Das, was er den „gemeinsamen Körper" nennt, die „Gattung", erscheint vor dem Hintergrund des Rituals oder der Emotion eines Kindes, das von dem Wiederfinden eines Ortes oder einer Sache besessen ist.

Dieser „gemeinsame Körper" kann vielleicht an das „Körperschema" von Françoise Dolto angenähert werden, das das Individuum als Repräsentant der Gattung spezifiziert, unabhängig vom Raum, der Epoche oder den jeweiligen Lebensbedingungen. Dagegen ist das „Körperbild" jedem selbst eigen und an das Subjekt und seine Geschichte gebunden; es ist die unbewusste Übersetzung einer Libido. Es kann vielleicht als die unbewusste symbolische Inkarnation des begehrenden Subjekts verstanden werden. Aber gerade dagegen lehnt Deligny sich auf.

Seine Anweisung lautet folgendermaßen: „Kein Fall, keine Geschichte, keine Biographie", um die Gewalt des Sinns der Geschichte auszumerzen. Der Infinitiv unterdrückt die Geschichte (der Fall) und der Infinitiv unterdrückt die Zukunft (das therapeutische Projekt), nur den Ort des „da" lassend, an dem Ort, dort, hier und jetzt, von vorn herein klar, und ohne möglichen Kompromiss.

Es ist also für Kinder, die keinen Zugang zu ihrer eigenen Geschichte haben, keine Domestizierung möglich.

Aber um besser zu erfassen, wer er war, und was er zum Verständnis des Autismus beigetragen hat, hier einige Anhaltspunkte seiner Biografie, die gerade in der Geschichte tragischen Sinn bekommen!

Fernand Deligny ist ein Mensch aus dem Norden Frankreichs. Er schreibt:„Mit meinem Tod ist es wie mit meiner Geburt. Völlig ungewollt." So wie es der Tod seines Vaters ist. Ein einziges Mal erwähnt er in seiner Zeitschrift *Journal d'un éducateur* den Ort des Todes seines Vaters, der in den Krieg gezogen ist, als er selbst ein Jahr alt war, 1917 wurde er getötet, seinen Körper hat man nie gefunden. 1919 wurde das Kind Deligny mit sechs Jahren als Waise der Nation anerkannt und floh mit Mutter und Halbbruder nach Bergerac im Südwesten Frankreichs. Nach dem Krieg belegt er auf der Universität Lille ohne Enthusiasmus Philosophie und Psychologie. Dann begibt er sich zum ersten Mal zur Psychiatrischen Klinik in Armentières, dank seiner Freunde Yves Demailly, Herausgeber einer poetischen Revue, und Pierre Meynadier, damals Student und Assistenzarzt in eben jener Klinik. Eine neue Welt tut sich vor ihm auf, ein unerhoffter Gegenpol zur dogmatischen und abstrakten Gedankenwelt der Universität; ein Theater, ein Schiff, die perfekte Form der Heterotypie nach Michel Foucault, der schreibt: „Ein schwebender Teil des Raumes, ein Ort ohne Ort, der durch sich selbst lebt, der in sich geschlossen ist, und der gleichzeitig der Unendlichkeit des Meeres ausgesetzt ist."[3] Ist das nicht die Definition einer Utopie?

Die autonome psychiatrische Klinik Armentières ist eine dieser speziellen Einrichtungen, die aus dem 19. Jahrhundert übrig geblieben sind. Einige Hektar, die durch eine Mauer von der Stadt abgetrennt sind, eine zentrale Allee, die die Häuser, mit Gittern abgeschlossen, verteilt, Verwaltungsgebäude, eine Kapelle, ein Leichenhaus, eine Kantine, ein Bauernhof, 2500 Patienten und 500 Angestellte.

Ende der Dreißigerjahre ist Deligny Lehrer in speziellen Klassen, dann, Anfang der Vierzigerjahre, schließt er sich der modernen Pädagogik an, die mit „Sich selbst zum Werk machen" nach Heinrich Pestalozzi beginnt, angelehnt an den Idealismus der Aktion von Fichte, genauer gesagt an das Konzept der „Selbsttätigkeit". (Aktivität über sich selbst, die durch sich selbst hervorgebracht wird.) Bis zu seiner Einberufung bleibt er hier beschäftigt. Nach elf Monaten Dienst beendet Deligny Ende 1940 seine Laufbahn als Lehrer und betreut etwa hundert – ich zitiere: „fundamental unerziehbare Zurückgebliebene" des dritten Pavillons. Die Klinik wird seine Insel *(asile-île)* – er schreibt: „Ich liebte die Klinik" –, der Ort einer zweiten, diesmal bewussten Geburt und eines definitiven inneren Exils, auch die Vorraussetzung seines Schreibens.

Die Arbeit Delignys und seine Vision eines individuellen und im wahrsten Sinne des Wortes jedem Subjekt eigenen Lebenslaufes steht im Bruch mit der traditionellen Psychiatrie oder der Psychosomatik. Ebenso weist er, der alle Intellektuellen seiner Zeit und die Spezialisten des Wahnsinns gelesen hat, die Psychoanalyse zurück, weil diese sich der Sprache bemächtigt (bedient). Er arbeitet in der Stille, mit Autisten, die aller Sprache beraubt sind, und er begleitet sie über lange

Jahre an stillen Orten, von der Öffentlichkeit und der Bewegung abgeschirmt, in den Cevennen. Alle Jugendlichen, die er empfängt, haben keine Sprache, das Leben wird durch Gesten geregelt, durch das Handwerk und durch die Gaben, nahe der Erde und den Steinen, in ein Netz, das der Gesellschaft und den Normen gegenüber Widerstand leistet, und das an ein geordnetes Mittelalter erinnert.

Im September 1976 schreibt er an den Philosophen Althusser: „Was ist in unserer Praxis das Objekt? Dieses oder jenes Kind, das psychotische Subjekt? Sicher nicht. Das reelle Objekt, das es zu transformieren gilt, sind wir, wir, die wir diesen Subjekten nahe sind, die dies, um es klar zu sagen, eigentlich nicht sind, das ist es, warum sie dort sind, dort." Dies ist ein radikales Umdrehen der Perspektive, die er hier vornimmt, in der Linie von Foucault oder Deleuze und Guattari, den Wortführern der Antipsychiatrie.

Seine Arbeit hat mich immer fasziniert, durch diese Dimension der Suche und der Erfahrung, das zu verstehen zu versuchen, was die Invariablen der Natur sind, die das menschliche Geschlecht ausmachen. Er erneuert, entwickelt seine eigenen Methoden, führt die Kartografie ein, dreht Filme, organisiert Netzwerke oder Aufenthaltsräume, wo jedes Mitglied, Autist, Kind, Erwachsener, Handwerker oder Begleiter seine Rolle findet. Netzwerk sagt er lieber als Vernunft *(raison)*, der Mensch ist ein vernetztes *(réseau)* Lebewesen!

Dies ist sein größter Beitrag, der ihn zu einem anerkannten und gefragten Mann macht, der Kinder empfängt, die bei Françoise Dolto behandelt werden, so zum Beispiel Dominique, der „Fall Dominique", der von 1972 bis 1974 dort lebt, oder bei Maud Mannoni, die 1967 Bonneuil gründet. Er ist ein Pionier, an den Dolto übrigens einen Teil der Autorenrechte abtritt, um ihm zu helfen, seine Projekte zu finanzieren.

Deligny wird diese Netzwerke definieren, indem er genaue Karten der Bewegungen jedes Kindes während eines Tages aufzeichnet; so wird er aufspüren, was er die „Irrwege" *(lignes d'erre)* nennt.

Metaphorisch könnte man diese als Verwerfungslinien an der Grenze des Vorgesehenen und des Verstandenen ansehen. Das autistisch mutistische Kind bewegt sich in einem System von seinem Instinkt/Trieb abhängiger Koordinaten, und unabhängig von der Wegbeschaffenheit inmitten von Hindernissen, Steinen, Unebenheiten des Terrains, Sonne oder Regen.

Ein Irrweg, der zum Trampelpfad wird?

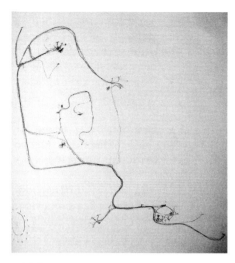

Bild der Spuren der täglichen Wege eines autistischen Jungen

Das ist es, was Schwierigkeiten bereitet, denn kann man heute noch von Instinkt bei einem Wesen in unserer Kultur sprechen? Deligny weicht der Kritik aus, indem er diese neue Sprache schafft, die Kartografie. Darin stützt er sich ungewollt auf Lacan, der sich mit der Topologie befasst.

Wenn sich ein Weg vielleicht mit beiden Beinen auf der Erde erledigen lässt, so funktioniert das jedoch mit dem Blick nicht; daher kommt die Intervention in einer anderen Dimension zwischen der Repräsentationsfläche und der repräsentierten Fläche. Neue Schriftzeichen werden also in dieser Kartografie benutzt als Stellvertreter der Spuren, sie signalisieren die Position der Schnitte zwischen mehreren Linien, in Raum und Zeit, Position des Floßes, wie er schreibt. „Einige Charaktere helfen uns, gerade das zu sehen, was das Floß eben nicht merken kann: die Drift des Floßes".

Meine Orientierung ist immer mehr als *meine* Orientierung, weil keine Horizontbildung ohne Zeitlichkeit ist.

Also, Sein – Raum – Zeit, das ist das Gegebene, das Eingeschriebene.

Sein: der Körper in Verbindung mit der Sprache.

Raum: der Körper in seiner Dimension als biologische Einheit, sowie Triebhaftigkeit, das Fleisch, das Tier, der Leib.

Zeit: der Körper in seiner historischen Dimension, der auf frühere Generationen zurückblicken lässt, Sohn eines Vaters, Tochter einer Mutter, Überlieferung. Aber wenn man das Leben als Schrift versteht, sind manchmal einige Spuren gelöscht, verwischt, totgeschwiegen. Weder in Zeit noch im Raum eingeschrieben.

Wenn ich diese, in der institutionellen Antipsychiatrie umstrittene Figur, die Deligny war, so lange behandelt habe, so um paradoxerweise seine Bedeutung zum Nutzen der Praxis der Psychoanalyse hervorzuheben.

Und da seine Sprache fundamental metaphorisch war, lassen Sie uns also die Kartografie als ein Werkzeug gebrauchen, das in allen Fällen ermöglicht, diese Irrwege zu rekonstruieren, ihren Parcours und ihre Folge.

So arbeite ich mit meinen Patienten, insbesondere mit Jugendlichen. Die Pubertät, die für einige von ihnen sehr früh beginnt, bringt ihre Ladung an Unsicherheit mit sich, an Unzufriedenheit und Fragen. Aber das, was ich auch an Kindern, die den Stempel ADS oder ADHS tragen, entdecke, ist, dass man fasziniert von dem Netzwerk des Nichtgesagten ist, welches häufig ein ungeheures Geheimnis überdeckt, wenn man von der Verflechtung ihrer väterlichen und mütterlichen Geschichten hört, das was ich den Zickzack ihres Kommens und Gehens zwischen Eltern und Institutionen nenne. Es handelt sich also darum, die Irrwege oder die Anhaltspunkte *(rep-ères)* zu rekonstruieren, im symbolischen Sinne der Begriffe und beide Teile des bisher getrennten Symbolons zusammenzuführen, um jedem Teil seine Daseinsberechtigung zu geben.

Diese Kinder, die in unserer Praxis ankommen, sind, entsprechend den Schulen, in die sie gehen, in ihren intellektuellen Fähigkeiten nicht angepasst oder begrenzt. Allerdings kann ich mir den Satz des israelischen Schriftstellers David Grossman zu eigen machen: „Was für Euch Beschränkungen sind, nenne ich Qualitäten", und weiter: „So ist das, nicht jeder passt sich Ihrem viereckigen Schulsystem an, verehrte Dame, oder achteckigen, vielleicht auch dreieckigen, warum nicht, und ... es gibt Kinder in Zickzack-Form."[4]

Natürlich fängt man häufig eine Behandlung eines Kindes an, indem man den Stammbaum verfolgt, die Linien bis zur dritten Generation zurückverfolgt, so wie Cooper es uns gelehrt hat! Dennoch vergisst man zu häufig, sich Fragen nach den Orten, Geburtsort aber auch dem Ursprungsort der vorherigen Generationen zu stellen. So habe ich in Deutschland erfahren, dass insbesondere auch in Baden-Württemberg oder Bayern eine große Anzahl Vertriebener bei den Schwaben angekommen sind, die alles von ihrer Vergangenheit verloren haben.

Ich kann bestätigen, dass die Mehrheit der Kinder und Jugendlichen, die an Verhaltensstörungen leiden, Kinder ohne Wurzeln sind, eigene oder solche ihrer Familien, und so tragen sie das Gewicht der Symptome ihrer Eltern oder Großeltern auf ihren Schultern. Entwurzelung, Vertreibung, Deportation, Gewalt, Scheidung oder Trennung, überall begegnet ihnen die Konfrontation mit dem Anders-sein, mit der Front der Vorurteile. Fremd sein, Feind sein. Unsere Aufgabe ist es, ihnen zu helfen, diesen Zickzack-Stammbaum zu rekonstituieren, so, wie Deligny und später Dolto unterstrichen: „Ihnen helfen, nicht sie lieben!"

Um die Entwurzelung zu illustrieren, möchte ich Ihnen jetzt Benni vorstellen: Benni und der „Black out".
Obama ist Präsident, der 44. Präsident der USA, ich empfinde eine tiefe Freude, etwa wie eine Versöhnung, endlich. Ein Stück meiner Kindheit in Afrika im Hintergrund ...
Und ich muss an Benni denken, den ich vor drei Jahren kennengelernt habe. Er kam mit 16 Jahren zu mir und forderte von mir, das zu hören, was noch nicht zur Sprache kam. Ausgrenzung, Rassismus, Ablehnung, Tod.
Benni ist ein großer, hübscher, eleganter Junge, halb schwarz, Vater aus Guinea, halb weiß, Mutter aus der Ukraine. Er wirkt sehr sympathisch, höflich, zurückhaltend, obwohl sofort im Kontakt und traurig. Er erzählt, dass er jetzt Hilfe sucht, weil er nicht mehr in der Lage ist, in der Schule (Gymnasium, 9. Klasse) seine Klassenarbeiten mitzuschreiben. Er vergisst alles, sobald er vor einem weißen Blatt Papier sitzt und weiß keine Antworten mehr. „Black out", sagt er. Seine Klassenlehrerin hat ihm meine Adresse gegeben, weil er polarisiert. Pro oder kontra Benni, so sieht das Lehrerkollegium zur der Zeit aus, nur die Musiklehrerin, die Französischlehrerin und die Psychologin sind auf seiner Seite. Ich bemerke, dass er seine Augenbrauen sehr sorgfältig gestrichelt rasiert hat, die rechte nach oben, die linke nach unten, was er mit seiner Mimik auch betont. Er ist nicht eins, merke ich, zerrissen. Ich frage, ob er mehr über sich erzählen will.
Sein Vater starb bei einem Autounfall, als er zwölf Jahre alt war. In der Nacht, als er zu seiner Arbeit fuhr, prallte er gegen einen Baum.
Die Geschichte von Bennis Vater: Dank eines Stipendiums der ehemaligen UDSSR an Studenten aus Guinea flog er in die Ukraine nach Kiew, um Tiermedizin zu studieren. An der Uni lernte er seine

Frau kennen, eine Medizinstudentin, und heiratete sie. Als sie schwanger wurde, wurde sie gezwungen, ihren Studiengang nach dem sechsten Semester zu beenden und die Kosten zurückzuerstatten, weil sie mit einem Schwarzen lebte! Sie bekamen eine Tochter, Bennis Schwester, und die Schwierigkeiten begannen mit offenem Rassismus. Die Familie musste den Campus verlassen, fand keine Wohnung. Er musste weg. Er war im zehnten Semester und musste noch seine Doktorarbeit schreiben. Kurz danach wurde er von der Polizei abgeholt, unter Arrest gestellt und in Handschellen nach Guinea zurückgeschickt. Er lässt seine schwangere Frau und Tochter hinter sich und schreit nur: „Wir treffen uns in Deutschland." Sechs Monate später ist die Familie vereint, aber er hat keinen Job und sein Studium wird nicht anerkannt. Er kämpft ohne Erfolg, muss eine Umschulung als Krankenpfleger absolvieren, und Dank eines befreundeten Arztes findet er eine Stelle in der Psychiatrie. Vierzehn Jahre lang Nachtschicht. Er wird immer deprimierter, fängt an zu trinken, wird aufbrausend, das Paar streitet oft. Drei Tage vor seinem Tod, erzählt Benni, „musste mein Vater mich in der Schule verteidigen, weil ich geklaut hatte. Und er tat es." Wut, Trauer, Schuldgefühl, „hat mein Vater Selbstmord begangen? Mit Ihnen fang ich an zu denken.",

Als sein Vater an diesem Abend zur Arbeit fuhr, sagte er zu Benni: „'Nächstes Jahr fliegen wir beide nach Guinea, damit du deine Familie dort auch kennenlernst.' Er sprach immer Französisch mit mir, nur mit mir." Und ich sage: *„Oui Benjamin, tu vas aller dans ta famille guinénne!"* Er blieb stehen. Blass. Und sagte dann: „Ich dachte, mein Vater hat gerade gesprochen." Ich antworte: „Vielleicht bin ich er." Er weinte.

Benni hat viel „Mist" gebaut. Viele Auseinandersetzungen, viel Prügeleien, Polizei, Gericht und Urteile. Jetzt ist alles vorbei, sagt er, aber die Verfahren laufen weiter. Und er muss sechs Wochen ins Jugendgefängnis. Er hat verstanden, dass seine ganze Wut gegen die Gesellschaft und diese Ungerechtigkeit eigentlich die seines Vaters ist.

„Black out", sagt er dann, wenn sie das sooo übersetzen, Black out. Ich lache und sage: *„Black is beautiful!"* Er fährt fort: „Ich muss zugeben, wenn ich die Leute zum Explodieren bringe, bleibe ich sehr ruhig und immer ruhiger. Und sie toben ... Geil. So habe ich meinen Spaß. Muss ich damit aufhören?"

Benni brach die Therapie nach dieser Sitzung ab, hat die Schule gewechselt, seine Mittlere Reife erlangt und als er 18 Jahre alt wurde, bekam er die Halbwaisenrente, womit er heute seine Privatschule bezahlt, um sein Abitur zu machen. Er möchte „neue Medienkommunikation" studieren.

Kommunikativ, so sieht die post-rassische, also verträglichere Zukunft des Planeten aus? Und dafür hat Benni gekämpft, ein Widerstands-Kämpfer!

Auch Deligny hat gekämpft und vollzog in einem Moment der ideologischen Kreation das, was er einen epistemologischen Schnitt nannte. Er wurde 1933 Kommunist und machte das, was ich im politischen Sinne des Wortes Widerstand nennen möchte. Er widersteht jeglicher Theorie, die sich als totalitär darstellt, und in Anlehnung an Freuds Konstruktion des Moses, stellt er sich die Frage nach dem Problem der Zivilisation als Kultur.

Diese Arbeit des Entzifferns, der Entschlüsselung ist es, was ich dank der Gewitztheit der Vernunft als Analyse des Widerstands erkenne.

Vernunft, Netzwerk, Widerstand *(raison, réseau, résistance)* ist die signifikante Kette der Assoziationen, die für unsere Arbeit nützlich ist.

Ebenso: Anders sein und Nicht-Veränderung, was für eine Subtilität, in all ihren Formen! Abweichen des Verhaltens, ist das nicht ein Ausweichen von domestizierenden Wegen?

In diesem Sinne möchte ich folgende Subtilitäten in verschiedenen Ausrichtungen vorstellen:

Griechische Subtilität: Zeus nimmt Metis, die Gewitztheit, zur Frau, und nachdem er sie mit Athena geschwängert hat, beeilt er sich, sie hinunterzuschlucken. Die gewitzte Intelligenz, die auf diese Weise verdaut und kanalisiert ist, integriert sich in die Souveränität und wird so eine Komponente der Ordnung des Olymp.[5] Ägyptische Subtilität: Freud nimmt als Arbeitshypothese einen Menschen Moses, Held, Vorbild, aus dem er einen Ägypter macht, der Gott auf Erden vertritt und sein direkter Gesprächspartner ist. Moses, der Ägypter, ist der politische Anführer der in Ägypten ansässigen Juden, ihr Gesetzgeber, Erzieher, und er zwingt sie in den Dienst einer neuen Religion.

Aber wer ist Moses' Vater? Sein Symptom ist, dass er stottert.

Politische Subtilität: Die Gewalt muss ausgetrieben und eine politische Ordnung eingesetzt werden. Das Zurückgreifen auf den ursprünglichen Mythos setzt diesen Bruch ein und erlaubt es, die Modalitäten einer Genese zu bestimmen, in der sich die Macht der Vernunft und die Markierung des Verlusts artikulieren.

Psychoanalytische Subtilität: Die Spanne zwischen Geschichte und Diskurs kreiert eine Kohärenz, die sich als Theorie manifestiert.

Die Genealogie wird Fabel und die Vernunft zeigt die Unsichtbarkeit des Reellen und die Notwendigkeit einer Arbeit über sie selbst, getragen von einer Bewegung der Geschichte, die sich nicht kennt. Das Feld der Fantasmen ist in der Literatur immens, und der Mythos als Weitergabe einer Kultur bemächtigt sich ihrer, um sie in eine ursprüngliche Erfahrung umzuformen. Die Treue zu einer gegebenen Kultur ist mit der Treue zur Kindheit vergleichbar und sie impliziert die Beständigkeit des Mythos. Es gibt also nur eine historische Wahrheit, das heißt eine konstruierte, nur psychische Realität. Lacan (1960) knüpft an: „Die Tragödie ist im Vordergrund unserer Erfahrung für uns, die Analytiker, anwesend."

Es stellt sich heraus, dass viele Tragödien existieren, deren Besonderheit darin liegt, dass sie mit einer Tragödie im Laufe der Geschichte verbunden sind, und es stellt sich auch heraus, dass Freud selbst am Scheideweg seiner eigenen Geschichte mit der Geschichte steht, genau so wie Deligny mit *„la Grande Guerre"* oder unsere Patienten.

Ich möchte Ihnen gern mit Hilfe folgender einführender Sätze von David Grossman ein Kind vorstellen:

> Sie – vielleicht ich – bekam einen stummen Hilferuf und riet, dass er sie ohne Unterlass austestete, um zu wissen, ob es ihr als professionelle Detektivin, die sie ja war, gelang, das, was sich unter der ernsthaften Maske versteckte, zu entdecken, hinter diesen fremden Augen: ein kleiner einsamer Junge, zu intelligent und verbittert, der verzweifelt diejenige sucht, die keine Angst vor ihm hat.[6]

Victor ist zwölf Jahre alt, als ich ihn zum ersten Mal von seinen Großeltern mütterlicherseits begleitet, empfange. Er war als Notfall von einer Kollegin zu mir geschickt worden, die seine Mutter seit seiner Geburt, und heute seine Großmutter mütterlicherseits in Therapie hat. Er versteckt sich hinter seinem Großvater, als er in mein Büro kommt, und lehnt es ab, mich zu begrüßen.

Er setzt sich auf meine Couch und weicht meinem Blick aus, er vermeidet sorgsam, an der Diskussion teilzunehmen, aber er hört zu. Der Bericht seiner Geschichte nimmt seinen Lauf, charakterisiert durch Trennungen, Vertreibungen, Umzüge aus verschiedenen Gründen, Schulwechsel als einzige Konstanten, ein Aufenthalt in der Jugendpsychiatrie über vier Monate, der damit endet, dass der Junge in ein Heim für schwererziehbare Jungen eingewiesen wird, wo er schulisch zurückgestuft wird. Das Ganze wird vom Kindergarten an von allen möglichen und vorstellbaren Therapien begleitet, Logo-, Ergo-, Physiotherapie, Konzentrations- und Verhaltenstraining, allein oder in Gruppen, Medikamente wie Amphetamine oder Concerta und ein Jahr Psychotherapie bei einem Kollegen ... Ich beglückwünsche ihn, dass es ihm geglückt ist, so viel Aufmerksamkeit auf sich zu ziehen, er, der angeblich ein Aufmerksamkeitsdefizit hat, und ich beschließe für mich, ihn Victor zu nennen, wie das wilde Kind aus dem Aveyron!

In diesem Moment betrachtet er mich, ganz kurz, etwas flüchtig, fast gegen seinen Willen, und ich sehe, dass sich seine Augen mit Tränen füllen. Er hat Kontakt mit mir aufgenommen, und ich gebe zu, dass ich in diesem Augenblick eine panische Angst empfunden habe, ihn zu enttäuschen, gleichzeitig aber auch eine große Emotion, ihn dort zu fühlen, so nah und doch so weit weg!

Ich erfahre also nach und nach, dass die Ehe der Eltern während der Schwangerschaft mit Victor geschlossen wurde und fünf Wochen nach seiner Geburt gescheitert war. Im Nachhinein meint die Großmutter, Victors Mutter habe damals einen Ersatzvater gesucht, nachdem ihr Vater an Psychose erkrankt sei. Victors Vater ist 16 Jahre älter als sie, sei aber fremdgegangen, was für sie der Trennungsgrund gewesen sei. Er hat wieder geheiratet, aus dieser Ehe stammen ein Halbbruder (6 J.) und eine Halbschwester (2 J.). Auch Victors Mutter hat wieder geheiratet, aus dieser Ehe sind zwei Halbschwestern (fast 3 Jahre, und 4 Monate) hervorgegangen. Der Stiefvater wollte, dass Victor seinen Namen annimmt, so dass die Familie wegen der Nachbarn den gleichen Namen trägt. Seine Eltern haben keinen Kontakt miteinander, außer über Gericht und Rechtsanwälte.

Während der ersten Therapiestunde empfinde ich eine Sympathie für den psychotischen Großvater, mit seinem Cowboyhut, seiner rauen Raucherstimme und der Wärme, die von ihm ausgeht. Ich erfahre, dass er es war, der Victor aus dem Teufelskreis herausgeholt hatte, in den er durch die Entscheidung seiner Tochter geraten war. Genau wie damals – als Victor vor der erneuten Heirat seiner Mutter drei Jahre lang bei ihnen gelebt hatte – hatte er Victor wieder zu sich genommen und sich um ihn genauso gekümmert wie zuvor um seine eigenen Kinder. Er sagt, er brauche Hilfe, der Kleine sei hängen geblieben, und er zähle auf mich. Man habe ihm gesagt, ich hätte Erfahrung.

Bevor ich antworten kann, greift Victor in die Diskussion ein und sagt: „Zwischen zwei Stühlen, ja, ich weiß. In meinen Träumen ist es so, und ich habe Recht. Mein Vater mag mich nicht, meine Mutter hat keine Zeit und meinen Stiefvater mag ich nicht!" Er ist selbst überrascht über das, was er gerade gesagt hat, schweigt und schmiegt sich an seinen Großvater. Ich schweige. Erstaunt schaut er mich an, unsere Blicke kreuzen sich, erneut füllen seine Augen sich mit Tränen. Ich frage ihn, ob er wiederkommen möchte, um mit mir zu sprechen, und dieses Mal nur wir zwei. Er stimmt zu.

Was also ist während dieses ersten Gespräches passiert? Warum und wie kann dieses Kind, das verbrannt, ablehnend, festgefahren und voller Widerstand ist, mir von seinen Träumen erzählen? Traum oder Wunschvorstellung? Die Übertragung von ihm auf mich, von mir auf ihn hat sich eingestellt, wie eine Hängebrücke, die sich jederzeit öffnen und schließen kann, abhängig von der zu transferierenden Last.

In der zweiten Sitzung schreiben wir eine Geschichte mit vier Händen, er und ich, die ich anfange. Ich lese sie Ihnen vor: „Es war einmal ein Sohn und ein Vater. *Und es war einmal ein Hund.* Der Hund gehörte *dem Jungen.* Und das war sein Gluck, weil sonst, *traurig sein.* Der Sohn, der hieß Piccolo, wusste gar nicht, dass er auch lachen konnte. *Der Fater hieß Hans.* Hans und Piccolo konnten nicht so gut miteinander reden. *Und dann ging der Vater einmal in der Wald und kam nie wieder.* Er glaubte es wäre für immer, aber der Hund konnte Spuren folgen. *Aber dann als sie ihm gefunden hatten, lebte er nicht mehr, weil Räuber ihn überfallen hatten. Dann fand Piccolo ein Geschenk, auf dem stand: für dich, Piccolo. In dem Geschenk war eine Vase auf der stand: streichle mich, und er tat es, und plötzlich kam ein Geist aus der Lampe.* Piccolo erschrak weil er nicht wusste was in dieser Vase-Lampe war und er fragte: *Wer bist du? Der Geist antwortete: Ich bin ein Zaubergeist, ich gebe dir drei Wünsche, weil du mir gerettet hast, ich dachte schon, dass ich nie daraus käme. Piccolo sagte: Ich wünsche, dass mein Vater wieder lebt, dass wir viel Geld haben und dass wir wieder Zuhause sind. Der Geist machte es und dann waren Piccolo und sein Fater wieder Zuhause. Er dachte es war ein Draum, aber da stand die wunderbare Lampe. Wenn sie nicht gestorben sind, dann leben sie noch heute. Ende.*"

Draum: Traum oder Drama? F oder V? Familie oder Vater, Familie ohne Vater?

Auf den Spuren seines Vaters entdeckt er ein Geschenk. Er ist sein eigener Detektiv und entdeckt, wie Aladin, seinen Geist. Seine Fantasie ist im Gange, und meine auch! Ich frage ihn, ob er weiß, was *Piccolo* bedeutet. Ja, eine kleine Flasche, antwortet er. Ich frage mich: Wer trinkt? Und was hat er von seiner Mutter getrunken, Milch und Hass, Milch und Frust? Wut.

In den nächsten Sitzungen wird es klarer, weil er jetzt von Verletzungen spricht, die er mit allen Orten, in denen er gelebt hat, in Verbindung bringt. Am Kopf, vom Pferd gefallen, am Arm, gebrochen, weil er gerutscht ist, er zeigt mir die Narbe einer Verbrennung am Handgelenk, die er mit 16 Monaten hatte. Jeder Ort ist verletzend, unsicher gewesen. Auf ein Blatt Papier schreibt er seinen Parcours von Geburt an bis heute. Er schreibt und schreibt, er erinnert sich sehr präzise an alle Details. Eine Karte malt er, mit Strecken und Daten. Seine Irrwege – *lignes d'erre*. Zickzacks einer Geschichte, die von einem singulären Wissen zeugen und einen ersten Heilungsversuch darstellen.

Ich zitiere: „Der Psychotiker [...] ist bereit, für die Welt selbst zu haften, im extremen Fall sogar sein Leben herzugeben", schreibt A. Michels, „weil er im Verschwinden noch erhofft, die Leere herzustellen, die einzig und allein das Symbolische zu instituieren vermag. Möglicherweise fällt es ihm auch leichter, auf sein Leben zu verzichten, weil er ja bereits – zumindest symbolisch – gestorben ist."[7]

Ein psychotisches Kind ist ein Kind, das sowohl für sich symbolisch gestorben ist als auch für die anderen. So ist Victor: Er existiert für seine Mutter nicht, wenn er nicht bei ihr sein kann, ausgelöscht, ausgeblendet. Er gibt dann seine Integrität auf. Dadurch hat er kein Orientierungsvermögen mehr. In einem einzigen Zug werden die Spuren ausgelöscht. Zickzack-Zug! Gerade deswegen ist Victor in der Psychiatrie gelandet, er wollte sich umbringen. Er ist „ver-rückt", so Freud, an einen anderen Ort, wo sich die Spuren als eigener Text, durch einen Einbruch in das Reale einschreiben. Es scheint mir notwendig, bei der Behandlung dieser Kinder die Dimension der Zeit wieder einzubringen, da die Vermittlung der Wirklichkeit ein Zeichensystem benutzt, das durch Sprache, Zeit und Raum als Orientierungsbedingungen erstellt wird. Darum geht es in der Psychose. Um Zeit. Um Sprache. Um seine Wahrheit zu artikulieren. Familie, Familiengeschichte, die sich verdichtet und einen Sinn gibt. In der Therapie findet jeder einen Platz wieder und einen Ort. Sinn also als Richtung und Bedeutung.

Victor kam neulich zu mir und brachte eine Eins minus in Mathe. Jetzt zählt er als Person und nicht als Geist und kann wieder zählen, hat Halt gefunden, im wahrsten Sinne des Wortes, ein Stopp für die verrückte Welt und Anlehnung an etwas Festes und Zuverlässiges. Er hat neues Vertrauen geschöpft, um Abschied von dem gescheiterten Elternpaar zu nehmen, ein Paar, das nur ganz kurz und für ihn existierte, nämlich während der Schwangerschaft. Insofern kann ich auch hinzufügen, dass es nicht nur eine einzige Deutungsoption gibt, nur eine jeweils aktuelle und wahre Option.

In einem vorausgegangenen Aufsatz – „Bindung, Halt und Orientierung"[8] – habe ich mich bereits mit folgender Frage auseinandergesetzt: Warum beziehen wir uns auf einen Begriff, der nicht existiert, auf einen fiktiven Ort – der Orient als Ort, wo die Sonne aufgeht –, um uns zu orientieren, d. h. um ein ethisches Gesetz, eine moralische Richtung, die sich als „Muss" in der Erziehung, als eine schulische Devise unserer Kinder aufzwingt?

Die Orientierung ist aber die Bedingung allen Lebens, wir kommen nicht um sie herum, aber auch nicht über sie hinweg. „Aber wie orientiert uns unsere Orientierung?", fragt Werner Stegmeier.[9]

Notwendigkeit, Möglichkeit, Wirklichkeit, unsere Realität ist markiert durch die Orientierung als Anhaltspunkt, der uns erlaubt zu wissen, wo wir sind. Wie in ihrer Metapher, gleitet der Ort und wird Richtung. Dies ist die Definition der Orientierung. Es ist die Kunst, den Ort zu erkennen, an dem man sich befindet, indem man die Kardinalpunkte festlegt. Die Orientierung pendelt folglich zwischen Metapher und Konzept hin und her, und das ist es, was mich interessiert.

Genau das ist es auch, was es ermöglicht, seine Bestimmung zu finden, die Anerkennung durch seinen eigenen Vater in der Reihenfolge der Generationen zu erreichen.

Als Beleg diese Widmung von 1891 – zum 35. Geburtstag seines Sohnes Sigmund schenkte Jakob Freud ihm die Philipsonsche Bibel, in der er Lesen gelernt hatte, und trug ihm folgende Widmung auf Hebräisch ein:

Mein mir geliebter Sohn, Schlomo,
Im siebenten Jahre deines Lebens kam der Geist des Herrn über Dich und sprach zu Dir: Geh, lies das Buch, das ich geschrieben habe.
Und öffnen werden sich Dir die Quellen der Weisheit, des Wissens und Verstehens.

Das Buch der Bücher ist der Brunnen, den die Weisen gruben
Und in dem die Gesetzgeber Wissen und Gerechtigkeit lehrten.
Der Anblick des Allmächtigen wurde Dir zuteil,
Du hörtest und Du wagtest.
Du stiegst empor auf den Schwingen des Geistes.
Von da an war dies Buch verschlossen wie die zerbrochenen Gesetztafeln
in einem Schrein bei mir.
An dem Tag, da Du Deinen 35. Geburtstag begingst,
Band ich es in einen neuen ledernen Einband
Und nannte es: „Spring auf, o Quell singe"
Und widmete es Deinem Namen als Beweis der Liebe,
Von Deinem Vater, der Dich liebt mit ewiger Liebe,
Jakob, Sohn des Rabbi Schlomo Freud, in der Hauptstadt Wien,
am 29. Nizam 5651, dem 6. Mai 1891.[10]

Jakob – dieser Vorname entspricht vollkommen einem Detektiv, da er auf der Wurzel aufbaut, die „verfolgen" bedeutet – hat verstanden, dass sein Sohn seinen Weg geht, an der Quelle sich seine Entdeckung des Unbewussten erbauend. Er gibt ihm das Vertrauen weiter. Was für eine Anerkennung!

An diesem Punkt schließt sich der Kreis meiner Überlegungen, nämlich dass alle Wege zum Subjekt immer nach Rom führen. Als Freud nach Rom kommt, stellt er sich vor die Statue des Moses und wartet auf ein Zeichen. Zeichen des Untergangs, des Okzidents? Statue, Signum in Latein. Dies ist ein Zeichen aus Metall oder Stein, anstelle eines vokalen Zeichens, das fördert und es ermöglicht, seinen zweiten Orient zu finden, seine eigene Kraft, seinen Rhythmus, seine Orientierung. Victor hat endlich Recht bekommen, das Recht, gehört zu werden! Als Psychoanalytiker ist man gefordert, seine Augen und Ohren zu öffnen und gegebenenfalls theoretische Diskurse hinter sich zu lassen, um so nah wie möglich beim Subjekt zu bleiben.

Im Rahmen einer Reglementierung des Verhaltens und unter Berücksichtigung einer latenten und sich verbreitenden Medikalisierung unserer Gesellschaft bleibt uns nichts anderes übrig, als die großen Wege zu meiden und die kleinen Zickzack-Wege für unsere Existenz zu wählen. Sich den biometrischen Forderungen unserer Identität zu beugen, reduziert uns auf eine geometrische Repräsentation unseres Seins. Unsere Vorfahren wussten das schon: In der Türkei gibt es eine Brücke in Zickzack-Form, die verhindern soll, dass der Tote bei seinem letzten Weg von bösen Geistern verfolgt werde. So ist der Zickzack eigentlich, und metaphorisch gesprochen, eine befreiende Form.

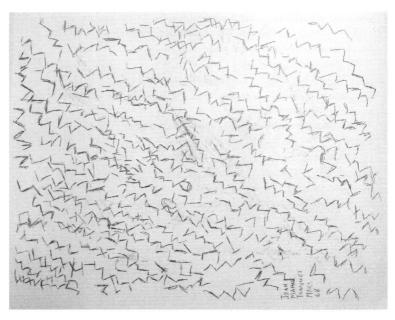

Zeichnung eines autistischen Jungen

Dieses Zickzack-Subjekt zu begleiten bedeutet, mit ihm sein Leben zu entziffern, sein Sein und Haben zu differenzieren und seine Identität zu respektieren. *Lignes d'erre* (Irrwege), *ère* (Ära), *erre* (Irren), *aire* (Fläche), *air* (Luft), alle diese Worte werden im Französischen gleich ausgesprochen; diese Homonyme definieren die Möglichkeit, im Hier und Jetzt zu leben, von diesen Eltern und dieser Geschichte. Bei der Geburt atme ich Luft ein, in dieser familiären Ära, ohne Notwendigkeit zu irren *(errements)*, jedoch mit Auswegen *(errance)*.

„Wo es war, soll ich werden …"
Dieser Weg wird kein leichter sein.
Dieser Weg wird steinig und schwer.

Mein Zuhören stolpert tatsächlich über diese Worte, wie über Steine, und doch versuche ich, als Psychoanalytikerin zuzuhören.

Anmerkungen

1 Stumm und Pritz, S. 596.
2 Deligny, S. 451.
3 Foucault, S. 762.
4 Grossmann, S. 98.
5 Siehe Détienne und Vernant.
6 Grossmann, S. 284.
7 A. Michels.
8 Catherine Moser 2005.
9 Stegmeier, S. 13.
10 Ernst Freud.

Literatur

Deligny, Fernand, „Adrien Lomme", in: Ders., Œuvres, Paris 2007, S. 439ff.
Détienne, Marcel, und Vernant, Jean-Pierre, Les Ruses de l'intelligence, la Mètis des Grecs, Paris 1974.
Foucault, Michel, „Des Espaces autres", Vortrag vom 14. März 1967, in: Dits et écrits, Paris 1994.
Freud, Ernst, Sigmund Freud. Sein Leben in Bildern und Texten, Frankfurt/M. 1989.
Fröhlich, Werner D., Wörterbuch zur Psychologie, München 1994.
Grossman, David, L'Enfant zigzag, Paris 1998; Das Zickzackkind, München 2000; Original hebräisch.
Lacan, Jacques, Seminaire sur l'éthique, Paris 1960; Das Seminar, Buch VII, Die Ethik der Psychoanalyse, Berlin 1995.
Laplanche, Jean, und Pontalis, Jean-Bertrand, Vocabulaire de la Psychanalyse (1967), Paris 2002; Das Vokabular der Psychoanalyse, Frankfurt/M. 1986.
Moser, Catherine, „Die väterliche Funktion und der Tod", in: Arbeitsheft Kinderpsychoanalyse 34/2005, S. 101–117.
— „Bindung, Halt und Orientierung", o. A.
Stegmeier, Werner, Orientierung, Frankfurt/M. 2005, S. 13.
Stumm, Gerhard, und Pritz, Alfred, Wörterbuch der Psychotherapie, Frankfurt/M. 2000, S. 596.

Bildnachweis

S. 57 Deligny, Œuvres, S. 1079.
S. 68 Ebd., S. 658.

Achim Perner

Selbstheilungskräfte im Hilfeprozess.
Zur Mobilisierung von inneren und äußeren Ressourcen in der Psychoanalytischen Sozialarbeit am Beispiel der Arbeit mit dissozialen Jugendlichen

Die Forderung der Ressourcen-Orientierung ruft bei den meisten Psychoanalytischen Sozialarbeitern einen Abwehrreflex hervor, weil sie zu einem Schlagwort geworden ist, das nicht zum vertrauten Vokabular der Psychoanalytischen Sozialarbeit gehört. Von der Sache her ist die Orientierung an den Ressourcen dem psychoanalytischen Denken aber alles andere als fremd, wendet es sich doch gegen einen defizitorientierten Blick auf psychische Störungen, den wir in den psychiatrischen Lehrbüchern regelmäßig finden. Tatsächlich denken und arbeiten wir als Psychoanalytische Sozialarbeiter seit jeher ressourcenorientiert. Ich möchte darum im Folgenden versuchen, den Sinn dieser Forderung aus der psychoanalytischen Perspektive zu entfalten. Als Ausgangspunkt möchte ich Ihnen in Form einer Aufzählung die Grundgedanken des psychoanalytischen Verständnisses psychischer Störungen in Erinnerung rufen:

1. Die Psychoanalyse versteht die Symptome psychischer Störungen als Ausdruck eines hilflosen, unglücklichen, misslungenen oder gescheiterten Selbstheilungsversuchs, d.h. als den fortbestehenden Versuch eines kleinen Kindes (oder Säuglings), einen psychischen Konflikt oder ein seelisches Trauma zu bewältigen (neurotischer Kompromiss, psychotische Restitution, dissoziale Hoffnung). Ihre Arbeit zielt darauf ab, die Selbstheilungskräfte, die darin wirksam sind, aus hemmenden Fixierungen bzw. pathogenen Strukturen zu lösen und zu mobilisieren.

2. Die psychoanalytische Nosologie ist entwicklungsorientiert: Sie versteht psychische Störungen als Manifestation von Entwicklungsstörungen und zielt darauf ab, blockierte Entwicklungen entweder nachzuholen oder stützend zu kompensieren. Sie betrachtet dabei das Entwicklungspotential als unverzichtbare seelische Ressource.

3. Es ist ein Grundgedanke der Psychoanalyse, dass die seelischen Konflikte, die den Symptomen zugrunde liegen, psychische Energien verbrauchen, die dem Subjekt als frei verfügbare entzogen wer-

den. Die konfliktlösende Arbeit der Psychoanalyse zielt darauf ab, diese Energien für das Subjekt mobilisierbar zu machen, d. h. sie ihm als Ressource verfügbar zu machen.

4. Alle psychischen Störungen können aus der Perspektive der Psychoanalyse als Entwicklungsstörungen beschrieben werden, d. h. als Störung eines dem Menschen innewohnenden Entwicklungspotentials, das bestimmte Umweltbedingungen braucht (eine genügend gute Mutter, eine fördernde Umwelt, Halt und Containing), um sich entfalten zu können. Die Psychoanalytische Sozialarbeit ist der Versuch, diese Umweltbedingungen als Rahmen und Setting bereitzustellen, um so eine nachholende Entwicklung möglich zu machen. Sie knüpft dabei an bestehenden Ressourcen an und fördert die Entwicklung blockierter Ressourcen.

5. Im Unterschied zur psychoanalytischen Therapie, die sich in einem gegen die Umwelt abgedichteten Raum abspielt, situiert sich die Psychoanalytische Sozialarbeit in einem offenen Raum des alltäglichen Handelns (mit einigen abgedichteten analytischen Enklaven in Form von Einzelstunden). Sie hat es mit ich-syntonen Störungen zu tun, die vom Subjekt selbst als Anderssein wahrgenommen, aber nicht als Leiden empfunden werden und letztlich auf eine tiefgreifende narzisstische Störung (d. h. auf eine Störung des Selbst) zurückzuführen sind. Bei der Behandlung dieser Störungen ist es, wie Kohut hervorgehoben hat, wesentlich, „nicht nur die Mängel der psychischen Organisation dieser Menschen zu betonen, sondern auch ihre positiven Möglichkeiten."[1]

6. Für diese Arbeit ist die Einbeziehung der Familien und die Förderung ihrer Ressourcen (so weit das möglich ist) wesentlich. Schon Aichhorn hatte betont, dass die psychischen Schwierigkeiten eines Kindes als „Ausdruck der familialen Libidokonstellation" verstanden und die Familien darum in die Arbeit einbezogen werden müssen um, wie wir hinzufügen können, ihre verschütteten oder brachliegenden Ressourcen zu mobilisieren.[2]

Was ist nun unter *Ressourcen* zu verstehen? Das Wort kommt aus dem Französischen und setzt sich aus zwei Bestandteilen zusammen: der Vorsilbe *re*, die *wieder* oder *zurück* bedeutet, und der *source*, was auf Deutsch *Quelle* bedeutet. *Ressourcen* sind dann als Quellen zu verstehen, auf die man zurückgreifen und aus denen man schöpfen kann. In diesem Sinn ist es als Lehnwort ins Deutsche und Englische übernommen worden, zunächst im Zusammenhang der Ökonomie. Es bezeichnet:

a) Rohstoffressourcen; Hilfsmittel, Geldquellen; und darüber hinaus im Englischen

b) den natürlichen Reichtum; Hilfsquellen oder -mittel; aber auch die Zuflucht; die Fähigkeit, sich zu helfen; die Findigkeit; den Zeitvertreib, die Entspannung und Unterhaltung.

Wir verwenden das Wort heute vor allem in zweierlei Hinsicht:
a) in der Ökonomie sprechen wir davon, Ressourcen zu erschließen und wirtschaftlich zu nutzen;
b) in der Ökologie geht es darum, Ressourcen zu schonen und pflegen, sie zu ersetzen und regenerieren.

Die Ressourcen, um die es in unserer Arbeit geht, können fünf Bereichen zugeordnet werden:
1. die vorhandenen oder schlummernden, brachliegenden oder verschütteten individuellen Ressourcen der jungen Menschen, die entwickelt bzw. mobilisiert werden sollen;
2. die vorhandenen oder mobilisierbaren bzw. die erschöpften oder fehlenden Ressourcen ihrer Familien;
3. die vorhandenen oder mobilisierbaren Ressourcen des sozialen Feldes, in dem sie leben;
4. die Hilfe, die wir anbieten, als zusätzliche (supplementäre, kompensierende, substituierende) Ressource; und schließlich
5. die Ressourcen, deren die Helfer bedürfen, um dem Kind und seiner Familie als hilfreiche Ressource zur Verfügung zu stehen. Dies sind u. a.:
 a) fachliche Ressourcen (eine hinreichend qualifizierende Aus- und Weiterbildung, Evaluation, institutionelle Lernprozesse);
 b) persönliche Ressourcen (hinreichende und genügend enttäuschungsresistente innere Ressourcen; persönliche Regeneration; ein gutes eigenes Leben);
 c) ökonomische Ressourcen (eine ausreichende finanzielle Ausstattung);
 d) institutionelle Ressourcen (Gewährleistung eines gesicherten und haltgebenden Rahmens);
 e) kollegiale Ressourcen (ein kritisches und unterstützendes Team, das in ausreichendem Maß Halte- und Container-Funktionen übernimmt);
 f) reproduktive/regenerative Ressourcen (ein ausreichendes Maß an qualifizierter Supervision);
 g) strukturierende/orientierende Ressourcen (eine valide, kommunizierbare und praktisch hilfreiche Theorie).

Ich möchte mit dem letzten Punkt beginnen, der für die Psychoanalytische Sozialarbeit von besonders großer Bedeutung ist. Dazu vier Thesen, die unsere Arbeit leiten:

1. These: Ein Kind bedarf äußerer Ressourcen, damit es innere Ressourcen entwickeln kann; insbesondere
   - eine genügend gute Mutter, die ihrerseits
     a) über genügende innere und
     b) über genügende äußere Ressourcen verfügt und
     c) in der Lage ist, die unerträglichen Affekte und die aggressiven Regungen ihres Kindes zu containen, d. h. aufzunehmen, um sie in verwandelter Form zurückzugeben;
   - eine haltende und entwicklungsfördernde Umwelt, die ihm
     a) genügend äußere Ressourcen zur Verfügung stellt und die
     b) in der Lage ist, die Entwicklung der inneren Ressourcen des Kindes zu fördern, indem sie
       1. seinen körperlichen, geistigen und emotionalen Bedürfnissen Rechnung trägt,
       2. zur gegebenen Zeit auf eine ebenso fürsorgliche wie entschiedene Weise seine libidinösen Ansprüche begrenzt, um es dadurch zu Sublimierungen anzuregen,
       3. die aggressive Regungen des Kindes auf eine angemessene Weise in die Schranken weist und sich
       4. als libidinöses Objekt zur Verfügung stellt, ohne das Kind zu verführen oder an sich zu fesseln, um seine Triebentwicklung zu unterstützen.

2. These: Die Entwicklung eines Kindes kann entgleisen, wenn die äußeren Ressourcen, die für sein Gedeihen unerlässlich sind, nicht in einem ausreichenden Maße zur Verfügung stehen. Es wird dann nur in einem mehr oder weniger stark beschränktem Ausmaß in der Lage sein, seine inneren Ressourcen zu entwickeln. Letzteres impliziert vor allem zwei Aspekte:
   a) die fortschreitend integrierende Formung und Entwicklung seiner angeborenen inneren Ressourcen und Regungen (d. h. seiner angeborenen Triebe und seiner frühen Affekte)
   b) das verlässliche Anbieten hinreichend guter Objekte, die vom Kind introjiziert werden können, die den Kern der Entwicklung seiner Persönlichkeit bilden und mit denen es sich später identifizieren kann als Grundlage für die Entwicklung seines Selbst.

3. These: Alle schweren psychopathologischen bzw. ausgeprägten Verhaltensstörungen können als Störungen der frühkindlichen Entwicklung verstanden werden, die – in den Worten Winnicotts – auf ein Versagen der Umwelt zurückzuführen sind. Die psychopathologischen Symptome und ausgeprägten Verhaltensstörungen sind dann als Folgen von Entwicklungsstörungen zu begreifen, die auf frühe Entbehrungen und nicht selten auch auf frühe Misshandlungen zurückzuführen sind. Für die Psychoanalytische Sozialarbeit ergibt sich daraus die Aufgabe, einen haltenden Rahmen und ein geeignetes Setting zu entwickeln, die es den Kindern bzw. Jugendlichen erlauben, früh entgleiste Entwicklungsprozesse nachzuholen. Diese Arbeit gestaltet sich umso schwieriger,
  a) je früher und stärker die kindliche Entwicklung beeinträchtigt worden ist;
  b) je länger diese Beeinträchtigung andauert bzw. angedauert hat,
  c) je älter das Kind geworden ist, bevor es eine geeignete Hilfe bekommt;
  d) je stärker es mit einer pathogenen Umwelt innerlich und äußerlich verbunden ist;
  e) je weniger die familiale Umwelt diesen nachholenden Entwicklungsprozess unterstützt bzw. je stärker sie ihn erschwert, untergräbt oder sabotiert.

4. These: Psychopathologische Symptome und ausgeprägte Verhaltensstörungen können – in psychoanalytischer Sicht – grundsätzlich als Ausdruck misslungener Selbstheilungsversuche verstanden werden, durch die ein Kind angesichts des gravierenden Versagens seiner Umwelt versucht,
  a) aus eigenen Kräften ein seelisches Gleichgewicht zu finden;
  b) sich an diese Umwelt anzupassen, in der es lebt und leben muss;
  c) sich gegen diese Umwelt zu schützen, die es seelisch (und körperlich) verletzt, in dem seine elementaren Bedürfnisse vernachlässigt, seine objektive Abhängigkeit ausgenutzt und seine psychische Integrität zerstört werden.

Das Kind hat darum, um es in den Worten von Wilhelm Reich auszudrücken, mit seinen Symptomen und Verhaltensstörungen irgendwo recht; es kommt nur darauf an, herauszufinden, wo. Die Psychoanalytische Sozialarbeit zielt deshalb nicht darauf, Symptome zu unterdrücken, sondern sie zunächst in den Rahmen ihrer Arbeit zu ziehen (neurotische Übertragung, traumatische Widerholung,

psychotisches Agieren), der dieser Aufgabe gewachsen sein muss.
Das bedeutet vor allem zweierlei:
   a) Der Rahmen unserer Arbeit muss gesichert und stabil genug sein, um diesen Schwierigkeiten standhalten zu können, und er muss
   b) flexibel genug sein, um ihnen den Raum zu geben, den sie brauchen, um sich zu entfalten,
um dann nachholende Entwicklungsprozesse zu ermöglichen, die es dem jungen Menschen mit der Zeit erlauben, Stück für Stück auf seine Symptome zu verzichten. Dazu bedarf es der Einrichtung eines geeigneten und hinreichend flexiblen Settings, dessen Struktur und Handhabung dem inneren Entwicklungsalter des jungen Menschen angepasst ist, ohne dabei sein soziales Alter und den Entwicklungsstand seines Selbstbewusstseins aus den Augen zu verlieren. In der Praxis kann das bedeuten, dass der Rahmen sowie die Struktur und die Handhabung des Settings der sozialen Stellung und den damit verbundenen Aufgaben eines Achtzehnjährigen Rechnung tragen müssen, der von seiner inneren Entwicklung her ein verstörter, vernachlässigter oder verzogener Dreijähriger ist, dabei das soziale Selbstbewusstsein eines Dreißigjährigen an den Tag legt und der als Folge seiner frühen Entbehrungen
   a) einen starken sekundären Narzissmus entwickelt hat, der ihn vor seelischen Schmerzen schützt, indem er seine tatsächliche Abhängigkeit von anderen, seine Ohnmacht und Hilflosigkeit, seine Angst, seine Depression und sein Gefühl der Wertlosigkeit verleugnet; und der
   b) mit präventiver Aggression auf alles reagiert, was er als Angriff auf seinen narzisstischen Schutz erlebt, darunter das Angebot unserer Hilfe. Wenn er sie annimmt, dann nicht um sie in unserem, sondern um sie in seinem Sinn zu gebrauchen, d. h. um sie für seine Zwecke zu missbrauchen.

Es liegt darum auf der Hand, dass der Hilfeprozess nicht ohne Kämpfe auskommen kann und dass er krisenhaft verlaufen wird. Wenn er sein Ziel erreichen soll, sind drei Punkte wesentlich
– dass wir – so weit uns das möglich ist – das Terrain, den Zeitpunkt und den Inhalt dieser Kämpfe bestimmen;
– dass wir unsere Gegenübertragung soweit beherrschen, dass wir uns dabei nicht auf jenen Kampf um Sieg und Niederlage einlassen, den der Jugendliche uns aufzwingen will und den wir nur verlieren können, weil unsere Sorge um ihn seine stärkste Waffe ist; dass wir also, wie Aichhorn es gelehrt hat, zwar mit ihm, aber

nicht gegen ihn kämpfen, sondern um ihn. Unsere Stärke liegt darin, dass diese Jugendlichen uns als etwas bekämpfen, was wir weder sind noch sein wollen und dass sie genau dies in unseren Kämpfen mit ihnen erfahren können (und nur dort). Die Voraussetzung dafür ist, dass es den Jugendlichen in unseren Kämpfen mit ihnen nicht gelingt, uns zu dem zu machen, was wir nicht sein wollen.

— Dass wir die Krisen bzw. die „große Krise" antizipieren, zu der es kommen muss, um darauf vorbereitet zu sein, ihm dann den Halt geben zu können, den er braucht.

Nur durch diese Kämpfe und Krisen hindurch, in denen sich für ihn die verletzenden und schmerzvollen Erfahrungen seiner Kindheit wiederholen, kann der Jugendliche mit uns eine andere, für ihn ganz neue Erfahrung machen, die die Voraussetzung dafür bildet, dass er sich auf eine nachholende Entwicklung seiner inneren Ressourcen überhaupt einlassen kann. Unsere Arbeit hat deshalb einen zersetzenden Aspekt im Hinblick auf die Zerstörung dessen, was Winnicott als ein „falsches Selbst" beschrieben hat, und einen konstruktiven im Hinblick auf die Förderung und Unterstützung einer nachholenden Entwicklung des Subjekts.

Ich möchte das an einem konkreten Beispiel illustrieren. Zur Vorgeschichte –Bodo ist das zweitjüngste von sieben Kindern. Er war drei Jahre alt, als er mit seinen Geschwistern aus der Familie genommen wurde. Im Urteil des Familiengerichts, das den Eltern das Sorgerecht entzog, ist zu lesen:

> Alle Kinder wiesen Anzeichen von körperlicher, geistiger und seelischer Verwahrlosung auf. Sie hatten bzw. haben erhebliche Entwicklungsrückstände. So waren sie total verschmutzt und waren keine Hygiene gewohnt. Baden, Duschen und Haarewaschen löste bei ihnen panikartige Abwehrreaktionen aus. Sie waren in extrem geringer Weise schmerz- und kälteunempfindlich. Bei den älteren Jungen war die Vorhaut entzündet und schmerzempfindlich, sie war offenbar nie gereinigt worden. Bodo wies einen Verdacht auf körperliche Misshandlung in Form kräftiger Ohrfeigen auf, bei Clara ($3^1/2$) fanden sich Schrammen im Windelbereich. Das Gesicht des Säuglings Manuel war rot-bläulich verfärbt. Praktisch alle Kinder haben eine Syphilis durchgemacht und eine inzwischen ausgeheilte Infizierung mit dem Hepatitis-B-Virus. Alle Kinder waren mit den gängigen Ess-Sitten unvertraut. Clara konnte mit $3^1/2$ Jahren nicht aus einer Tasse trinken und matschte mit den Fingern im Essen

herum. Auch Hans war Besteck völlig unbekannt. Suppe schüttete er z. B. in die Hand, anstatt einen Löffel zu benutzen. Die Kinder kannten weder Malen, Basteln, Kneten noch das Betrachten von Bilderbüchern. So war Hans (5 J.) nicht einmal fähig, die Seiten eines Bilderbuches umzuwenden. [...] Besonders auffällig ist auch die Unfähigkeit aller Kinder, sich sozial einzuordnen. Konflikte untereinander tragen sie durch rücksichtsloses Durchsetzen des Stärkeren in einer Art Faustrecht aus.

Die 13-jährige Anne und die dreieinhalbjährige Clara wurden vor den Augen der anderen Kinder vom Vater und anderen Männern sexuell missbraucht; die männlichen Kinder wurden nackt ausgezogen und vor laufender Video-Kamera geschlagen, die Mutter hatte für den Missbrauch und Misshandlung ihrer Kinder Geld angenommen. Man kann nicht sagen, dass die Eltern dieser Kinder ihnen als entwicklungsfördernde Ressourcen zur Verfügung standen; eher sahen sie in ihnen Ressourcen ihres perversen Vergnügens und der Verbesserung ihres Einkommens.

Nach der Herausnahme aus der Familie wurden die Kinder von einer Pflegefamilie aufgenommen, in der sie ihre Entwicklungsrückstände durch gezielte Förderung schnell aufholen. Bodo wurde nach zweieinhalb Jahren als ein freundlicher und offener Junge beschrieben, der rasch Beziehung zu anderen Personen herstellt, dabei aber immer eine gewisse Distanz aufrechterhält, „als ob er Enttäuschungen befürchtet". Auf Veränderungen reagiere er sträubend, ängstlich, und aggressiv. Er habe wenig Möglichkeiten zur sprachlichen Verarbeitung seiner Probleme und sei seinen Emotionen hilflos ausgeliefert. Vieles sei schwer oder überhaupt nicht zu verstehen, bleibe „noch immer der Deutung überlassen". Er habe eine schnelle Auffassungsgabe, beherrsche aber die Grundfarben nicht. Bodo zeige eine ausgeprägte Tendenz zum Einzelgänger, auch wenn er mit anderen Kindern spiele, spiele er doch allein. Oft zerstöre er nach einer Weile das gemeinsame Spiel, es fiele ihm schwer, Spielzeug zu teilen. Er reagiere sehr eifersüchtig, wenn andere Kinder friedlich miteinander spielen, und versuche dann, ein Kind auf seine Seite zu ziehen. Bodo habe seinen jüngeren Bruder „entdeckt" und betrachte ihn als sein „Baby". Er spiele Vater, Mutter, Kind, und das ginge gut, wenn alle nach seiner Pfeife tanzen, sonst zerstöre er das Spiel durch Gewalt. Er könne gut allein spielen; sobald andere Kinder kommen, sei die Ruhe schnell dahin. Er sei von den „wilden Spielen" der älteren Jungen angezogen, sie bezögen ihn aber nur selten ein.

Seine Pflegeeltern schrieben weiter über den damals Fünfjährigen: „Wenn er unzufrieden, traurig, trotzig oder wütend ist, verliert er, was er schon alles kann und es endet oft in einem Wutanfall, aus dem er sehr schwer wieder herausfindet. Es fällt ihm sehr schwer, mit fremden oder außergewöhnlichen Situationen fertigzuwerden. Diese werfen ihn aus seiner Sicherheit, die er braucht. Trotz, Unzufriedenheit und Wut drückt Bodo noch immer aus, indem er brüllt, etwas bewusst kaputt macht, jemand anderen verletzt, indem er ihn schlägt oder um sich schlägt. Abends beim Zubettgehen reagiert er auf Änderungen des Ablaufs mit Zorn- und Schreianfällen."

Bodo ließe sich von anderen nichts sagen und brauche lange, ehe er eine Erklärung verarbeitet und begreift. Er hole sich Zuwendung durch Körperkontakt und zeige wie seine Geschwister sexuelle Auffälligkeiten.

In den folgenden Jahren entwickelte Bodo sich in der Pflegefamilie gut weiter, seine Schwierigkeiten milderten sich, blieben aber bestehen, woran auch eine Spieltherapie nichts ändern konnte. Zehn Jahre nach seiner Aufnahme in der Pflegefamilie starb seine Pflegemutter, was Bodo als eine Katastrophe erlebte. Er wurde danach in einem Heim untergebracht, das ihn seiner Verhaltensschwierigkeiten wegen nicht lange halten konnte, und daran schloss sich eine Serie abgebrochener Heimunterbringungen an, bis er schließlich nach einem längeren Klinikaufenthalt in ein Jugendhilfeprojekt nach Polen kam (Otwarte Drzwi), das nach den Prinzipien der Psychoanalytischen Sozialarbeit arbeitet. Hier blieb er zweieinhalb Jahre, um dann nach dem Erreichen des Hauptschulabschlusses nach Berlin zu gehen, eine eigene Wohnung zu beziehen und eine Ausbildung als Friseur zu beginnen. Seither wird er im Rahmen des betreuten Jugendwohnens von einer Kollegin und mir betreut. Nach einem vielversprechenden Start ist diese Hilfe „gescheitert", und ich möchte im Folgenden beschreiben, wie wir dieses Scheitern interpretieren und damit umgehen.

Bodos lange geplantem Wechsel nach Berlin war eine Krisenunterbringung in der Psychiatrie vorangegangen, die er als traumatisch erlebt hatte. Bodo, der inzwischen der Älteste in der Wohngruppe war, hatte sich zunächst auf eine manisch sexualisierende Weise eines deutlich jüngeren Jungen angenommen, den er von einem Tag auf den anderen fallen ließ, als ein etwa Gleichaltriger aufgenommen wurde, zu dem er gleichfalls eine manisch überdrehte und stark sexualisierte Beziehung aufnahm, von der die ganze Gruppe angesteckt wurde. Auf die Versuche der Mitarbeiter, ihn zu beruhigen und zu begrenzen, reagierte er zunehmend aggressiv, bis er schließlich nach einer handgreiflichen Auseinandersetzung in die Psychiatrie gebracht werden musste. Dieser Vorfall verhieß nichts Gutes: Bodo, der über beträchtliche Fähigkeiten verfügte, sich nicht nur angepasst, sondern sehr einnehmend zu verhalten, legte alle Schwierigkeiten an den Tag, die in dem oben erwähnten Bericht über ihn beschrieben wurden, nun aber mit dem unabhängigen Selbstbewusstsein, dem fordernden Nachdruck und der Körperkraft eines Achtzehnjährigen. Es schien, als ob er alles, was er in den Jahren dazwischen entwickelt hatte, wieder verloren hätte. Bodo hatte aber, so haben wir diesen „Einbruch" nachträglich interpretiert, damals nichts verloren, sondern das Trauma seiner frühen Kindheit agiert, das bis dahin unbehandelt geblieben war. Und genau daran scheiterte dann sein Vorhaben, einen Beruf zu lernen und ein geregeltes Leben zu führen. Denn die beachtlichen sozialen Fähigkeiten, die er nach seiner Aufnahme in der Pflegefamilie entwickelt hatte, waren nicht dem stabilen Boden einer hinreichend guten frühkindlichen Entwicklung entsprossen und in seinen Trieben verwurzelt, sondern aufgesetzt.

Winnicott hat das als ein *falsches Selbst* beschrieben, ein Selbst, das nicht mit dem Subjekt des Unbewussten, des Begehrens und der Triebe verbunden und darum auch nicht zu „spontanen Gesten" in der Lage und leicht erschütterbar ist. Es kann dann passieren, dass wir ein „falsches Selbst" für bare Münze nehmen und an es glauben, weil die Jugendlichen selbst an es glauben wollen, und enttäuscht sind, wenn es nicht hält, was es uns versprochen hat. Wir stellen diesen Jugendlichen alle nur denkbaren Ressourcen zur Verfügung, die sie entweder gar nicht oder nicht in unserem Sinn nutzen. Weil sie sich alle Mühe geben, ihr „falsches Selbst" aufrechtzuerhalten und den Anschein erwecken, als hätten sie alles unter Kontrolle und wären der Herr ihrer selbst, entsteht dann der Eindruck, dass sie die angebotenen Hilfen einfach nicht annehmen wollen, die nach einigen Ermahnungen schließlich eingestellt werden. So hätte es auch Bodo ergehen können, wenn das zuständige Jugendamt sich unseren Argumenten verschlossen und das Scheitern der Hilfe als Ausdruck seines Unwillens verstanden hätte, die angebotene Hilfe im Sinne der im Hilfeplan bestimmten Ziele zu nutzen. Bei manchen Jugendlichen ist das so, bei vielen ist es, wie bei Bodo, anders.

Bodo konnte unsere Hilfe nicht nutzen – obwohl er das wirklich wollte –, weil ihm eine wesentliche Ressource nicht zur Verfügung stand, keine äußere, sondern eine innere Ressource, die oft übersehen wird. Ich meine damit – in letzter Instanz – die Triebe, die eine wesentliche Ressource unseres Handelns und Erlebens sind. Sie sind das, was uns zum Handeln drängt und treibt, eine unerschöpfliche Ressource im wahrsten Sinn des Wortes. Im Unterschied zum Tier, das mit fertigen Instinkten geboren wird, die sein Lebensprogramm festlegen, müssen die Triebe konstelliert und entwickelt werden, ihr Mischungsverhältnis, ihre Ziele und Objekte stehen nicht von Anfang an fest. Darin liegen die Freiheiten, aber auch die Risiken der menschlichen Entwicklung, die von den Trieben vorangetrieben wird und sich in der komplexen Struktur unseres Seelenlebens niederschlägt. Bei Bodo war diese Entwicklung aufgrund der Vernachlässigung und Misshandlungen schon frühzeitig entgleist. Nach der Aufnahme in die Pflegefamilie hatte sein kindliches Liebesbedürfnis zu einer schnell nachholenden Entwicklung mit bemerkenswerten Anpassungsleistungen geführt. Zu einer zu schnellen, denn die Integration seiner Triebregungen ist dabei zu kurz gekommen, wie seine früh bemerkten Verhaltensstörungen zeigten, in denen das Unerledigte insistierte und – Bodo ist inzwischen 19 Jahre alt – gegen seinen bewussten Willen bis auf den heutigen Tag insistiert.

Nach seinem Wechsel nach Berlin und dem Beginn seiner Lehre war Bodo zunächst in einer Pflegefamilie untergekommen, in der er genügend Halt fand, um seiner Lehre nachzugehen. Nach drei Monaten bezog er dann, was er unbedingt wollte, eine eigene Wohnung, und dieser altersgemäße Schritt in die Selbständigkeit, von dem er sich nicht abbringen lassen wollte, war für ihn um einiges zu früh gekommen. Im Grunde hatte sich das schon früh angekündigt, denn Bodo hatte sich noch in Polen einen kleinen Hund zugelegt, den er aber nicht wie einen Hund, sondern wie ein Übergangsobjekt behandelt hatte, d. h. nach Lust und Laune. Entsprechend verstört hatte der Hund reagiert, zum Verdruss von Bodo, der ihn einerseits hätschelte und liebte, aber auch schlug und quälte, wenn er seiner überdrüssig war. Im Grunde ließ er dem Hund, der noch sehr jung war, als Bodo ihn bekam, einerseits die Behandlung angedeihen, die ihm selbst widerfahren war, und andererseits liebte er ihn, wie er selbst nie geliebt worden war, auf der emotionalen Entwicklungsstufe eines verstörten zweijährigen Kindes und mit dem sozialen Selbstbewusstsein eines Zwanzigjährigen, der sich von niemandem etwas sagen lässt, schon gar nicht von einem pädagogischen Betreuer. Noch während seiner Zeit in der Pflegefamilie und den Bezug der eigenen Wohnung vor Augen hatte Bodo in Chatrooms nach gleichgeschlechtlichen Intimpartnern gesucht. Die ersten Erfahrungen, die er damit machte, waren schrecklich für ihn gewesen und zwar in zweifacher Hinsicht: Zum einen hatte er Liebe gesucht und war schockiert darüber, von seinen Partnern als Lustobjekt benutzt und dann weggeworfen zu werden. Und zum anderen erlebte er die intimen Kontakte mit den Partnern, die er auf diesem Weg fand, als (re-)traumatisierend. Bodo lieferte sich ihnen hilflos und ungeschützt aus, was Darmverletzungen und Entzündungen des Mundraums zur Folge hatte.

Mit unserer Hilfe gelang es ihm nach einiger Zeit, diese ersten Enttäuschungen zu verkraften und sich besser zu schützen. Drei Wochen nach dem Einzug in die eigene Wohnung lernte Bodo einen Gleichaltrigen kennen – dieses Mal nicht über einen einschlägigen Chatroom –, der sechs Wochen später bei ihm eingezogen ist. Daraus wurde eine anrührende Liebesbeziehung, die Bodo nach einer kurzen Zeit glücklicher Zweisamkeit am Ende den Ausbildungsplatz kostete. Denn je länger die Beziehung dauerte, umso weniger konnte er die zeitliche Trennung während des Tages von seinem Freund ertragen. Das Telefon wurde zu einer Art Nabelschnur zwischen den beiden, die Anrufe und vor allem die SMS, die zwischen ihnen hin- und hergingen, wurden schnell immer mehr, bis zu hundert am Tag. Für die Belange seiner Ausbildung hatte Bodo schließlich keinen Sinn mehr, was ihm zunehmend Ärger mit seinem Ausbilder einbrachte, auf den er empört reagierte. Aber auch der fast ständige Kontakt mit seinem Freund war für ihn nicht ausreichend: Bodo entwickelte Eifersuchtsfantasien, die zunehmend von ihm Besitz ergriffen. Schließlich entschloss er sich dazu, seine Ausbildung abzubrechen, die ihm, wie er uns sagte, einfach nicht liegen würde, um in der sozialen Einrichtung ein Praktikum zu machen, in der sein Freund tätig war. Seine Eifersucht steigerte sich dadurch noch weiter, bis sie ihm keine Luft zum Atmen mehr ließ. So ertrug er es nicht, dass sein Freund in den Arbeitspausen mit anderen sprach und scherzte, statt nur für ihn da zu sein. Allmählich ging sein Freund auf Distanz zu ihm, um sich schließlich von ihm zu trennen. Bodo wurde darüber schwer depressiv, mit allen Symptomen einer Depression: bleierne Müdigkeit, Migräne, Gliederschmerzen, Verdauungsstörungen, Niedergeschlagenheit. Eine Zeit lang wanderte er von Arzt zu Arzt, um schließlich doch unserem Rat zu folgen, sich zu einer Psychiaterin begleiten und Medikamente verschreiben zu lassen und einen Analytiker aufzusuchen, bei dem er seither regelmäßige Termine hat, die er nur selten versäumt.

Den Vorschlag einer stationären psychotherapeutischen Behandlung nahm Bodo nicht an, vor allem, wie er sagte, wegen der Angst, seinen Freund durch die lange Abwesenheit ganz zu verlieren. Verloren hat er ihn doch – um die nächsten Monate überwiegend in Chatrooms zu verbringen und sich manisch getrieben von einer kurzzeitigen Affäre in die nächste zu stürzen und jedes Mal tief enttäuscht zu sein, dass daraus keine Liebesbeziehung wurde. Je tiefer und anhaltender seine Enttäuschung mit der Zeit wurde, umso verzweifelter stürzte er sich in sexuelle Eskapaden, von denen er sich durch nichts und niemand abbringen ließ, als wäre er von einem Dämon beherrscht, der ihn langsam, aber sicher zerstört. Die mit dem Jugendamt abgesprochenen Ziele – Praktika als Vorbereitung für einen zweiten Anlauf zu einer Ausbildung und der Abbau seiner Schulden – konnten wir unter diesen Umständen nicht einmal ansatzweise mit ihm angehen, obwohl wir den Druck seiner objektiven Situation (keine Verlängerung der Jugendhilfe ohne Ausbildungsperspektive) allmählich immer nachdrücklicher an ihn weitergaben. Die Situation wurde dadurch nicht besser, denn Bodo ging von da an zunehmend auf Distanz zu uns. Viele Termine nahm er gar nicht mehr wahr und wenn er kam, behandelte er uns feindselig und überheblich. Zugleich wurde seine finanzielle Situation immer prekärer, denn er gab Monat für Monat mehr Geld aus, als ihm zur Verfügung stand, nicht für sich, sondern für seine Beziehungen. Vor allem wuchsen seine Telefonkosten ins Uferlose (einmal hat er das Handy eine ganze Nacht lang eingeschaltet auf dem Kopfkissen liegen lassen, um einem fernen Freund nahe zu sein), und von manchen „Freunden" ließ er sich, obwohl er selbst kein Geld hatte, ausnehmen, in der Hoffnung, sich dadurch ihre Zuneigung zu erhalten.

Unser Angebot, ihn bei der Begrenzung seiner Ausgaben zu unterstützen, hatte er – nach langem Zögern und etlichen Kämpfen – zwar angenommen, aber nur, um es durch Barabhebungen und Bestellungen bei Versandhäusern zu unterlaufen, obwohl die monatlichen Ratenzahlungen ihm nicht einmal genug Geld für Lebensmittel ließen. Und unseren immer drängender vorgebrachten Vorschlag, seine ausweglose finanzielle Lage durch die Annahme von Jobs zu verbessern, hörte er sich an, ohne ihm zu folgen. Mit der Zeit wurde seine Situation immer ernster und lief auf einen Zusammenbruch hinaus, der mit der drohenden Abstellung des Telefon- und Internetanschlusses absehbar wurde. In dieser Situation stand, eineinhalb Jahre nach dem Beginn unserer Hilfe, das nächste Hilfeplangespräch vor uns, bei dem es nach unserer Interpretation für ihn um Alles oder Nichts gehen würde, weil die Fortsetzung der Jugendhilfe unter diesen Umständen ernstlich gefährdet war. Ohne unsere Hilfe würde er, das war ihm so klar wie uns, in kurzer Zeit auf der Straße landen und dort auf der Strecke bleiben, mit unserer Hilfe lief es, wenn sich nichts gravierend änderte, auf dasselbe hinaus, nur langsamer.

Unter diesen Umständen haben wir uns entschlossen, den Druck zu erhöhen und die Situation eskalieren zu lassen, was angesichts seiner nicht nur latenten Suizidalität nicht ohne Risiko war. Vor allem haben wir ihm deutlich vor Augen geführt, dass die Fortsetzung der Jugendhilfe gefährdet ist, wenn er sich nicht an die Verabredungen des Hilfeplans hält, also weiter Schulden macht und sich weder um einen Praktikums- noch um einen Ausbildungsplatz kümmert. Auf seine beschwichtigenden Ausflüchte haben wir unnachgiebig und konfrontierend reagiert, sodass es regelmäßig zum Streit zwischen ihm und uns kam, die Stimmung zwischen ihm und uns wurde angespannt und eisig. Als wir mit ihm über den anstehenden Bericht an das Jugendamt sprechen wollten, überraschte Bodo uns mit seinem Entschluss, Berlin zu verlassen. Er wolle durch ein Insolvenzverfahren seine Schulden loswerden und in einer anderen Stadt von vorn anfangen. Unsere Bedenken, dass das Jugendamt dabei nicht mitmachen würde, wischte er mit der Bemerkung vom Tisch, dass er das besser wüsste, schließlich würde er ja schon viel länger mit diesem Jugendamt zusammenarbeiten als wir. Unserem Vorschlag, das vorab mit der zuständigen Sozialarbeiterin zu besprechen, stimmte er zu, ohne ihm nachzukommen. In unserem Bericht haben wir wahrheitsgemäß die Entwicklung der letzten Monate beschrieben, unserer Sorge um Bodos Zukunft und unserer Einschätzung Ausdruck gegeben, dass ein ambulanter Rahmen nach den Erfahrungen der letzten Monate für ihn nicht ausreichend ist, weil die frühkindlichen Traumatisierungen, die einer stationären Behandlung bedürfen, seiner weiteren Entwicklung im Wege stehen. Für das Jugendamt kam diese Einschätzung nicht überraschend, weil wir sie in beiden vorangehenden Berichten bereits als eine sich abzeichnende Möglichkeit angedeutet hatten.

Das Hilfeplangespräch nahm dann – nach einer telefonischen Absprache mit der Sozialarbeiterin, die sich vorab der Zustimmung ihrer Amtsleitung versichert hatte – den Charakter einer massiven Intervention an: Bodo wurde deutlich gemacht, dass das Jugendamt einem Wegzug von Berlin nicht zustimmen und die Jugendhilfe nur fortsetzen würde, wenn er bereit wäre, sich einer stationären psychotherapeutischen Behandlung zu unterziehen. Bodo, der sichtlich geschockt war, hatte das zunächst als eine Mischung aus Bestrafung und Erpressung wahrgenommen und abgelehnt („Ihr wollt mich in die Klapse abschieben"), aber er konnte, weil ihm zunächst keine andere Wahl blieb, den Vorschlag einer vierwöchigen Bedenkzeit annehmen. Zwei Wochen später nahm er den Vorschlag an, in die Klinik zu gehen, nicht als Akt der Unterwerfung, sondern aus Einsicht, nachdem er sich angehört hatte, warum wir nur noch darin eine Chance für ihn sehen, im Leben Fuß zu fassen.

Ich möchte an dieser Stelle meinen Bericht über die Arbeit mit Bodo abbrechen, die ich beschrieben habe, um auf die Bedeutung der inneren Ressourcen hinzuweisen, die oft übersehen wird. Bodo konnte die äußeren Ressourcen, die ihm zur Verfügung standen, nicht nutzen, weil ihm die innere nicht ausreichend zur Verfügung stand. Um die Schwierigkeit zu verstehen, vor der wir mit ihm standen, ist es wichtig, zwischen dem Selbst, als das sich jemand nach außen gibt, und dem Subjekt zu unterscheiden, das jemand in seinem Innersten ist. Als Selbst war Bodo altersgemäß und adäquat entwickelt und hatte ganz normale angepasste Vorstellungen davon, wie er leben wollte und was er dafür tun musste. Nicht alle Jugendlichen, mit denen wir arbeiten, haben das, und das ist natürlich eine wertvolle Ressource. Aber als Subjekt war Bodo durch die Vernachlässigung und die Misshandlungen, die er als Kleinkind erlitten hatte, auf einer sehr frühen Entwicklungsstufe stehen geblieben. So tat sich zwischen dem, was er wollte, und dem, was er begehrte, erlebte, fühlte und konnte, eine große Kluft auf. Gescheitert ist die Hilfe aber nicht daran, sondern an dem traumatischen Wiederholungszwang, der ihn rastlos und gegen seinen Willen dazu trieb, die frühkindlichen Traumatisierungen beständig zu wiederholen. Und genau darin kamen, so paradox das zunächst klingen mag, seine seelischen Selbstheilungskräfte zum Ausdruck. Denn der Wiederholungszwang stellt, jedenfalls in der psychoanalytischen Interpretation, einen Selbstheilungsversuch dar, der darin besteht, die traumatische Situation durch die Wiederholung zu einem anderen Ausgang zu führen. Für Bodo ist ein ambulanter Rahmen dafür nicht ausreichend gewesen, weil die eklatante Vernachlässigung während seiner frühen Kindheit den dafür erforderlichen Boden nicht hatte wachsen lassen. Seine Entwicklung (die Entwicklung seines Selbst) zeigt sich in diesem Licht als eine verzweifelte Flucht in die Gesundheit, die zusammenbrechen musste, als sie auf die Probe gestellt wurde. Uns blieb nur, diese Flucht zunächst bis an den Punkt zu begleiten, an dem sie zusammenbrach, um in dem Augenblick für ihn zur Stelle zu sein, an dem er uns wirklich brauchte, um seinem Leben eine andere Wendung zu geben. Die eigentliche Hilfe, deren er bedurfte, konnte nun erst anfangen, sechzehn Jahre, nachdem er aus der Familie genommen worden war. Nun konnte er sich von uns erzählen lassen, was ihm damals widerfahren war, um sich an die schwierige Arbeit zu machen, seine Geschichte durchzuarbeiten statt vor ihr zu fliehen. Ob ihm das weit genug gelingen wird, ist noch offen.

Anmerkungen und Literatur

1 Kohut, Heinz, *Narzißmus*, Frankfurt/M. 1975, S. 19.
2 Perner, Achim, „Gespräche mit Eltern schwieriger Kinder", in: *Arbeitshefte Kinderpsychoanalyse* 32/2003 („Die Bedeutung des Symptoms im Verhältnis der Generationen").

Beate Fischer und Thomas Kuchinke

Das Optimum im Minimum? Langzeitbetreuung einer Familie mit minimalen Ressourcen

Über unsere langjährige und aktuelle Arbeit mit einer gesellschaftlich randständigen Familie – zwei Elternteile mit einer heute siebenjährigen Tochter und dem fünfjährigem Sohn – berichteten wir in einem kasuistischen Seminar. Im gesetzlichen Rahmen von Hilfe zur Erziehung findet die ambulante Familienhilfe im Auftrag des Jugendamts statt, und in diesem Fall ist sie keine freiwillig von der Familie angestrebte Hilfemaßnahme.

Über die Länge des Zeitraums, über die Zielsetzungen, über Sinn, Zweck und Angemessenheit der gewährten Hilfemaßnahme, über mögliche Alternativen haben wir in diesem Seminar gesprochen und gestritten. Mit der offenen Nachfrage: Wie soll es weitergehen?, haben sich freundlicherweise Teilnehmerinnen und Teilnehmer, allesamt KollegInnen in vergleichbaren ähnlichen Arbeitsgebieten und „angrenzenden" Institutionen auf unseren Supervisionswunsch eingelassen und in den Fall hineinziehen, von Kontroversen und Zweifeln plagen lassen, die uns ebenfalls immer wieder beschäftigen. Für diese kollegiale Supervision sind wir sehr dankbar.

Die Schwere der Belastungen in der Familie hat auch in dieser Diskussion Spuren hinterlassen. Vor allem die Vorbelastung durch misslungene, schädliche Pflegschaftsverhältnisse, in denen sich in diesem Fall die Mutter als Kind einst befand, machen doppelt befangen: das Versagen der Hilfe in vergangenen Tagen ist mit Blick auf die gegenwärtige Familie eine zusätzliche Belastung, die begleitend mitgedacht werden muss: „Hilfsmaßnahmen" sind eben selten ausschließlich „gut", manchmal führen sie sogar zu Traumatisierungen der Hilfeempfänger. Entsprechend wurde die Diskussion sehr schnell polarisiert geführt: Könnte eine Trennung der Kinder von der Familie eine bessere Alternative sein als die Aufrechterhaltung der ambulanten Hilfe? Die Prüfung der Stichhaltigkeit der angeführten Argumentationen war in der Kürze der Seminarzeit erwartungsgemäß nicht leistbar; so gingen am Ende von allen Beteiligten vielleicht nur die beiden Fallvorstellenden „zufriedengestellt" nach Hause.

Ein zentrales und auch im Seminar gemeinsam geteiltes Kriterium für die Beibehaltung oder grundsätzliche Änderungen im Hilfeprozess liegt in der konkreten Beurteilung der Frage, inwieweit eine Nachreifung der Eltern ausreichend dem Tempo folgen kann, mit dem sich aufwachsende Kinder entwickeln. Zum gegenwärtigen Zeitpunkt haben wir die Frage (erneut) entschieden und setzen bis auf weiteres die Arbeit mit der Familie fort. Die Zweifel, Fragen und die kritische Prüfung bleiben erhalten.

Ressourcen und Defizite

Nach unserer Auffassung und Beobachtung nennt der gängige Hinweis auf „ressourcenorientierte" Sozialarbeit immer auch sein Pendant, nämlich „weniger an Defiziten orientiert" zu arbeiten. Wir halten dies für eine verständliche, den eigenen Optimismus stützende Grundhaltung in einem Arbeitsfeld, in dem Verzweiflung ansteckend sein kann. Soweit stimmen wir der Arbeitshaltung und der Bedeutung des Begriffes „Ressource" zu: hin zu den „vitalen Quellen" des Lebens zu führen. Weniger stimmen wir überein, wenn „Ressource versus Defizit" mehr oder weniger künstlich scheinbare Gegensätze benennt, die untrennbar zusammengehören. An „Defiziten" arbeiten ist nicht zwingend „kompensatorisch" oder „vergeblich". Aus der gemeinsamen Defizitbetrachtung können möglicherweise Ressourcen erschlossen werden, an die zuvor niemand gedacht hat und denken konnte.

„Ressource" und „Defizit" sind nicht zufällig auch Begriffe aus der Ökonomie und legen Be- und Verrechnungsgedanken nahe, Abstraktionen um der „Vergleichbarkeit" willen, die einem institutionellen Bedürfnis der Jugendhilfesteuerung, der Evaluation und Transparenz der Mittelvergabe – durchaus zu Recht – geschuldet sind, die aber weniger mit der Not der Klienten und dem Hilfeprozess selbst zu tun haben. Aber mit der Verfestigung im professionellen Sprachgebrauch werden auch Denkweisen an die Helfenden herangetragen, ihnen nahegelegt und zur Norm erhoben, ohne dass sie fachlich ausreichend hinterfragt, erörtert und anerkannt wären, und das mit einer gehörigen Portion fragwürdiger edukativer Absichten versehen. Die Devise, Ressourcen zu „stärken" und schwerer behandelbare „Defizite" weniger zu fokussieren, verspricht eine gewisse Plausibilität im Sinne Selbstwert stärkender „Hilfe zur Selbsthilfe", die möglichst früh im Hilfeprozess für die Klienten spürbar werden soll. Sie leugnet aber oder verschweigt zumindest eine andere allgemein gültige Einsicht über die Wirksamkeit von Hilfen: Dass diese erst in der Interaktion und im Handlungsdialog zwischen Klienten und Helfern entsteht und eben oft erst nachträglich sichtbar und sprachlich kommunizierbar wird. Hilfeprozesse bedürfen zwar stetiger Hypothesen auf der Helferseite und ebenso regelmäßiger Verfeinerung und Änderung, aber sie sind mehr ein Spiel und Umgang mit „Ungewissheiten" mit offenem Ausgang als eine Festlegung auf vermeintliche Gewissheiten. Vor allem entziehen sich Hilfen einfachen Effizienzkriterien.[1]

So haben wir für diese schriftliche Darstellung unseren Blickwinkel auf das Thema „Ressourcenorientierung" noch einmal überdacht und markieren, vielleicht deutlicher als im kasuistischen Seminar, jene „optimistisch" stimmenden Entwicklungsschritte, die uns bereits in den vergangenen fünfeinhalb Jahren der Begleitung der Familie wiederholt zur Fortsetzung der Arbeit motiviert haben.

Knappe Ressourcen – ein Helferpaar

Mit „knappen Ressourcen" sind nicht nur das noch vorzustellende Elternpaar ausgestattet: hinsichtlich Bildung, Beruf, Einkommen, sowie „schweren Defiziten" in den familiär erworbenen elterlichen Fähigkeiten zur Erziehung von Kindern. Mit knappen Ressourcen sind auch die Helfer ausgestattet. Das Jugendamt bewilligte nur wenige Betreuungsstunden, vielleicht, weil kurzfristige „Erfolge" zu keinem Zeitpunkt erwartet wurden. Die notwendige Stützung der Eltern wurde nicht in Form eines hochfrequenten Einstiegs gesehen, sondern sinnvoller in einer minimalen „Dosierung" auf einen langen Zeitraum gestreckt.

Das erste Jahr der Hilfe bestreitet die Familienhelferin allein, erst dann wird aufgrund ihrer Intervention der männliche Helfer hinzugenommen. Bewilligt wurde das nicht zuletzt auch, weil das Elternpaar das zweite neugeborene Kind zu versorgen hatte. Im Hinblick auf die Tatsache, dass zwei Helfer nicht unbedingt die Präsenzzeiten in der Familie verdoppeln, können wir auf die nicht zu unterschätzende Bedeutung des Zweiersettings in dieser Familienbegleitung gar nicht genug hinweisen.

Nicht in jedem, aber in diesem Fall macht es viel Sinn, als Helfer-Paar die Familie zu begleiten. Hier gilt nicht nur: „Mit dem Zweiten sieht man besser ...", wie ein Werbeslogan formuliert, sondern vor allem „mit dem Zweiten" hört man besser, mit einer zweiten Zunge wird einem auch anders zugehört. Der unmittelbar entlastende

Aspekt durch Austausch untereinander versteht sich quasi von selbst. Aber unterschiedliche Wahrnehmungen und Blickwinkel in gerade auch gemeinsam erlebten Szenen der ganzen Familie oder in den Eltern-Paar-Gesprächen sind weit aufschlussreicher, als es von einer Person aufgenommen und zurückgespielt werden kann. Vor allem erweitert sich die Rollenflexibilität gegenüber den Familienmitgliedern. Teilnahme in szenischen Verwicklungen und „gleichzeitige" Schritte zurück in Sprache und Distanzierung sind mit zwei Personen eher möglich. Wo ein Eltern-Helfer-Gespräch (zwei plus zwei) gerade überfordert, kann kurzfristig und „nahtlos" ein Einzelgespräch (beziehungsweise zwei Einzelgespräche) zwischengeschaltet werden. Einfühlendes Verständnis und gleichzeitige „pädagogische" Führung werden aufteilbar, und dadurch „erträglicher" für die Zuhörenden, solange Spaltungen zwischen Helferin und Helfer vermieden werden können.

Gegenübertragungsmomente – *to be puzzled or not to be*

Beide Eltern leiden lebenslang an armseligen, verstörend ausbeuterischen und demütigenden Lebensgrundlagen, in die sie sich verbannt fühlen und aus denen sie sich bis heute nicht befreien konnten. Sie treten hinsichtlich der Erziehung ihrer Kinder wie Behinderte auf. In manchmal anrührender Weise suchen sie diese vor den erlittenen eigenen Stigmata offenkundiger Außenseiter zu bewahren. Darüber hinaus aber vermögen sie sie kaum als eigenständige Wesen wahrzunehmen und zu ertragen. Der Verdacht, ob sie auch von einer geistigen Behinderung betroffen sein könnten, stellt sich uns immer wieder, beide agieren oft infantil. In Gesprächen im Wohnzimmer wirken sie am konzentriertesten, wenn sie plötzlich ebenso wie ihre kleinen Kinder am Tisch knien und die Arme daraufgestützt mit dem „Helfer-Eltern-Paar" intensiv sprechen.

Für die Eltern stehen wir Familienhelfer unter dem Verdacht, die mutmaßliche Fortsetzung der rigiden und machtvollen frühen Erzieher ihrer Kindheit zu sein, deren Zuwendung nicht zu trauen ist. Jederzeit können sich in ihren Erfahrungswerten die Hilfe oder die Helfer doch als vernichtende Strafaktion entpuppen, die mit einer drohenden Fremdunterbringung ihrer Kinder gegeben wäre.

Sie vermitteln uns eindrücklich ihre eigene Hilfsbedürftigkeit. Auf unsere Zuwendung aber reagieren sie mit Neid und Hass. Sie erleben die Hilfe als Beschämung und Entblößung ihrer eigenen Unzulänglichkeit.

Häufig von Zweifeln über die Sinnhaftigkeit unseres Tuns heimgesucht, erschien es uns als Eindringen in die Festung oder Höhle dieser Familie. Die Mutter als Hauptverantwortliche für die Kinder reagierte anfangs mit weitgehender Realitätsflucht, mit den Folgen einer noch höheren Gefährdung für das Kind. Insofern empfanden wir uns als Helfer oft ohne Erfolg und unter dem Druck des Arbeitsziels „Aktivieren ausreichender Ressourcen". Dennoch gab es offenkundige Fortschritte in der Lebensbewältigung der Familie. Immer wieder stellt sich die Frage, inwieweit und vor allem wo die vereinzelten Fortschritte psychisch ankern, was beide Klienten unter solcher „Nacherziehung" zu leisten vermögen, und welche Stabilität sie erlangen, während die Grundzüge ihrer psychischen Struktur und deren Abwehrmechanismen im Wesentlichen davon unberührt zu bleiben scheinen. Wir sind heute noch nicht davon überzeugt, in einem übergreifenden Bogen von einer Entwicklungslinie sprechen zu können, da die Strukturdefizite anhalten und auch die Entwicklung der Kinder deutlich beeinträchtigt wird. Erstaunlich genug haben sich aber in diesem anscheinend ewigen Kreislauf von gescheiterten Entwicklungsbestrebungen Veränderungen ergeben, sichtbar und fühlbar im Austragen der Konflikte. Diese Veränderungen sind als minimale Ressourcen zu erkennen und anzuerkennen, um sie zu nutzen, bis die Kinder vielleicht den Weg aus der Festung suchen.

Beide Kinder, die heute siebenjährige Mieke und ihr knapp fünfjähriger Bruder Micha, puzzeln überaus gerne und ausgiebig, wie sie überhaupt mit allem Kleinteiligen, mit den Details der aufgelösten Strukturen von Spielzeug oder den Inventarteilen des chaotisch überfüllten Haushalts interessiert und geschickt spielen können, während sie in Grobmotorik und Sprache, also dem Handwerkszeug für die Außenorientierung, unsicher und unkonturiert sind.

Das Puzzle als Bild für das Innenleben der „Festung", in der die Familienmitglieder ungetrennt miteinander leben, illustriert in vielfältiger Weise auch die Beziehungsstrukturen und Erlebensweisen, und solch ein Puzzle ist schließlich auch das Arbeitsfeld, in dem wir uns bewegen. Die „verrückte Lebenswelt" dieser Familie ist weniger wahnhaft oder durchgängig in einem Sammelsurium von Spaltungen und Projektionen interpretierbar, vielmehr sind wir darauf angewiesen, deren Leben in einzelnen, gleichgültig ob defizitär oder kompetent gefärbten, Puzzleteilen zu erfassen. Das Bemühen um Zusammensetzung der passenden Teile zur Herstellung einer Struktur, die Sinn und Stabilität ergibt, erscheint für alle, also Familie und Familienhelfer gleichermaßen, überwiegend aussichtslos. Die Einzelteile sind offenbar durch die Verletzungen und Traumatisierungen der Lebensgeschichte zum Teil uneinfügbar geworden, sie bleiben verrückt im Gesamtbild-Puzzle.

Ein Puzzle ist auch jeder einzelne Termin: Auffällig und sonst bei keiner Familie ein Problem für uns ist das Protokollieren aus dem Gedächtnis. Üblicherweise prägen sich bedeutsame und plastische Züge von Handlungsdialogen immer ein. In dieser Familie ist das alles anders. Wichtige und unwichtige Teile sind nicht voneinander zu trennen, der rote Faden stellt sich nur schwer her, Einzelheiten gehen verloren. Systematisch erscheint einzig und allein die gestiftete Verwirrung. Das Gefühl der Resignation, „Protokollieren geht nicht – lohnt sich nicht", wird zur Gewohnheit. So sind es lückenhafte, gepuzzelte Notizen und Erinnerungen, auf die wir uns heute verlassen müssen.

Kinderschutzfall „Gedeihstörung"

Als ich Familie Daheim vor fünfeinhalb Jahren kennenlernte, war Mieke 20 Monate alt, Frau Daheim im zweiten Monat schwanger mit Micha. Die Aufmerksamkeit und auch eindringliche Kontrolle des zuständigen Jugendamts wurde akut ausgelöst durch eine Meldung des Krankenhauses, in das die aufgeregten Eltern Mieke wegen eines Magen-Darm-Virus gebracht hatten. Dort wurde, über den krankheitsbedingten Gewichtsverlust hinaus, eine allgemeine Gedeihstörung und Mangelernährung des Kindes festgestellt.

Vom Jugendamt wurde der Einstieg von Familienhilfe aufgrund der Brisanz der als Kinderschutzfall eingestuften Problematik sehr dringlich gemacht, weshalb einigermaßen überstürzt eine Kollegin in meiner Vertretung die ersten beiden Gespräche führte, da ich noch im Urlaub war. Zwar wurden die unklaren Umstände mit der Familie besprochen und ein wahrscheinlicher Personenwechsel nach zwei Wochen angekündigt, aber dennoch (oder, wie man ahnen kann, gerade deshalb ...) öffnete Frau Daheim ihr Herz „von der ersten Sekunde an", wie sie sagte, der ersten Familienhelferin. Selbst nach vielen Jahren der Betreuung scheint diese „erste Sekunde" für Frau Daheim in kritischen Situationen schwerer zu wiegen als unsere langjährige Beziehung, und der Anfang wird unverändert wie ein schlechtes Omen von ihr erinnert: Die „Falsche" (Helferin) hatte die „Richtige" (Mutter) verschwinden lassen.

Als nachfolgender Helferin wurde mir wie der Stiefmutter im Märchen mit Misstrauen begegnet, weil schon im Anfang die frühen Traumata der Klientin berührt wurden. Deren Mutter war jung gestorben, worauf sie bei einer kaltherzigen Pflegemutter aufwuchs. Die Spaltung in positive und negative Übertragung sollte zentrales Beziehungsthema für die Begleitung der Familie bleiben.

Im Empfinden der Eltern war das Zustandekommen des Hilfsangebots die Folge ungerechtfertigter Denunziation, weil es an den Vorwurf der mangelhaften Versorgung ihres Kindes gekoppelt war. Zu einer solchen Einschätzung war den Eltern der Zugang allerdings versperrt, weil gerade die Mutter subjektiv pausenlos mit den vermeintlichen Bedürfnissen ihres Kindes beschäftigt war.

Frau Daheim war in anrührender Weise eifrig bemüht, ihrem Kind ein liebevolles Zuhause zu schaffen, wie sie selbst es nie hatte; umso bedrückender muteten dagegen meine Beobachtungen der Mutter-Kind-Interaktion an. Ihre Wahrnehmung der Tochter war überwiegend projektiver Natur, die Bedürfnisse von Mieke erschlossen sich ihr kaum als die eines getrennten Wesens. Infolge eigener traumatischer Verlusterfahrungen ist Frau Daheim nicht in der Lage, Getrenntheitsgefühle zu ertragen, ihre Wahrnehmung der Äußerungen ihres Kindes scheint eher Empfindungen in ihren eigenen Körperteilen vergleichbar zu sein. Entsprechend konnte sie Mieke damals nicht adäquat – subjektiv aber bestens, weil nach bestem Gewissen und Gefühl – versorgen.

Mit 1,8 Jahren noch völlig sprachlos, war Mieke nicht viel mehr als das verwirrte Liebesobjekt für die mütterliche Zuwendung. Mieke hatte noch gar kein Empfinden für eigene sprachliche Ausdrucksmöglichkeiten, obwohl sie über einiges passives Sprachverständnis verfügte. Ihre Mutter war der Illusion verhaftet, jeden Wunsch und Gedanken des Kindes in symbiotischer Ungetrenntheit zu kennen. Sie hatte nie die Erwartung einer selbständigen Äußerung an das Kleinkind gerichtet und hätte sie als solche auch nicht verstehen können.

Es gab für Mieke kein Motiv, zu sprechen. Frau Daheim gab ihr Essen, wenn sie selbst fühlte, das Kind müsse Hunger haben. Wenn Mieke aber vielleicht durch Weinen oder Jammern einmal Hungergefühle anzeigte, war sich die Mutter sicher, dass der Grund der Klage z. B. Angst vor irgendwelchen Außenbedrohungen sei. Das Innen musste, so scheint es, wunschlos heil bleiben.

In den ersten Monaten mündeten Gespräche mit Frau Daheim häufig darin, dass sie, durch ihre Erzählungen in die Leidenszeit ihrer Kindheit zurückversetzt, zuerst in Tränen ausbrach, um dann in eine Art Starre zu verfallen, in der sie gar nicht mehr ansprechbar war. Da ihre traumatisierte Seite so durchlässig war, war ich froh, wenn Mieke während solcher Gespräche Mittagsschlaf hielt, beziehungsweise ich terminierte die Gespräche dementsprechend.

Miekes Lebenssituation und die daraus folgende Verwirrung des Kindes wurde mir besonders deutlich, als Frau Daheim mitten aus einem solchen Gespräch heraus, als sie selbst bedroht war, von ihren Kindheitsängsten wieder eingeholt und überschwemmt zu werden, aufsprang, ins Schlafzimmer rannte, das tief schlafende Kind aus dem Bettchen riss, das verstörte Bündel in ihre Arme „rettete" und mir erklärte: „Sie hat schlecht geträumt und Angst bekommen, haben Sie es denn nicht gehört ...", und, zu Mieke gewandt: „Jetzt brauchst Du keine Angst mehr zu haben, „ Mama ist da."

Alle vorsichtigen Hinweise an Frau Daheim bezüglich der dringenden Notwendigkeit, etwas zu unternehmen, um Mieke zu helfen, altersgemäß sprechen oder auch richtig (ohne Spitzfuß und ständiges Fallen) laufen zu lernen, scheiterten an diesem „Mama ist da". Dieser Satz war für Frau Daheim die einzig nachvollziehbare Form wesentlicher Lebenshilfe für ihr Kind. Ergänzungen pädagogischer Art, mit denen ich versuchte, sie an ein erweitertes Verständnis für kindliche Bedürfnisse heranzuführen, mussten ihr wohl „herzlos" erscheinen, da sie nicht ihrem liebenden Herzen entsprangen.

Konkret knüpften meine Versuche, sie zur Mitarbeit zu gewinnen (also mit ihr andere „Ressourcen" für Mieke zu eröffnen), in dieser Zeit unter anderem an eine Ernährungsberatung an, da die Eltern seit dem Krankenhausaufenthalt von Mieke akut unter Druck standen, dass ihnen das Sorgerecht entzogen würde, wenn sie die Mangelernährung nicht in den Griff bekämen. Insoweit war die Mutter durch Angst motiviert, alles zu tun, um den Zeiger an der Waage nach oben zu bewegen. Argumente erreichten sie jedoch trotzdem nicht. Auch rein praktische Hinweise und gemeinsame Einkäufe, weil die Umstellung auf feste, zu kauende Nahrung wie Brot (statt immer nur Kakao, weißem Billigtoast usw.) unerlässlich für die Entwicklung von Miekes Mundmotorik als Sprechvoraussetzung war, konnten nicht wirklich verstanden und umgesetzt werden.

Mein Bemühen um logopädische Förderung Miekes bei einer mit deprivierten Kindern erfahrenen Logopädin scheiterte schleichend. Ebenso schwanden meine Hoffnungen, dass ambulant ein ausreichendes Minimum an Entwicklungsräumen für die Kinder zu erarbeiten sei.

Von der Erfahrung, Helfern ausgeliefert zu sein

Diese Zweifel, aber noch mehr die daraus folgenden Überlegungen einer eventuell notwendigen Trennung von Kind und Eltern, waren jedoch schwer zu ertragen, da beide Eltern trotz aller Abwehr in ihrer naiven Hilfsbedürftigkeit und mit dem unbedingten Eifer, ihren Kindern so viel wie möglich Gutes mitzugeben, stark anrührten. Dieser Appell war sehr bindend, besonders mit Blick auf die Lebensgeschichte der Mutter mit traumatisierenden Trennungen:

Gabi Daheim war sechs, ihr kleiner Bruder vier Jahre alt, als deren Mutter Mitte zwanzig an Krebs starb. Der Vater war Alkoholiker und zeigte kein Interesse an den Kindern, aber eine Tante war bereit, sie aufzunehmen. Das Jugendamt entschied jedoch damals gegen eine familiäre Lösung und brachte die Geschwister in einer Pflegefamilie unter.

Die Kindheitsgeschichten von Frau Daheim aus dieser Familie sind mehr als traurig. Sie empfindet sich ungeliebt, den Pflegeeltern sei es nur ums Geld gegangen. Sie habe der Pflegemutter immer helfen müssen, beim Putzen gehen oder in der privaten Altenpflege. Selbst an Fasching oder zur Kerbezeit habe sie als Jugendliche niemals tanzen oder ausgehen dürfen. Stattdessen habe sie zum Hüten der jüngeren (Pflege-)Geschwister immer zuhause bleiben müssen. Die Eltern begründeten dies, indem sie ihr sagten, man könne sie nicht unbewacht rauslassen, sonst würde sie draußen gleich „irgendeinem Kerl zum Opfer fallen."

Stattdessen wird sie – nicht draußen – das Missbrauchsopfer des Pflegevaters: Unselbständig und als Arbeitskraft nützlich, lebte sie im Alter von 23 Jahren noch in der Pflegefamilie. Sie war im Gegensatz zu den anderen Geschwistern quasi dort „hängen geblieben", wo sie zum Weiterkommen und Reifen nicht ausreichend ausgestattet worden war. Die Pflegemutter war oft zu Nachtwachen außer Haus, der Pflegevater begann sie dann regelmäßig zu vergewaltigen, wie sie mit starrem Ausdruck berichtet. Er „erklärte" sich ihr mit den Worten: „Du bist so hässlich, aber einer muss den Job ja übernehmen, dich zuzureiten, damit du zu was taugst."

Sie beschreibt diese Zeit als eine Hölle: „... im Dunkeln erstarrt vor Angst, ob wieder Schritte über den Flur kommen ..." Als sie sich nach einiger Zeit der Pflegemutter anvertraut, glaubt diese ihr nicht.

Jetzt erst, mit dem Verlust des letzten Stückchens „guter" Mutter, gelingt es ihr, irgendwie zu fliehen aus ihrer Opferlähmung. Der Weg führt über einen anderen – wahrscheinlich ebenfalls missbrauchenden – Mann. Schließlich lernt sie bald Herrn Daheim kennen, einen weiteren familiär Gedemütigten, der ihre Geschichte hört, sich ihr als „Retter" zuwendet und sie sofort in seine Familie – zunächst ins eigene Kinderzimmer – aufnimmt. Weiter gelingt es ihr in dieser Zeit, einen Hauptschulabschluss aus eigener Kraft nachzuholen, was ihr in ihrem Aschenputteldasein in der Pflegefamilie nicht vergönnt gewesen war.

Aus der schrecklichen Zeit in der Pflegschaft hatte Frau Daheim die höllischen Ängste mitgenommen. Nach einiger Zeit stellte ich fest, dass sie es nicht alleine in der Wohnung aushielt und deshalb, wenn ihr Mann nicht da war, den Kinderwagen wie eine Walze vor sich herschiebend, durch die Dorfstraßen zog. Ihr Mann hatte damals noch Arbeit, wozu auch Spät- und Nachtdienste gehörten, nachts konnte sie aus der Wohnung nicht fliehen und geriet wieder in schreckliche Panik, dass ein Mann von ihr erfahren und eindringen könnte.

Trennung von Mutter und Kind auf Zeit

Das Jugendamt intervenierte zu diesem Zeitpunkt, zu meinem Erstaunen, ohne Rücksprache mit mir als Familienhelferin zu halten, schnell auf den unberechenbar schlechten Zustand dieser Mutter mit Verantwortung für ein Kleinkind: Frau Daheim wurde vor die Wahl gestellt, entweder in eine stationäre psychiatrische Diagnostik einzuwilligen oder ihr Kind dauerhaft in Fremdunterbringung geben zu müssen. Frau Daheim konnte jedoch erreichen, dass Mieke für den Zeitraum der stationären Diagnostik bei ihrer benachbarten Freundin, deren Familie Mieke aus täglichem Umgang vertraut war, untergebracht wurde.

Sie wurde nach drei Wochen entlassen, da laut Bericht der Klinik weitere Untersuchungen und Gespräche mit ihr sinnlos seien, das Ganze sei ein „soziales Problem", Frau Daheim sei einfach minder intelligent und müsse das Notwendige langsam beigebracht bekommen, in der Klinik habe sie sich verweigert. Es gab keinerlei Kommentar zu ihrer Traumatisiertheit, ihrer Depression oder den totalen Rückzügen aus der Realität in Form von Erstarrung in bedrohlich erlebten Zusammenhängen.

Zurück zu Hause, hatte das Jugendamt, erneut ohne Rücksprache mit mir oder der Klientin, verfügt, dass Mieke vorläufig in der Pflegefamilie bleibe, Frau Daheim solle dort von der Freundin lernen, wie man Kinder aufzieht, getreu dem Motto *learning by doing*.

Die Familienhelferin solle diesen Prozess begleiten und die Vorbereitung auf die Geburt des zweiten Kindes und die Versorgung des Säuglings überwachen. Frau Daheim fühlte sich durch diesen Beschluss heimtückisch ihres Kindes beraubt – war doch mit ihr nur abgesprochen gewesen, dass Mieke für die Dauer des Klinikaufenthalts von ihr getrennt würde. Nachvollziehbar spulte sich bei ihr die Re-Traumatisierung ihres eigenen Schicksals ab: Mutter und Tochter werden gewaltsam (für den Klinikaufenthalt) getrennt, die Rückführung zur Familie (Tante) wird vom Jugendamt verhindert, und alle, auch ihr Mann und ihre Freundin, hatten mit dem Jugendamt gemeinsame Sache gemacht, hatten sie allein und ohnmächtig ausgeliefert.

Anders als der Mutter erschlossen sich mir natürlich die Gründe für das Eingreifen des Amtes. Dennoch reagierte ich emotional auf die ungewöhnliche Verfahrensweise, im Zuge einer feuerwehrartigen „Rettung" des Kindes aus gefährdenden Verhältnissen auf die Kommunikation zu verzichten, darüber, ob nicht weniger übergriffige Methoden anzuwenden wären, wie z. B. *mit* der Klientin gemeinsam eine Mutter-Kind-Klinik zur Diagnostik zu suchen. Andererseits jedoch war der Mitarbeiter des Jugendamtes durch die unorthodoxe Lösung mit der befreundeten Pflegefamilie und ohne das Familiengericht einzuschalten, auch auf die Eltern eingegangen. Er hatte damit letztlich die Tür zwischen Kind und Eltern so weit wie irgend möglich offen gehalten. Auf der Ebene des Konflikts zwischen den professionellen Helfern und der Familie scheint sich auf psychodynamischer Ebene folgendes entfaltet zu haben:

Man kann annehmen, dass sich im Hilfesystem dieselben Fehler herstellten wie im Familiensystem, mit dem es die Helfer zu tun haben: Ebenso wie Frau Daheim mit bestem Einsatz und Gewissen für ihr Kind sorgen will, ihm dabei aber aus mangelnder Empathiefähigkeit doch schadet, sorgte das Amt mit einer wohlmeinenden Intervention für das Kind, richtet dabei jedoch Schaden an der Vertrauensfähigkeit gegenüber den Helfern an, der ohne Zweifel wirksam werden würde im Hinblick auf die Annahme und Erfolgsaussicht der Intervention.

In diese Art von „Beziehungsfalle" tappen wir Familienhelfer mit Familie Daheim oft ebenso, obwohl wir nicht die intervenierende Institution repräsentieren: Da die Eltern Daheim von Vielem nicht mit guten Worten zu überzeugen sind, werden wir übergriffig in Worten und Taten. Mit der inneren Haltung „Schluss jetzt!" verlassen wir den Uneinsichtigen oder Infantilen gegenüber die Ebene gegenseitigen Respekts, wir werden laut oder reißen z. B. Fenster auf, wo nicht freiwillig gelüftet wird, weil wir ja eindeutig wissen, was richtig ist und die „rechte" Überzeugung anscheinend die Hemmschwelle zur Tat heruntersetzt. Wir halten dies jedoch mit Blick auf die Taten, die die Mitglieder dieser Familie schon erlitten haben, für mehr als die bekannte Erziehungsfalle, in die wir auch in anderen Familien in Bezug auf Provokationen und Machtkämpfe geraten – wo wir aber gefasster bleiben können.

Es besteht nicht allein die Gefahr, in Übertragungs-/Gegenübertragungsszenarien als professioneller Überzeugungstäter zu agieren und uns in Wiederholungen der Traumata und entwertenden Lebensläufen unserer Klienten zu verstricken. Darüber hinaus laufen wir Gefahr, wenn wir an den Abwehrkonstrukten der Klienten scheitern, unsere empathische Haltung mit der agierenden Intervention aufzugeben. Dieses geschieht wohl, um Eingriffe in das Leben unserer überwiegend macht- und wehrlosen „Schutzbefohlenen" zu legitimieren. Das Ausbleiben von Scham ist ein Indikator für die Abwehr weiteren Nachdenkens über die Beschädigung des Anderen und der gemeinsamen Beziehung. Wir finden Gleiches in der Struktur der Eltern Daheim, bei denen uns manches Mal das völlige Fehlen von Scham – in Verleugnung ihrer Gefühle von Scheitern und Minderwertigkeit – auffiel.

Generell betrachtet aber sind Retraumatisierungen innerhalb sozialarbeiterischer Settings unvermeidbar, wenn es beispielsweise um Kinderschutz geht. Für Frau Daheim wären Gefühle von Retraumatisierung im Falle der notwendigen Trennung Miekes von ihrer Mutter sicher nicht vermeidbar gewesen, auch wenn sie mehr einbezogen worden wäre. Dennoch kommt es darauf an, ob wenigstens anschließend an die unvermeidlichen Verletzungen ein fortgesetzter Dialog darüber stattfinden kann.

Die nachträgliche sprachliche Auseinandersetzung zwischen Helfern und Klienten über den Scherbenhaufen, auf dem bildlich gesprochen beide sitzen, appelliert einerseits an die kognitive Einsichtsfähigkeit, andererseits lassen wir dadurch den Entwicklungsfaden der Helferbeziehung nicht abreißen. Wenn es gelingt, über ein nachträglich eingezogenes sprachliches Auffangnetz die Retraumatisierung gemeinsam zu tragen, kann eventuell ein Schutz vor weiteren Beschädigungen wachsen. Tatsächlich zeigte in diesem Fall das jahrelange „Immer-wieder-Sprechen" über die Vorkommnisse und deren innere Auswirkungen bei Frau Daheim Wirkung in Form von größeren Spielräumen, ihrem Zorn und ihrer Trauer Ausdruck zu geben. Die erzwungene Trennung von ihrer kleinen Tochter bleibt bedrohlich und schmerzhaft für sie, ihre Gefühle darüber enden jedoch nicht mehr in Erstarrung und empfundener Vernichtung.

Einige Monate nach diesem schwierigen Anfang wurde Micha geboren, wie seine Schwester kam auch er termingerecht zur Welt, die Geburtsgewichte lagen an der Untergrenze des Normalen. Ich sah Mutter und Kind zweimal wöchentlich, wobei ich nie alarmiert war, dass Micha akut gefährdet sei, jedoch häufig von Schrecksekunden heimgesucht, dass etwas mit ihm „nicht stimmt", dass er vielleicht geistig behindert sei ..., vielleicht zu klein, zu schwach. Eltern und Kinderarzt aber fiel diesbezüglich nichts auf.

Inzwischen hatten einige Paargespräche mit Herrn Daheim stattgefunden, worin er seine Absicht, ebenfalls betreut zu werden, deutlich gemacht hatte, wenn auch auf verquere Weise, indem er an der „Bearbeitung" seiner missbrauchten Frau teilhaben wollte. Bald war klar, dass die Konstellation zu dritt nicht funktionieren würde, da Herr Daheim sich zwei Frauen gegenüber schlecht platziert fühlte, weil seine Gedanken immer um seine dominierende Mutter kreisten. Die Dreierkonstellation ragte wahrscheinlich in seine Ängste hinein, als „Randerscheinung" oder „Depp" in seiner Familie zu enden, wie es sein Schicksal aus der Herkunftsfamilie gewesen war. Die Idee, selbst mit einem männlichen Familienhelfer an seiner Seite ausgestattet zu sein, gefiel ihm vermutlich besonders in Bezug auf die Geschwisterrivalität und den Neid seiner Frau gegenüber gut. Diese wusste „ihre" Familienhelferin zu ihrer Stärkung im Geschlechterkampf gegen ihn zu nutzen.

Vom „Laufen im zähen Teer"

Vor gut zehn Jahren heiratete Herr Gerhard Daheim gegen den Willen seiner Mutter und wagte damit einen Schritt in die Verselbständigung. Dazu hatten auch Freunde dem Endzwanziger dringend geraten und ihn unterstützt. Sie sahen seine „letzte Chance" gekommen, sich endlich vom Herd der eigenen Mutter zu lösen, um seine eigene Geschichte zu beginnen. Als Sohn und zweites Kind nimmt er in der Herkunftsfamilie eine besondere Stellung ein: Seine ältere Schwester ist weit weggezogen, und ihm, seiner Frau und Familie wird von der matriarchal geprägten Herkunftsfamilie kräftig „hineinregiert".

Zu der Zeit, als sich das Paar findet, lebt neben Gerhard Daheims Mutter und ihrer Schwester auch noch deren Mutter, also Herrn

Daheims Großmutter, im selben Haus. Der Vater von Gerhard Daheim scheint als angeheirateter Mann keine große Autorität zu besitzen. Die matriarchalisch ungebrochenen Machtansprüche mit erheblichem Konfliktpotential zwischen den beteiligten Frauen sind entscheidender und spielen auch für die junge Familie von Gerhard und Gabi Daheim eine große Rolle. Diesem Dunstkreis können sie nicht entkommen. Nach einigen Jahren in einer Mietwohnung zieht die Familie, mittlerweile vierköpfig, zurück in ein Haus, das ihnen die Großmutter vermietet und das zum Erbe von Herrn Daheims Mutter gehört.

Als Herr Daheim seine damalige Freundin Gabi heiratete, verselbständigte er sich nicht nur in seinen Augen, sondern sah sich auch als ihren „Retter" aus einem katastrophalen Pflegefamilienverhältnis. Bis heute sieht er sich vor allem als ihr „Unterstützer" und Helfer in allen Angelegenheiten, auch des Familienlebens. Als Ehemann und Vater akzeptiert er nur die Rolle des klassischen „Ernährers". Auch nach inzwischen vier Jahren ohne dauerhafte Anstellung und Jobs in geringfügiger Beschäftigung hält er an diesem Modell fest. Bevor er zielgerichtet Aufgaben im Haushalt übernimmt, verlässt er lieber die Wohnung und entzieht sich den häuslichen Konflikten. Ihm wird die gleichberechtigte Verantwortung zwar immer wieder angetragen, aber er beharrt in seinem Rollenverständnis, in seinen Worten gesprochen, „greift er seiner Frau tatkräftig unter die Arme." In diesem Bild kooperieren nicht zwei autonome, eigenständige Personen miteinander, sondern „wie eine" agieren hier beide in verschränkter und umklammernder Abhängigkeit voneinander.

Das Bild deckt auch zu einem erheblichen Teil die Konfliktstruktur ab, in die das Paar sich seit Jahren unabhängig vom jeweiligen Inhalt verwickelt. Herr Daheim handelt sich z. B. in regelmäßigen Abständen eruptiv vorgetragene Vorwürfe seiner Ehefrau ein, weil er morgens „nicht aus den Federn komme", lieber lange schläft, nachdem er abends spät, bzw. morgens früh erst ins Bett geht, und „sonst nichts bis gar nichts mache". Bei genauerer Betrachtung, wie in vielen Einzelgesprächen zunächst mit ihm allein erörtert, gibt es berechtigte und weniger berechtigte Anteile des Vorwurfs. Das von seiner Seite unbestrittene Bedürfnis „lange auszuschlafen", besonders wenn keine (bezahlte) Arbeit „ruft", hat eben auch die Komponente der Konfliktvermeidung, wie sie von Herrn Daheim generalisiert gepflegt wird. Sein „Liegenbleiben" ist aber auch Reaktion auf das frühe Aufstehen seiner Ehefrau, weil ihre starken Rückenschmerzen sie nicht länger ruhen lassen. In unmittelbarer Folge weckt sie die Kinder früher als nötig und scheint dann mit ihnen allein überfordert zu sein. Herr Daheim entzieht sich der Auseinandersetzung mit der Ehefrau darüber und handelt sich stattdessen ihren Ärger ein. Er entzieht sich der Rolle des Vaters, der, nach Erwartung der Mutter, sie am frühen Morgen „unter die Arme greifend" entlasten müsste.

Mit diesem jahrelangen Konflikt werden die Familienhelfer beschäftigt. Immer wieder werden die unterschiedlichen Bedürfnisse der einzelnen Familienmitglieder, die wechselseitigen Anforderungen von Kindern, Mutter und Vater aus pauschalen Vorwürfen herauspräpariert und in verhandlungsfähige Gegenstände zerlegt. Herr Daheim steht inzwischen früher auf und begleitet mit seiner Frau Ankleidung und Frühstück der Kinder vor dem Gang zu Kindergarten und inzwischen auch Schule. Immer noch sind sich die Eltern über den „richtigen" Zeitpunkt nicht ganz einig, aber der Tendenz nach haben sie sich aufeinander zu bewegt.

Auseinandersetzungen und Konflikte meidet Gerhard Daheim nicht nur mit seiner Ehefrau. Gleich ob es sich um Arbeitgeber, Behörden, Jugendamt oder Familienhilfe handelt, nie begibt er sich in eine Offensive, er weicht lieber durch notorisches Nichtstun solange aus, bis „es" auf ihn zukommt und ein Ausweichen unmöglich wird. Entweder hat ein Anderer für ihn den Kontakt in der Angelegenheit erledigt, oder er muss am Ende selbst in den sauren Apfel beißen, wie schwer er sich auch damit tut. Uneingestandene und nicht realisierte Ängste stehen im Vordergrund von Herrn Daheims Konfliktunfähigkeit.

Sie sind an seiner ausgiebig fabulierenden Redeweise zu erkennen. Er laviert „um den heißen Brei" weitschweifend herum, „ohne auf den Punkt zu kommen". Er schmückt aus, verliert sich in Details, verwendet zahlreiche Metaphern und Bilder, spickt seine Ausführungen skurril mit Stilblüten durch ausgiebigen Einsatz unsicher gebrauchter Fremdworte. Manchmal legt dies unfreiwillig einen „Hintersinn" frei: Beim Eintreten in die Wohnung auf den verheerend unaufgeräumten Zustand angesprochen, möchte Herr Daheim zustimmend und beruhigend auf den Helfer einwirken: „Ich werde das nachher kaschieren."

Schmunzeln und eine gewisse Bewunderung für die schräge solipsistische Sprachkunst von Herrn Daheim, welcher hier an die List Karl Valentins heranreicht, sind ihm gewiss. Kommt doch darin ein verdrehter Widerstand vor allem gegen übermächtige Anforderungen und gegen eine vermessene Welt zum Ausdruck, welche ihn noch nicht entdeckt hat. Aber seine Konflikt vermeidende Unterwürfigkeit, von formalem und strengem Über-Ich beherrscht und ohne zugelassenen Raum für ein „Ich", hat letztlich keine Chance. Im Gegenteil, sie liefert Herrn Daheim gerade dann ungeschützt aus, wenn er beispielsweise den eigenen Kindern den Zugang zu dieser „feindlichen" und „übermächtigen" Welt eröffnen sollte.

In seiner einzigartigen Kommunikation, die er selbst in den ersten Zweiergesprächen als „Laufen im zähen Teer" erlebt, vermeidet Herr Daheim den Gebrauch der ersten Person Singular, als könne er nicht „ich" sagen. Stattdessen zitiert er regelmäßig andere, wie auch sein Gegenüber im Gespräch, die „ihm mal was gesagt haben". Gespannt wartet man darauf, was jetzt kommen mag, ein anderes Mal ärgert die Tatsache, nicht zu erfahren, was man „mal gesagt hat" bzw. an was man sich nicht mehr erinnert. Herr Daheim spricht in vagabundierenden Bildern, weiten Bögen und Umwegen, die den Gesprächspartner ungehalten und erlahmt zurücklassen. Er kommt sich nicht überzeugt, sondern verwirrt vor und droht selbst jeden Faden zu verlieren.

Immer entsteht der Eindruck, Herr Daheim verbiete sich das Öffnen des Mundes. Obwohl er akustisch deutlich spricht, „kriegt er die Zähne nicht auseinander". Auch, so erläutert er es einmal, weil er Angst haben muss, „was dann sonst aus ihm herauskommen würde." Er fürchtet die eigene Aggression und ist deshalb gehemmt. Immer freundlich, umständlich aufstöhnend, abwartend mit Zustimmung, verpackt er seinen Widerspruch leise und höchst vorsichtig. Wütend erlebt man ihn nur in wenigen Ausnahmesituationen, im angeheizten Streit mit seiner Frau. Dann steht er auf, teilt nur noch knapp mit, dass er jetzt Gegenstände (um)werfen könnte, und verlässt vorsichtshalber den Raum, um sich zu beruhigen. Gegenüber den Helfern tritt er so nie in Erscheinung, da ist er ganz diplomatisch und beherrscht; diese Rolle hat eher seine Frau inne, die schnell aufbrausend schreit und Türen schlagend den Raum verlässt.

Neid und Scham

Weil er selten „auf den Punkt" kommt, muss der Zuhörer diesen erschließen und formulieren. Wird er auf diese Weise interpretiert, kann Herr Daheim das ebenso gut ertragen wie auch scharfe Kritik annehmen – nur praktische Konsequenzen folgen eher selten. Auch hier bleibt der Ärger der zuhörenden anderen Seite vorbehalten. Als uns in jüngerer Vergangenheit der Geduldsfaden riss und wir auf der

Einhaltung eines schriftlichen Ultimatums bestanden, äußerte sich Herr Daheim nachträglich darüber prosaisch: „Das mit den schriftlichen Auflagen, das war schon gut. Das hat ja auch meine Mutter hören müssen. Da ist der Mühlstein dann zum Mahlen gekommen und hat das Ganze zu Staub gemahlen. Da hat es geknackt im Gebälk." Teilt man ihm den Eindruck mit, dass es anders wohl nichts gefruchtet hätte, erntet man ein freundliches zustimmendes Lächeln. Die unausgesprochene Antwort liegt in der Bandbreite von „Kann schon sein" bis zum spöttischen „Geschieht euch Recht!" Die Kehrseite gehemmter Aggression und besänftigender Unterwerfung sind bei Herrn Daheim hämische und diebische Freude über Misslingen und Versagen von anderen, ebenso ein unverhohlener, aber geleugneter Neid auf alles und jeden.

So bleibt die negative Übertragung Herrn Daheims ein bestimmender Auseinandersetzungspunkt für die Familienhelfer. Wiederholt erleben wir, dass unsere Hilfe nicht gerne „genommen" wird, sondern nur, wenn die Not keine andere Wahl lässt. Auch der mögliche Erfolg führt nicht unbedingt zu dem Vertrauen, die Hilfe nachzufragen oder in Anspruch zu nehmen. Immer wieder wird das Miteinander-Sprechen und die Aushandlung von Zielen bis an die Grenze des Nichttolerierbaren, des Reißens des Geduldsfadens geführt. Erst wenn „das Gebälk knackt", so scheint es, werden praktische Änderungen endlich umgesetzt.

Das Führen eines Haushaltsbuches wird erst angesichts von Schulden akzeptiert und umgesetzt, als eine weitere Verschuldung nicht nur den Gerichtsvollzieher auf den Plan ruft, sondern auch der kommunale Energieversorger droht, den Strom abzustellen, und darüber die Versorgung der Kinder in Frage gestellt ist. Das Ehepaar Daheim traut sich nicht über den Weg und beide „schnappen" sich das Geld vom gemeinsamen Konto „weg" und werfen sich den wechselseitigen „Diebstahl" anschließend vor. Der unüberschaubare monatliche Schwund in der Kasse wird von den Familienhelfern mithilfe eines Haushaltsbuchs, akribischer Sammlung von Quittungen und regelmäßiger Überprüfung aller Einnahmen und Ausgaben zu einem transparenten Geschehen gemacht. Über ein Jahr hinweg stellt sich langsam heraus, welche Altschulden reguliert werden können, wie Neuverschuldung weitgehend vermieden wird und die regelmäßigen Ausgaben gesenkt werden können, welcher Planungsspielraum von beiden Ehepartnern dann gemeinsam wahrgenommen werden kann. In diesem Zeitraum wird über den regelmäßig strittigen Austausch über das geführte bzw. nicht geführte Haushaltsbuch auch sichtbar, wer von beiden die Kontrolle nicht übernehmen kann. Frau Daheim wird am Ende mit ihren Fähigkeiten stolz über ihren Mann triumphieren; Herr Daheim muss offenbaren, dass seine Aufgabe höchstens auf die Quittungskontrolle beschränkt werden kann. Ein zunächst existenzieller Kampf erscheint mit der Feststellung von „Sieg und Niederlage" erstaunlicherweise auch ausgefochten. Sind die Bedrohungen soweit beseitigt, geht kein destruktiver Streit mehr aus von der ja dennoch herrschenden ökonomischen Knappheit.

Nicht anders erging es wenige Jahre später, als die Familie plant, umzuziehen. Das von allen begrüßte „Projekt" versuchte Herr Daheim in der ihm eigenen Weise im Sommer mit Fahrrad und angehängtem Bollerwagen zu bewältigen. Erst als die Wagenachse bricht und damit der Umzug zu scheitern droht, wird das Hilfsangebot mit einer ausreichenden Anzahl Umzugskartons und PKW auch angenommen.

Herr Daheim bemerkt, wie schwer es ihm fällt, sich zu bedanken: „Ich tue es jetzt dennoch." Und so lässt sich ihm gegenüber aussprechen, dass der Dank die bittere Einsicht enthält, ohnmächtig und abhängig zu sein aufgrund von unverschuldeten Einschränkungen, an denen beide mehr leiden als sie zugeben möchten. So entgehen sie dem „Stolz" der Helfer und ihrem Neid auf die vermeintlich „vollständigen" unbeschädigten Menschen, die ihre „Stärke", „Überlegenheit" und „Fähigkeit" vorzeigen, vorführen und auch noch hilfreich anbieten können.

In solchen Affekten ist sich das Ehepaar auffällig einig und ähnlich. Blickabwendung oder demonstrative Abwendung bei Begrüßung und Verabschiedung, gelegentliche Schamlosigkeiten und häufig grenzenlose Schadenfreude und umfassender Neid schützen vor Einsichten in die fundamentale eigene Beschädigung oder Verwundung, und somit vor der Scham über die eigene tiefe Überzeugung, vollständig „liebensunwert" zu sein.

Der Grundfehler, für den man sich letztlich schämt, ist daher diese schmerzliche Wunde: „Ich bin nicht geliebt worden, weil ich im Kern nicht geliebt werden kann – und ich werde nie geliebt werden."
Dieses Konzept von der Überzeugung des „Liebesunwerten" *(unlovability)* ist Ausdruck dessen, was Balint als die „Grundstörung" *(primary fault)* beschrieben hat; die Verwundung der „Urliebe" *(„primary love: the desire to be loved always, everywhere, in every way, my whole body, my whole being")*.
Auch ich denke, daß darin, nicht in einem postulierten „primären Nar-

zißmus", eine der Grundkräfte, deren frühe Verletzung verheerende Folgen nach sich zieht, zu sehen ist. Ich vermute auch, daß eine Grunderwartung, respektiert zu werden, eben ein wesentlicher Teil dieses Bedürfnisses nach Urliebe ist. Achtung gehört zum Wesen der Liebe – auch schon zur frühen Kindheitszeit, und gerade dann.[2]

Als Paar in der Öffentlichkeit erregen sie schnell spontane Aufmerksamkeit durch ihre „Auffälligkeiten": Lautstärke, expressive Gestik, Mimik und Sprechweise und durchaus auch olfaktorische Abgrenzung sind ihnen eigen. Statt Achtung zu erfahren, schlägt ihnen schnell Abneigung auf der Straße, in Geschäften und Behörden entgegen oder, als Verkehrung ins Gegenteil, „Mitleid". Die „milden" Gaben, die sie von Freunden und Familie in Form von „halbkaputten" Schränken und Möbeln erhalten, sind für sie „gerade gut genug". Andere Erwartungen hegen sie nicht und freuen sich darüber. Was darüber hinausginge, verstärkt nur das Gefühl, selbst „defizitär", „schlecht" und „schmutzig", rundum ungenügend zu sein.

Separation statt Trennung

Mehr „Separation" zuzulassen von Seiten der Eltern ist für die Individuation der Kinder nötig. Von den Eltern wird diese aber wesentlich vermieden, weil sie den Neid als Abwehr der Schamgefühle in Gang setzt. Im Laufe der Betreuungszeit der folgenden drei Jahre machte das Elternpaar Daheim kleine Fortschritte in Richtung auf solches Zulassen von Separation. Als Stationen solcher Schritte sind zu nennen: Miekes Leben in der Pflegefamilie, die Abgrenzung von den eigenen (Schwieger-)Eltern und von der alten Verschuldung, eine therapeutisch-stationäre Mutter-Kind-Behandlung und anschließend in Gedanken eine mögliche dauerhafte Trennung vom Ehepartner, schließlich auch die Familienrückführung von Mieke, die ja nicht als Gleiche gekommen ist, wie sie herausgenommen wurde.

Frau Daheim konnte solche minimalen Fortschritte machen auf der Grundlage der Hilfen durch ihre Freundin und die Familienhilfe. Der Sohn Micha entwickelte sich zunächst ausreichend. Zwar kränkte es sie ungeheuer, dass Mieke bei den Pflegeeltern so gut gedieh, dass sie sogar ihren sprachlichen Entwicklungsrückstand schnell und restlos aufholte. Aber solange die Freundin ihr selbst ebenso liebevoll zugewandt blieb wie ihrer Tochter, konnte die Situation im Gleichgewicht gehalten werden.

Das Konzept der Familienhilfe ist ähnlich: Die Idee der Supervisionsgruppe war im Wesentlichen die „Adoption" der infantilen Eltern als Grundlage, sie zu Eltern zu „erziehen". Zur Nacherziehung in solch umfassendem Sinne fehlte uns mit Blick auf die Kinder die Zeit, doch es ließ sich kein Weg finden, an den Eltern vorbei oder parallel zu ihnen auch den Kindern Hilfe angedeihen zu lassen. Frau Daheim musste sich schmerzhaft damit konfrontieren lassen, dass eine Rückführung von Mieke unwahrscheinlich und auch Michas Verbleib bei ihr gefährdet schien, solange sie durch ihre Panikattakken mit der Folge von Erstarrungszuständen als Mutter unvorhersehbar ausfallen konnte. Herr Daheim wurde konfrontiert, nicht zuverlässig genug Mitverantwortung als Vater zu übernehmen.

Wir suchten in kleinen Schritten eine ambulante Psychotherapie mit und für Frau Daheim. Die probatorischen Sitzungen zeigten, dass der ambulante Therapierahmen keinen ausreichenden Halt für die Klientin bot. Im Anschluss reichte eine weitere Stunde für die Familienhelferin kaum, um den fast fragmentierten Zustand Frau Daheims zu „stillen". Diese Erfahrungen waren nötig, um der Klientin den angstbesetzten Gedanken einer stationären (also wieder mit Trennungen verbundenen) Therapie nahe zu bringen. Da der Vorschlag ganz im Sinne ihres Schutzes eingeführt war und die Möglichkeit bestand, mit Micha gemeinsam auf eine Mutter-Kind-Station zu gehen, setzte sie sich konstruktiv damit auseinander. Sie lehnte die vom Jugendamt vorgeschlagene Klinik kategorisch ab und siedelte dort ihre Ängste an, um sich aber selbst mit Hilfe einer Adressenliste ihrer Krankenkasse für eine andere Klinik zu entscheiden. Darin bestand ein Fortschritt gegenüber den ambulanten Therapieversuchen, welche die Familienhelferin noch für sie angebahnt hatte.

Im stationären Rahmen gehalten, konnte Frau Daheim in einer guten Klinik, die hauptsächlich an der Mutter-Kind-Interaktion mit ihr arbeitete, also ihrem ureigensten Interesse, in begleitenden Einzeltherapiestunden ihre Angstattacken in den Griff bekommen. Mit Hilfe der nachsorgenden Gespräche mit den Familienhelfern erlitt sie bis heute keinen Rückfall. Innerhalb von drei Monaten beschäftigen sich die Familienhelfer mit „Brückenbauen" zwischen den Familienmitgliedern, die sich in der Separation voneinander in verschiedener Weise destabilisiert zeigten.

Besonders augenfällig ist das Misstrauen zwischen den Eheleuten, das anscheinend ausbricht, wenn das „Komplementärteilchen" im Verwirrpuzzle ihrer aufeinander bezogenen psychischen Stabilität fehlt. Sie wüten gegeneinander, weil der Andere ungeteilte Zuwendung erhält. Neid und Angst folgen der Erkenntnis, dass der Andere überhaupt alleine lebensfähig ist. Und für den jeweils Verlassenen selbst bleibt nur das Gefühl, eben nicht alleine überleben zu können. So beklauen sie sich in ihrem Neid und ihrer Gier um Geld, der jeweils Andere wird „ausgehungert".

Die Kinder allerdings profitierten von der Situation. Micha taten der strukturierte stationäre Rahmen und die sich täglich verbessernde Verfassung seiner Mutter gut. Mieke wurde, sehr aufgeregt und angespannt, von der Familienhelferin zu Besuch zur Mama chauffiert und blieb danach sehr aufgeräumt, da sie die Mutter wohlauf und nicht allzu weit entfernt wusste. Sie konnte sich gut wieder lösen, um zur Pflegemutter zurück gebracht zu werden, obwohl die Mutter ihr den Abschied nicht leicht machte.

Nach der erfolgreichen „Kur", wie Frau Daheim ihre stationäre Therapie bezeichnete, hatte es das Ehepaar schwer, das Misstrauen aus der Trennungszeit zu überwinden. Herr Daheim fühlte sich von den Verselbständigungsschritten seiner Frau bedroht in seiner Bedeutung als „Retter" und boykottierte sie. Sie begann daraufhin, mit Trennungsdrohungen zu spielen. Sie warf ihm rachsüchtig vor, ihr keineswegs „den Rücken zu stärken", wie er es immer stolz verkündet hatte, und triumphierte mit dem „Alleinbesitz" des therapeutischen Erfolgs über ihn.

Brisant daran war, dass die aktivierten Ressourcen nun wieder in den gleichen lebenslangen Entwertungszyklus der Beiden einzufließen schienen, nur dass jetzt der Spieß umgedreht wurde. Wir reagierten mit einer Veränderung des Settings, mit mehr Vierergesprächen, beide Eltern mit beiden Helfern, zunächst um die Situation klärend aufzufangen. Natürlich ließen sich die heillosen und oft kindischen Streitereien meistens überhaupt nicht klären, und wir zweifelten einmal mehr am Sinn der Paargespräche.

Erst rückblickend stellen wir fest, dass auf diese Weise jedenfalls einiger Hass und nicht vermeidbarer Kampf unter dem Schutz und Containment zweier Elternfiguren stattfand. Beide unreifen erwachsenen Klienten konnten darin wohl erstmals eine Kommunikationsstruktur kennenlernen, in der um Respekt gerungen und in der die Weiterführung der Gespräche in jeder Konfliktlage garantiert wurde.

Die Abwehr gegen die Ergebnisse der Gespräche, oft waren dies praktische Abmachungen und Arbeitsaufträge (die Aufteilung der Kinderbetreuung, Beteiligung im Haushalt, eine Überweisung tätigen, das Kinderzimmer einrichten ...) war bei beiden Partnern groß.

Nur in einem schienen sie sich einig zu sein, und zwar, wenn es darum ging, ihre Familienhelfer „auszutricksen". Ein positiver Effekt der sehr emotionalen Auseinandersetzungen zwischen allen vier Beteiligten war, dass gerade durch den oft entgleisenden Gesprächsstil alle wichtigen Themen im Eifer des Gefechts auf dem Tisch landeten, z. B. die Lage der Kinder im chaotischen Lebensraum der Familie, der mittelgroße Schuldenberg, das Verhältnis zu Herrn Daheims Eltern, das gemeinschaftliche Aushebeln der Familienhelfer, selbst zum eigenen Nachteil.

Alle Themen hatten mit dem Festhalten am Ungetrenntsein zu tun. Auf allen Ebenen musste um Abgrenzung und Verantwortlichkeit gekämpft werden. Und immer war das einzige und wirksame Argument für die Eltern, sich doch erneut zu bewegen, der Druck aufgrund der Angst vor dem endgültigen Verlust der Kinder, wenn es keine Weiterentwicklung gäbe. Man kann sich diese Termine gar nicht chaotisch genug vorstellen, wir hatten kaum das Gefühl, dass es haltbare Entwicklungen gäbe. Regelmäßig gingen wir kopfschüttelnd und selbst orientierungslos bezüglich der Arbeit bei Daheims aus dem Haus, und ein Teil unserer Arbeitsmethoden nach autoritär erscheinender „Gutsherrenart" war uns selbst nicht geheuer.

Umso erstaunter konnten wir zur Kenntnis nehmen, dass sich Veränderungen einstellten und dauerhaft erhalten blieben: Frau Daheim hatte sich den Respekt der Schwiegermutter durch ihren Alleingang in die Klinik erworben. Früher verlor sie unter deren giftigen Angriffen alle Fassung und ihre Handlungskompetenzen, darauf fixiert, das Urteil über ihre Minderwertigkeit bestätigen zu müssen. Nun konnte sie ihre Position in Abgrenzung behaupten. Herr Daheim wies ebenfalls seine Mutter in ihre Schranken, diese musste erstmals den Wohnungsschlüssel der „jungen Leute" an sie zurückgeben und sich künftig zu Besuchen anmelden. Nach einem Jahr war auch eine Schuldenregulierung erreicht. Frau Daheim „bediente" mit professionellem Stolz verschiedene Aktenordner, und Herr Daheim erbrachte auch Eigenleistung durch Zuverdienst zu ALGII, um die Raten zahlen zu können. Obwohl wir den Eindruck hatten, dass wenige Realitätseinsichten wirklich angenommen wurden, handelte das Paar nun realitätsnäher, wohl auch weil es das positive Feedback des Lebensumfelds als Lohn erntete.

Selbst inhaltlich misslungene Beratungsgespräche schienen – rückblickend – insofern einen Gewinn erwirkt zu haben, als gerade durch die trennende Uneinigkeit und „Streitkultur" beide Klienten unabhängige Positionen entwickeln und durchhalten konnten, wenn auch selten durchsetzen. Insoweit als Individuen angenommen und eben nicht vernichtend dafür geschlagen und bestraft, konnten sie auf einige Ersatzhandlungen wie die fortgesetzte Verschuldung verzichten.

Auf dieser Basis fand nach zwei Jahren die Rückführung von Mieke in die Herkunftsfamilie statt. Auch dies war eine herausfordernde Separationserfahrung besonders für Frau Daheim. Die Anerkennung der Autonomie ihrer nicht mehr „ungetrennt" zurückkehrenden Tochter konnte sie nur mühsam leisten. Mieke muss bis heute ihre autonomen Wünsche teilweise der Treue zur Mutter opfern, andererseits hält sie auch diesbezüglich eine Grenze zur Mutter: Jenseits der Grenze ertrotzt sie sich machtvoll die Durchsetzung ihrer Wünsche. Sie sorgt heute auf diese Weise für Erziehungsprobleme, die aktuell auch in den Fokus der Elterngespräche rücken. Die Rückführung wird trotz einiger Beeinträchtigungen ihrer Entwicklungschancen im schwierigen Elternhaus überwiegend positiv von uns eingeschätzt, weil Mieke sich emotional klar und zufrieden an der Seite ihrer Mutter verortet. Sie vermittelt, wieder in der „richtigen" Familie daheim zu sein, und bringt glücklicherweise durch die Erfahrungen in der „richtigen" Pflegefamilie ein Potential mit, durch das sie immer wieder auch im Außen, jenseits der Mutterbindung, Entwicklungsräume sucht und nutzt.

In dieser Phase der Betreuung bildete sich das progressive Element im Setting dadurch ab, dass auch wir Helfer uns vom dyadischen Betreuungsmodell separierten. Die Hinwendung zum Vierergespräch und das Festhalten an der konfliktreicheren Hilfeform, auch wenn diese wenig Sinn zu machen schien, bereicherte schließlich das Vermögen der Eltern, sich mit Unterschiedlichem und Fremdem auseinanderzusetzen. Dies ist in Hinsicht auf die Kinder eine notwendige Voraussetzung für empathischeres Verhalten.

Unvermeidlich: Regressionen

Die Trennungsabsichten des Ehepaares wurden beendet durch die sich bietende Möglichkeit eines Umzugs in eine für die vierköpfige Familie bedeutend größere Wohnung. Das Projekt erforderte handwerkliche Eigenleistungen und wurde konkrete Wirklichkeit. Wie bereits berichtet, zog Familie Daheim in den Nachbarort um, zurück in eine Immobilie der Herkunftsfamilie von Herrn Daheim – und auch zurück in den Wohnort von Frau Daheims ehemaliger Pflegefamilie. Die sichtbaren Vorteile überzeugten trotz der absehbaren

Wiederkehr „alter Gefahren", die mit der Rückkehr unter das Dach dieser matriarchalisch dominierten Familie verbunden sind. Und so kam, was kommen musste. Die zuvor in mühseligen Schritten hergestellte Abgrenzung brach zusammen und musste folglich erneut gefunden werden.

Ein Jahr nach dem Umzug verschärften sich die Konflikte mit den Familienhelfern, weil diese mit ansehen mussten, wie die neue Wohnung nicht zu Ende renoviert und saniert wurde, sich langsam die desolaten Zustände der Höhle wiederherstellten und die Kinder etlichen Sicherheitsrisiken ausgesetzt blieben. Symbolisch allzu deutlich wurden die neuen Raummöglichkeiten den Kindern nicht zugänglich gemacht, sie hausten nachts mit den Eltern, tags war ihr Spielzimmer vollgestopft mit Schränken, das Kinderbett meterhoch mit Wäsche belegt. Die erforderlichen Aktivitäten wurden trotz Beteuerung und Einsicht nicht in Angriff genommen. Der Streit des Ehepaares flammte neu auf, weil sich die (Schwieger-)Eltern übergriffig einmischten und dunkel mit Wohnungskündigung drohten. Zusätzlich demotivierend wirkte eine neue Bekanntschaft im Haus. Frau Daheim verbündete sich mit der neuen Freundin, selbst Mutter eines Kleinkindes, in einer Art Selbsthilfe-Gemeinschaft gegen den eigenen Ehemann und alte Trennungsvorstellungen wurden wieder aufgekocht.

Herr Daheim reagierte sichtbar mit zunehmend depressiver Lähmung bezüglich aller Aktivitäten. Auch die Feindseligkeit gegen die Familienhelfer wuchs unter diesen Bedingungen wieder. Als bedrohlich „neues" Element gesellte sich hinzu, dass beide inzwischen herangewachsenen Kinder die Erziehungskompetenzen ihrer Eltern stärker als zuvor in Frage stellten. Vor allem Mieke machte mit herannahender Einschulung erhebliche Schwierigkeiten durch Protest und Verweigerung. Auch der vierjährige Micha war weitaus weniger pflegeleicht, als es der Mutter in den vorangegangenen Jahren schien. Außerdem galt er im Kindergarten als ein Kind, das sich nur undeutlich sprechend verständlich machen konnte und so seinen Bedarf an zusätzlicher Förderung anmeldete. Die Familie hatte die äußere Verbesserung durch den Wohnungswechsel als sozialen Aufstieg fantasiert, jetzt aber holten sie die „alten" Blicke auf eine Problemfamilie wieder ein.

Ohne sich an dieser Stelle in weitere Einzelheiten zu begeben, sei zusammenfassend bemerkt, dass die bereits „erledigten" Auseinandersetzungen wieder chaotisch ausschweifend aufflammten und die Familienhelfer sich zum Griff an die „Notbremse" gezwungen sahen: Nach einem klaren Gespräch unter Jugendamtsbeteiligung und erstmals Hinzuziehung der Mutter von Herrn Daheim wurde eine autoritative „Checkliste" an Zielen, Forderungen und Umsetzungen mit zeitlichem Ultimatum erstellt, die abzuarbeiten war. Die Nichterfüllung würde die offene Drohung nach sich ziehen, die Fortsetzung der ambulanten Hilfe infrage zu stellen bzw. einzustellen. Obwohl der Zwang und Druck wütende Reaktionen vor allem bei Frau Daheim nach sich zog und sie ihr Misstrauen uns gegenüber auf die Spitze getrieben sah, blieb keine einzige Forderung uneingelöst.

Die Zeit bis zum Ablaufen des Ultimatums konnte genutzt werden, um die zwingenden Gründe für ein solch Grenzen setzendes Handeln zu besprechen. Nach einigen Terminen unerträglicher Feindseligkeit konnte Herr Daheim, für seine Frau sprechend, deren Erschrecken über einige rigide und abwertend empfundene Worte der Familienhelferin ausdrücken. Damit war erstmals auf Initiative des Elternpaars die Aggressivität zwischen uns adäquat angesprochen worden, die folgende Klärung konnte konstruktiv von allen angenommen werden, da das Paar kompetent die Kontrolle über den Dialog übernommen hatte. Man könnte sagen, dass sich die destruktiven psychischen Abwehrstrukturen in real angemessene, echte Wehrhaftigkeit umwandeln ließen. Dies war eine reife Leistung, die uns auf Augenhöhe brachte.

Schlussbemerkung

In dieser Falldarstellung kommen die Kinder auf den ersten Blick zu kurz. Auch in der praktischen Arbeit gab es bisher mit Mieke und Micha keine Einzeltermine, wir erlebten sie aber beide regelmäßig in Terminen mit den Eltern. In dieser Familie ist das Leben der Kinder nicht beziehungsweise kaum älter als die Dauer der Familienhilfe. Insofern war der Schwerpunkt der Begleitung in der Vergangenheit vor allem der Nachreifung des Elternpaares gewidmet. Nun fordert das Einschulungsalter mehr getrennte Wege von Eltern und Kindern. Die Voraussetzung, eine solche „Entfremdung" – aus Sicht der Eltern – überhaupt akzeptieren zu können, haben wir mit den Eltern zu erarbeiten versucht. Die ausgetragenen Neidkonflikte und das Erreichen zeitweiliger Gleichwertigkeit von Helfern und Eltern halten wir für eine Grundlage, auf der die Eltern diese wichtigen Ablösungsschritte besser ertragen können. Ihnen wurde darüber der Zugang zur konstruktiven Nutzung ihrer Aggressionen eröffnet.

Anmerkungen und Literatur

1 Im Rahmen der Psychotherapie erörtert dies Rose Ahlheim: *Gitter vor den Augen. Innere und äußere Realität in der psychoanalytischen Therapie von Kindern und Jugendlichen,* Frankfurt/M. 2008), S. 14 f.
2 Wurmser, Léon, „Die Maske der Scham. Die Psychoanalyse von Schamaffekten und Schamkonflikten", Berlin 1993, S.158 ff., in: Haynal, A., *The Technique at Issue. Controversies in Psychoanalysis: From Freud and Ferenczi to Michael Balint,* London 1988, S. 80.

Esther Leuthard und Caroline Pahud de Mortanges

Reparieren statt verstehen. Nicht nur AuftraggeberInnen erwarten schnelle Lösungen

In der Schweiz ist die systemische Ausbildung seit längerer Zeit *en vogue*. Dies kommt manchen Eltern, die allerdings nichts von diesem Trend wissen, entgegen. Sie erwarten von FamilienbegleiterInnen schnelle Lösungen. Es sind vor allem Eltern, die sich standhaft weigern, ihren Anteil am sogenannt schwierigen Verhalten ihres Kindes wahrzunehmen und unfähig sind, ihr eigenes Verhalten zu reflektieren. Im schlimmsten Fall führt dies zum Scheitern der Familienbegleitung, zumal dann, wenn von Auftraggeberseite ebenfalls erwartet wird, dass Familiensituationen, seien sie noch so chaotisch, innerhalb weniger Monate befriedet werden können.

Um die Rahmenbedingungen für unsere Arbeit zu verstehen, muss man wissen, dass das Sozialwesen in der Schweiz auf Gemeinde-Ebene organisiert ist. Die Sozialbehörde ist ein politisches Gremium, vom Volk gewählt. In kleinen Gemeinden üben oft Laien diese Funktion aus, in den Städten sind es Fachleute. Die enge Verknüpfung mit der Politik beeinflusst sowohl die Ausrichtung der Sozial-, wie auch der Finanzierungspolitik. Bis vor ca. zwei Jahren stand es in der Stadt Zürich den SozialarbeiterInnen frei, für die Vergabe von Familienbegleitungen die Anbieter ihrer Wahl zu berücksichtigen. Dann jedoch wurde ein Vorfall publik, der die Medien und die Öffentlichkeit monatelang beschäftigte. Dies hatte zur Folge, dass die Stadt alle potentiellen Anbieter genauer unter die Lupe nahm. In einem aufwendigen Ausschreibungsverfahren wurde neu festgelegt, wer in Zukunft von der Stadt Aufträge erhalten durfte.

Der Verein für Psychoanalytische Sozialarbeit (vpsz) wurde im Jahre 2001 von einer kleinen Gruppe gegründet. Deren Mitglieder waren entweder als PsychoanalytikerInnen tätig oder hatten eine langjährige Psychoanalyse hinter sich und beschäftigten sich eingehend mit psychoanalytischen Theorien. Die meisten TeilnehmerInnen hatten im sozialpädagogischen Umfeld gearbeitet oder arbeiten noch immer auf diesem Gebiet. Allen Beteiligten war es ein Anliegen, mit der Gründung des Vereins nicht nur die Berufsausübung zu erleichtern, sondern auch eine Plattform für Gleichgesinnte zu schaffen. Diese sollte die Möglichkeit bieten, gemeinsam theoretische und praktische Themen zu diskutieren und die Weiterbildung systematisch zu fördern.

Nach Jahren des Aufbaus verfügt der Verein nunmehr über einen stabilen Kern von aktiven TeilnehmerInnen, die sich für diverse Angebote interessieren oder solche mitorganisieren, sowie über SympathisantInnen, die lediglich jährlich ihren Mitgliederbeitrag entrichten. Wir bieten zusammen mit dem Psychoanalytischen Seminar Zürich im Wintersemester jeweils Kurse zur Psychoanalytischen Sozialarbeit an. Daneben existiert eine Gruppe von zehn FamilienbegleiterInnen. Diese arbeiten zwar finanziell selbständig, die Qualität der Arbeit wird jedoch vom internen Qualitätsausschuss des Vereins geprüft. Die Prüfung bezieht sich nicht nur auf die Vorbildung. Die FamilienbegleiterInnen sind vielmehr auch zur internen Super- und Intervision verpflichtet. Die permanente Fortbildung wird jährlich überprüft.

Auch der vpsz hat sich bei der Stadt als Anbieterin beworben. Die Tatsache, dass die Mitglieder des Vereins nicht nur psychoanalytisch orientiert, sondern als selbständig Tätige arbeiten, wurde beinahe zum Stolperstein. Andererseits waren SozialarbeiterInnen, die uns bereits früher Arbeit übertragen hatten, mit unserer Dienstleistung sehr zufrieden. Auch bezüglich Qualifikation hatten wir den Behörden einiges vorzuweisen. Interessanterweise wurden uns schon bald komplexe und langwierige Fälle übertragen, während man für kurze Einsätze eher andere Organisationen anfragte.

Bei den Bewerbungsgesprächen mit der Stadt Zürich wurden wir immer wieder gefragt, was denn das konkret bedeute, psychoanalytisch zu arbeiten. Die Skepsis war groß und es wurde deutlich, dass „Psychoanalyse" vorschnell auf das klassische psychoanalytische Setting reduziert wird, auf eine Methode, die angeblich ausschließlich mit Gesprächen zu tun hat. „Redet ihr nur oder handelt ihr auch?", wurde etwa gefragt. Unsere Ansprechpartner beschäftigte auch die Frage, ob wir lösungs- und ressourcenorientiert arbeiten und dabei die Familie als System berücksichtigen würden. Fürs erste wurde uns schließlich ein Vertrag bis Ende 2008 angeboten. In der Zwischenzeit konnte das Vertragsverhältnis bis Ende 2010 verlängert werden. Nicht berücksichtigt wurde jedoch unter anderem unser Wunsch, dass sich neue KollegInnen bei der Stadt bewerben können.

In Zeiten von finanzieller Knappheit liegt es auf der Hand, dass der Wunsch nach schnellen und kostengünstigen Lösungen groß ist. Wenn man sich die Curricula der Schulen für Sozialarbeit und Sozialpädagogik anschaut, fällt auf, dass die Psychoanalyse schon seit längerem nur noch einen sehr bescheidenen Stellenwert einnimmt. Prominent im Lehrplan vertreten sind vor allem jene Ansätze, bei denen es um Effizienz und Lösungsorientierung geht. Während die Diskussion um die effektivste Behandlungsmethode mit dem Auftraggeber eher methodische Inhalte hat, stellt sich in der konkreten Arbeit mit den Familien vor allem die Frage der grundsätzlichen Machbarkeit: Ist die Familie aufgrund ihrer inneren Struktur überhaupt in der Lage, sich mit den Problemen auseinanderzusetzen? Besitzt sie die Fähigkeit zur Veränderung, damit das Familienleben nach und nach auf einen neuen Boden zu stehen kommt?

Ausgangspunkt einer Familienbegleitung ist oft ein im Verhalten auffälliges Kind. Ob nun die Eltern aus eigenem Leidensdruck um Hilfe nachsuchen oder ob von Dritten Druck zur Veränderung ausgeübt wird, um nach Möglichkeit eine Fremdplatzierung zu verhindern: Die Hoffnung, dass die Probleme schnell und ohne großen Aufwand behoben werden können, ist jedenfalls groß. Entsprechend hoch sind denn auch die Erwartungen an die Familienbegleitung. Oft sind die Familien erschöpft und stehen den Problemen hilflos gegenüber. Nun soll es die Familienbegleiterin oder der Familienbegleiter richten, und zwar schnell. Es drängt sich das Bild einer Autowerkstatt auf: Das Auto ist kaputt und man möge es doch reparieren, damit es wieder problemlos fahre. Dieser mechanistische Ansatz steht in Widerspruch zu unserer Arbeitshaltung. Es ist für die Eltern oft frustrierend, wenn die Familienbegleiterin die Probleme nicht „über Nacht" löst, sondern die Familie auffordert hinzusehen, was in ihr vor sich geht. Nicht jede Familie oder jedes Familienmitglied ist in der Lage und bereit, sich auf diese Aufgabe einzulassen und sich um das Verständnis dessen zu bemühen, was in den Beziehungen abläuft und wer wo welche Rolle und Funktion übernimmt. Es fallen dann bei Eltern Aussagen wie: „Es geht doch nicht um mich. Das Kind/der Jugendliche müsste sich nur ändern, dann hätten wir es wieder schön!"

Wichtig ist demnach für die Familie zu erkennen, dass die Verhaltensprobleme des Kindes Teil der Beziehungsdynamik innerhalb der Familie sind. Für die Eltern bedeutet dies zu verstehen, dass es um mehr geht als um eine Reparatur, und dass die Veränderung nicht von Außen, sondern von Innen kommen muss, dass es also um die Betrachtung der Beziehungen innerhalb des Familiengefüges geht.

Besonders schwierig ist dieses Verstehen, wenn immer deutlicher wird, dass das Kind für die Eltern eine, wenn auch nicht bewusste

Funktion in der Stabilisierung der eigenen psychischen Balance hat. Ist es nicht möglich, dies anzusprechen und aufgrund von heftigem Widerstand anzugehen, kann es zur Aufkündung des Arbeitsbündnisses kommen. Heikel ist auch die Situation bei Familien mit einem kranken Elternteil. Da kann sich unter Umständen der gesündere Partner den Problemen stellen und Veränderung auch bei sich selber wollen, der Andere kann oder will nicht mitziehen. Besonders schwierig gestaltet sich die Situation bei Einelternfamilien mit einer kranken Mutter. Besteht keine Krankheitseinsicht und gibt es als Folge davon kein Bemühen, wieder gesund oder zumindest stabiler zu werden, um dem Kind mehr Entwicklungsraum zu bieten, bleibt oft nur eine Fremdplatzierung.

Nicht immer ist zu Beginn einer Familienbegleitung deutlich, welche Probleme neben den Verhaltensauffälligkeiten des Kindes auch noch vorhanden sind und wie offen die Eltern für Veränderungen sind oder sein können. Im Folgenden möchten wir anhand zweier Fallbeispiele zeigen, dass die Familienbegleitung einer Gratwanderung gleichkommt. Sie entscheidet, ob Familien verstehen lernen, wo die Probleme anzusiedeln sind und ob sie dank dieser Einsicht fähig werden, sich auf eine Neugestaltung der Beziehungen einzulassen.

Brigit: Agieren statt sprechen
Ausgangspunkt; Rahmen der Begleitung

Brigit K. war zu Beginn meiner (E. L.) Begleitung im August 2006 12,5 Jahre alt, wirkte jedoch wie eine 15-Jährige. Sie hatte zwei Geschwister: Monika, 10, und Peter, 14,5 Jahre alt. Da es mit Brigit große Probleme gegeben hatte, wurde entschieden, sie in einem Heim zu platzieren und gleichzeitig eine Familienbegleitung zu installieren. Dies mag auf den ersten Blick nicht plausibel erscheinen, wird jedoch verständlich, wenn man weiß, dass die Schwierigkeiten vor allem mit Brigits Vater zu tun hatten, der viel zu eng an Brigit gebunden war. Die Jugend- und Familienberatung befürchtete, dass nach der Platzierung von Brigit ihre jüngere Schwester den Platz beim Vater übernehmen könnte.

Die enge Beziehung zwischen Vater und Brigit zeigte sich darin, dass der Vater in ständigem telefonischem Kontakt zu seiner Tochter stand und sich rund um die Uhr um ihre Belange kümmerte. Auch erfüllte er ihr jeden materiellen Wusch. Brigits Verhalten, das alarmierende Ausmaße angenommen hatte – sie weigerte sich immer häufiger, zur Schule zu gehen, begann sich zu schneiden, kam spätabends betrunken nach Hause und verhielt sich verbal grob und despektierlich –, tat er als Kinderei ab.

Als ich meine Arbeit aufnahm, war Brigit gerade aus der Familie entfernt worden, um sie vor dem verfolgenden Vater zu schützen. Sie wohnte zuerst für ein paar Wochen bei Bekannten der Familie, wobei es eine Kontaktsperre zum Vater gab, anschließend für eine Woche bei den Großeltern mütterlicherseits, um dann bis zum Eintritt ins Heim im Tessin ein Time out auf einem Reiterhof zu verbringen. Ich besuchte sie bei den Großeltern in Basel, um sie kennenzulernen. Zu meiner Überraschung traf ich auf ein etwas jungenhaftes Mädchen, zurückhaltend aber neugierig, das recht schnell auftaute und sich mit mir unterhielt, mir auch Gedichte und Bilder zeigte, die es am Computer heruntergeladen hatte. Es waren durchweg melancholische Werke.

Brigits Geschwister, die ich separat traf, wollten von mir nichts wissen. Monika klebte unverhältnismäßig stark an ihrer Mutter, bei der sie bis im Herbst 2008 mit kurzen Unterbrechungen im selben Bett schlief. Es erwies sich recht schnell, dass sie auf keinen Fall die Rolle ihrer älteren Schwester beim Vater übernehmen würde, beschränkte sich ihr Kontakt mit ihm doch auf das Allernotwendigste. Peter unterhielt sich höflich mit mir – höflich, aber unverbindlich. Auch er hatte sich völlig auf die Seite der Mutter geschlagen.

Es konnte also nicht meine Aufgabe sein, Monika, die sich klar an der Mutter orientierte, zu schützen. Vielmehr galt es, sich für Brigit einzusetzen. Denn ihre Beziehung zum Vater veränderte sich wegen der zahlreichen Kommunikationsmöglichkeiten wie Telefon, Mail und SMS nicht grundlegend.

Zum Setting

Ich führte regelmäßig Gespräche mit den Eltern, manchmal traf ich mich allein mit der Mutter. Brigit sah ich sporadisch, entweder bei Standortgesprächen mit Heimbetreuern oder bei gemeinsamen Unternehmungen.

Hatte Herr K. anfänglich hoffnungsvoll an unseren Gesprächen teilgenommen, wandte er sich bald enttäuscht von mir ab. Zwar nahm er weiterhin an den Besprechungen teil, dies jedoch nur noch widerwillig. Darin zeigte sich sein Unvermögen, „nein" zu sagen (s. unten). Der Hintergrund seiner Enttäuschung: Er sah mich anfänglich als Mitstreiterin im Kampf gegen seine Frau. Sein eigenes Verhalten kritisch zu überdenken, war seine Sache nicht. Aufgewachsen in einem lieblosen und strengen Elternhaus, wollte er seinen Kindern ein besserer Vater sein. Gefangen in den eigenen Vorstellungen, was Kinder brauchen, kümmerte er sich aufopfernd um diese, vor allem um Brigit. Er konnte zwar eingestehen, dass seine Nachgiebigkeit zu weit ging, doch schaffte er es nicht, das von Brigit mit immer extremeren Mitteln herausgeforderte „Nein" endlich auszusprechen. Prekär wurde die Situation, als die Kinder, vor allem Brigit und Peter, Interessen entwickelten, die nicht in sein Weltbild passten (stundenlang am Computer spielen, mit KollegInnen herumhängen, Alkohol trinken, an freien Tagen unendlich lange ausschlafen). Enttäuscht und hilflos musste er mit ansehen, wie sich seine Kinder von ihm abwendeten, musste das „Nein" seiner Kinder zu beinahe allen seinen Vorschlägen schlucken. Er konnte nicht akzeptieren, dass sie andere Wünsche und Bedürfnisse hatten als er, dass sie „andere" waren, getrennt von ihm.

Die Mutter schätzte die Gespräche, nicht zuletzt, da es laut ihrer Aussage die einzigen Gelegenheiten waren für gemeinsame Gespräche mit ihrem Mann. Sie erhoffte sich Veränderungen, sowohl für die Beziehung zu ihrem Mann, wie auch für die gemeinsame Haltung gegenüber Brigit.

Im Vorfeld der gemeinsamen Gespräche traf ich mich mit den Eltern zum Einzelgespräch, im Wissen darum, dass in Abwesenheit des Ehepartners häufig andere Themen auftauchen. Vorgewarnt war ich durch das Erstgespräch im Jugendsekretariat, an dem sich zeigte, dass die Eltern mehrheitlich gegensätzliche Erziehungsvorstellungen hatten, aber, viel entscheidender, auch ganz unterschiedliche Wahrnehmungen in Bezug auf die Kinder wie auch auf die Partnerbeziehung. Wie groß meine Verwirrung jedoch werden würde, konnte ich nicht voraussehen.

Kurz gesagt: Im Gespräch mit Frau K. erschien mir Herr K. als ein ziemlich kranker Mensch, im Gespräch mit ihm war es genau umgekehrt, Frau K. erschien als die Kranke. Ich war verwirrt, fragte mich, wer denn wie krank sei, zweifelte auch an meinem gesunden Menschenverstand.

Je mehr ich erfuhr und erlebte, desto klarer wurde mir, dass sich der Vater ein starres Weltbild zurechtgezimmert hatte, das ihm Sicherheit gab und keine Veränderung vertrug. Hatte ich anfänglich den Eindruck, dass sich durch gemeinsame Gespräche die verhärtete Situation aufweichen könnte, musste ich bald realisieren, dass der Vater nur scheinbar einsichtig wirkte, sich aber keinen Millimeter von seiner Sicht der Dinge abbringen ließ. Alles, was nicht lief, wie er es sich wünschte, wurde als Schuldzuweisung über seine Frau gestülpt. So war er zum Beispiel nicht davon abzubringen, dass sie Brigit nicht gern habe und sie weg haben wolle. Als Beweis führte er immer wieder an, dass seine Frau Brigit ein Jahr zuvor in Zusammenarbeit mit der Schulpsychologin und einer Psychiaterin in die Kinderpsychiatrie einweisen ließ, da sie am Ende ihrer Kräfte und auch ihres Lateins war und sich Sorgen machte. In den Elterngesprächen ging es immer wieder um den Versuch, das Verhalten von Brigit in Sprache zu übersetzen. Im Sommer 2007 trennte sich Frau K. von ihrem Mann, seither habe ich nur noch mit ihr zu tun.

Herr K.

In einem der Gespräche fragte ich den Vater, wie es für ihn sei, wenn sich Brigit despektierlich und grob verhalte, ihm zum Beispiel sage, „heb d' Frässe" (halt's Maul). Der Vater lächelte und sagte wie stets, das seien eben Kindereien. Beim Versuch, mit ihm über die Bedeutung seiner Haltung für Brigit zu sprechen, stieß ich auf eine Wand. Er konnte nichts damit anfangen, dass die Grobheiten von Brigit übersetzt und verstanden werden müssten. Der Wunsch Brigits, verstanden, gehört und geliebt zu werden, verhallte in einer bodenlosen Leere. Ganz anders bei Brigits materiellen Wünschen. Diese hatten bei ihm Platz. Jede Forderung wurde sogleich erfüllt, dafür ließ er alles stehen und liegen. Jeder Versuch seiner Frau, vernünftige Erziehungsgrundsätze einzubringen, schmetterte er mit dem Argument ab, sie liebe Brigit nicht, er sei der Einzige, der sich um sie kümmere.

Frau K.

Frau K., völlig erschöpft von den Auseinandersetzungen mit Brigit und der fehlenden Unterstützung ihres Mannes, war froh um die Platzierung von Brigit; sie wagte es jedoch im Beisein ihres Mannes nicht, die Erleichterung zuzugeben, sondern sprach lediglich davon, dass es für Brigit so besser sei. Vieles, das sie mir über Brigit erzählte, wagte sie im Gespräch zu dritt nicht in Worte zu fassen. Nur dort, wo es um die Elternbeziehung ging, das fehlende Gespräch unter den Eltern, die Hausarbeit oder die Vorstellung, wie Kinder erzogen werden sollten, äußerte sie sich. Mit wachsendem Staunen stellte ich fest, dass es kein einziges Thema gab, zu dem eine gemeinsame Haltung oder eine übereinstimmende Meinung unter den Eltern existierte. Frau K. konnte eingestehen, dass sie große Schwierigkeiten habe, Brigit noch immer gern zu haben. Doch sah sie schnell ein, dass Brigit nicht sagte, was sie meinte, sondern mit ihrem Gehabe etwas zeigte, das verstanden werden wollte.

Entscheidend für die Situation von Frau K., und in der Folge natürlich auch für die Kinder, war die Trennung von ihrem Mann. Sie musste sich jetzt neu überlegen, was sie eigentlich wollte und was nicht. Besonders schwierig war es für sie, Neues in der Beziehung mit Brigit zu wagen. Hatte sie sich früher hilflos gefühlt und kaum gewagt, bei Brigit zu intervenieren oder ein Verbot auszusprechen, aus Angst, von ihrem Mann als Rabenmutter beschimpft zu werden, war es jetzt die Angst vor Brigit selber, die sie am Handeln hinderte. Es brauchte viel Ermutigung und teilweise meine Anwesenheit in der Familie, dass sie sich geschützt genug fühlte, einen neuen Schritt zu wagen.

Ein Beispiel: Frau K. erzählte mir an einem unserer Treffen außerhalb der Wohnung, Brigit sei am Sonntagabend nicht ins Heim zurückgekehrt, dies mit der Begründung, sie fühle sich nicht wohl. Frau K. aber befürchtete, Brigit werde ihre wiederkehrende Drohung wahr machen, nicht mehr ins Heim zurückzukehren. Die Mutter war ratlos. Ich bestärkte sie darin, gegenüber Brigit konsequent zu sein und nicht wie ihr Vater, der Liebe mit stetiger Wunscherfüllung gleichsetzte, nachzugeben. Frau K. rief im Heim an und erreichte, dass jemand bereit war, Brigit mit dem Auto zu holen, falls sie nicht freiwillig den Zug nehme.

Mit der Zeit konnte Frau K. besser deklarieren, was sie akzeptierte – und was nicht. Anfänglich wagte sie es kaum, sich gegen Brigits forderndes Verhalten zu stellen, hatte Angst vor den Folgen ihres Neins. An einem Nachmittag kam es zur Eskalation, als Frau K., gestärkt durch meine Anwesenheit, Brigit verbot, wegzugehen. Diese plusterte sich auf, griff die Mutter verbal an, um dann plötzlich handgreiflich zu werden. Frau K. wehrte sich einzig mit dem wiederholten Ausruf, sie solle aufhören. Schließlich rannte Brigit in ihr Zimmer und rief ihren Vater an. Dieser holte sie sofort mit dem Auto ab. Frau K. weinte und glaubte, nun sei alles verloren. Die Verzweiflung von Brigit ging im ganzen Tumult völlig unter.

Doch allmählich begann Frau K., gegenüber Brigit ihre Position als Mutter und „Chefin" zurückzuerobern. Zu ihrem eigenen Erstaunen trug diese Haltung Früchte. Sie realisierte, dass sie die Angst vor Brigit verloren hatte. Als es ein weiteres Mal zu einer brenzligen Situation kam und Brigit bedrohlich auf sie zukam, packte Frau K. sie und drückte sie auf den Boden. Sie erzählte mir diese Szene mit einem leicht schlechten Gewissen, aber auch mit Stolz. Brigit ist eine kräftige Jugendliche, und die Mutter hätte im Ringkampf mit ihr eigentlich keine Gewinnchance. Frau K. gelangte durch diese Szene zur Einsicht, dass es nicht um Kraft ging, sondern darum, Brigit den Ernst ihrer Forderungen und Verbote zu vermitteln und ihr dadurch Halt zu geben – ausnahmsweise mit „Gewalt". Mein Hauptanliegen in den Gesprächen mit Frau K. war es, ihr die Sehnsucht der Tochter, von der Mutter geliebt zu werden, klar zu machen, auch wenn ihr Verhalten scheinbar das Gegenteil ausdrückte.

Brigit

Garstig und widerborstig war Brigit auch mir (E. L.) gegenüber, sobald Drittpersonen zugegen waren. Sie verdrehte die Augen, wenn sie mich sah, grüßte mich, wenn überhaupt, nur knapp. Von Frau K. hörte ich, dass sie sich despektierlich über mich äußerte. Im direkten Kontakt in der Familie hielt sie sich aber sehr zurück mit entwertenden Aussagen, war zwar manchmal etwas burschikos, doch immer in akzeptablem Rahmen. Ganz anders, wenn ich mich mit ihr allein traf. Zu meiner Überraschung wehrte sie sich nie gegen ein Treffen, freute sich offensichtlich und genoss die Stunden, die wir gemeinsam verbrachten. Ich erlebte sie dann als liebenswürdiges Mädchen mit vielen Fragen. Ich selbst stellte kaum Fragen, überließ es Brigit, Themen anzusprechen. Die Struktur unseres Beisammensein verlief jedes Mal ähnlich: vorsichtige Annäherung, Gespräche über „Ungefährliches" und erst dann die Fragen und Themen, die sie bedrückten.

Groß ist auch heute noch die Angst von Brigit, ihre Geschwister würden ihr vorgezogen. Die Bestätigung für ihre Befürchtung fand sie in der Tatsache, dass sie als einziges von drei Kindern in einem Heim leben muss. In dieser Annahme, wie auch häufig in ihrem Wüten gegen die Mutter, war die Stimme des Vaters zu hören. Dieser war lange Zeit so gekränkt über den Trennungsschritt der Frau, dass er Brigit gegen die Mutter aufhetzte. Den Erfolg dieser Hetze bekam Frau K. beinahe nach jedem Kontakt zwischen Brigit und dem Vater zu spüren, allerdings in zunehmend milderer Form. Doch was noch schlimmer war: Laut Brigit behauptete der Vater seit einiger Zeit immer wieder, sie sei schuld an der Trennung der Eltern. Was Brigit unterdessen auch gegenüber der Mutter ausdrücken konnte, ist die Verwirrung über die unterschiedlichen Aussagen der Eltern. So sagte sie einmal, als ich die Familie besuchte: „Papi erzählt dies, du erzählst das, woher soll ich wissen, wer recht hat?"

Ein Jahr nach der Trennung zog der Vater zu einer alleinerziehenden Frau mit vier Kindern. Nunmehr wünschte er die Scheidung, was Frau K. sehr entgegenkam. Für Brigit hatte diese Veränderung Konsequenzen. Sie spürte, dass sie nicht mehr die Nummer eins beim Vater war, und konnte nun auch Kritik an ihm üben. Die Trennung der Eltern erlaubte es ihr, zu beiden eine separate Beziehung aufzubauen. Es kam zu einer deutlichen Annäherung an die Mutter. Eine Bemerkung, die Brigit kürzlich beiläufig gegenüber ihrer Mutter äußerte, lässt tief blicken: „Wenn ich nach dem Austritt aus dem Heim im Sommer 09 keine neue Wohnmöglichkeit habe, gehe ich zum Vater. Denn wenn der wütend wird, ist es mir egal. Ich will nicht *dich* nerven."

Kommentar und Ausblick

Es zeigte sich im Verlauf der Begleitung zunehmend, dass Herr K. seine Vaterrolle nicht wahrnehmen konnte, Brigit immer wieder benutzte, um seiner Frau Vorwürfe zu machen, unter denen allerdings im Laufe der Zeit auch Brigit leiden musste. Frau K., anfänglich hilflos, konnte nach der Trennung von ihrem Mann beginnen, ihre Mutterrolle wahrzunehmen, was sich positiv auf Brigits Entwicklung auswirkte. Zu ihrem Unglück kam diese Wende allerdings zu spät. Die Beziehungen zu beiden Eltern sind dermaßen getrübt, dass die Tochter sich zwar auf ihre Mutter verlassen kann. Doch der Mangel an fürsorglicher, liebevoller Führung hat deutliche Spuren hinterlassen. Brigit fühlt sich unwillkommen bei beiden Eltern und den Geschwistern und muss weiterhin mit Aufbegehren und Beschimpfungen ihrer Verzweiflung Luft machen. Dass sie mit ihren schulischen Defiziten schlechte Berufsaussichten hat, verstärkt ihre Verzweiflung, setzt sie unter Druck und erschwert es ihr, sich mit dem Austritt aus dem Heim und ihrer Zukunft zu befassen. Ihre Chancen stehen weiterhin schlecht, und es taucht immer wieder die Frage auf, inwieweit eine Gesundung überhaupt noch möglich ist.

Thomas: In der Wohnung ist kein Platz
Ausgangspunkt

Die Familie, bestehend aus der Mutter und dem neunjährigen Sohn Thomas, war dem Amt schon seit der Kindergartenzeit des Buben bekannt. Denn der Kindergarten hatte den Kontakt zu den Behörden aufgenommen, weil die Mutter den Kleinen unregelmäßig brachte und zu Hause chaotische Zustände herrschten.

Im Lauf der Jahre wurde mit verschiedenen Betreuungsmaßnahmen versucht, die Probleme in den Griff zu bekommen: mehr oder weniger erfolglos. Nun wollte die Mutter ihren Sohn, der nach den Sommerferien von einer Kleinklasse in eine Regelklasse wechseln sollte, aus der Tagesbetreuung nehmen und wieder selbst betreuen. Sie war arbeitslos und eben dabei, ihre vor Jahren begonnene Ausbildung abzuschließen. Thomas verbrachte jeweils zwei Nachmittage und ein Wochenende pro Monat bei seinem Vater, der nie mit der Familie zusammengewohnt hatte und in einer neuen Beziehung lebte. Schulisch hatte der Junge eigentlich keine Schwierigkeiten, problematisch war hingegen sein aufsässiges Verhalten – ein Resultat mangelnder Führung durch die Mutter, wie es hieß. Die Tatsache, dass bei Thomas vor Jahren ein ADHS diagnostiziert wurde, fand nur am Rande Erwähnung. Das Jugendamt entsprach dem Begehren der Mutter, dies jedoch mit der Auflage, dass eine Familienbegleitung die beiden einmal wöchentlich besuche.

Die Mutter war gegenüber der Familienbegleitung anfänglich sehr skeptisch eingestellt und fühlte sich kontrolliert. Der Vater war nicht nur skeptisch, sondern ohnehin der Meinung, die Mutter würde schlecht für Thomas sorgen und ihre chaotische Art nie ändern. Zwischen den Eltern war die Kommunikation feindselig. Skeptisch verhielt sich auch die Schule, da Thomas und seiner Mutter ein bestimmter Ruf vorausgeeilt war. Es wurde Mutter und Kind ganz schnell deutlich gemacht, was von ihnen erwartet wird. Der Druck zur Veränderung bei gleichzeitiger großer Skepsis kam somit von verschiedenen Seiten.

Verlauf

Als ich (C. P. dM.) die Familie zum ersten Mal besuchte, standen und lagen im Treppenhaus vor der Wohnungstüre verschiedenste Schuhe und Spielgeräte herum. Der Eingangsbereich der Wohnung war sehr eng, weil mit Bücherregalen und Säcken voller Prospekte und Zeitungsschnipsel voll gestellt. In den übrigen Zimmern sah es nicht viel besser aus: Das Kinderzimmer war zu einem Gästezimmer umfunktioniert. Eine Kollegin der Mutter hatte dort für einige Monate ihre Zelte aufgeschlagen. Thomas schlief seit jeher im großen Bett der Mutter. Dies änderte sich bis zur Beendigung der Familienbegleitung nicht, obwohl „sein" Zimmer bald wieder frei war. Trotz mehrerer Anläufe war es nicht möglich, die ursprüngliche Funktion des Zimmers wiederherzustellen, er behielt den Charakter eines Abstellraums. Mein erstes Gefühl beim Besuch der Familie: Beengung. Ich verspürte den Drang nach mehr Raum, um mich freier bewegen zu können.

Die Mutter war sich des Chaos und der Enge in der Wohnung bewusst. Da sie sich anfänglich nicht auf Gespräche über die Schwierigkeiten ihres Sohnes einlassen wollte, wurde die Kontaktaufnahme über das gemeinsame Aufräumen angestrebt. Es zeigte sich jedoch schnell, dass diese Bemühungen nichts fruchteten. Wenn ich eine Woche später wiederkam, war alles erneut im Chaos versunken. Darauf angesprochen, bemerkte die Mutter, dass sie es einfach nicht schaffe und mit dem Haushalt überfordert sei. Ihre Erklärung: Nach dem Tod der eigenen Mutter vor einigen Jahren habe sie viele Gegenstände aus deren Haushalt übernommen. Sie könne sich einfach nicht davon trennen. Zudem wolle sie ihre Energie auch gar nicht auf den Haushalt verschwenden, ihr Ziel sei es, endlich ihre Ausbildung zu beenden. Und da sie die Unordnung selber ärgerte, versuche sie so viel als möglich außer Haus zu sein. Dass dadurch die Betreuung des Jungen litt, lag auf der Hand, wurde von ihr jedoch nicht gesehen.

Der Kontakt zu Thomas kam schnell zustande. Er war ein aufgeschlossener Junge mit einem für sein Alter sehr erwachsenen Wortschatz. Thomas war vielseitig interessiert und hatte in der Straße viele Freunde. Anfänglich genoss er es, wenn ich mir Zeit für ein Spiel mit ihm nahm. Er bemerkte, dass seine Mutter keine Lust zum Spielen hätte. Später mochte er mich weniger, vor allem als ich versuchte, mehr Struktur und damit mehr Raum und Halt für ihn zu schaffen.

In der Beziehung zwischen Mutter und Sohn bestand eine Hierarchieumkehr. Da die Mutter großen Wert auf eine „freiheitliche" Erziehung legte, fiel es ihr schwer, Grenzen zu setzen. Sie wusste zwar, dass ein Kind Strukturen braucht, aber eigentlich fand sie dies lästig. Viel wichtiger war ihr, dass der Sohn schon früh intellektuell und kulturell gefördert wurde. Deshalb machte sie mit ihm viele Kulturreisen und besuchte Veranstaltungen, die vor allem ihr selbst gefielen. Die fehlende generative Struktur hatte zur Folge, dass Thomas über die Jahre sehr mächtig wurde und sich gegen jede Grenzsetzung vehement wehrte. Dies beschränkte sich nicht nur auf die Beziehung zur Mutter, sondern kam auch in der Schule und später im Hort vor. Der Hortbesuch wurde eingerichtet, weil die Mutter gemäß ihren Angaben mehr Zeit für die Ausbildung und, parallel dazu, für die Stellensuche benötigte. Schule und Hort meldeten sich aber schon bald bei der Mutter, weil es immer häufiger zu disziplinarischen Problemen kam.

Wir hatten immer öfter Gespräche über das Wohlbefinden und das Verhalten von Thomas. Die Mutter war zwar brennend interessiert an Gesprächen über Erziehung, aber ihr Interesse hatte vor allem theoretischen Charakter. Der Wunsch, die eigenen Erziehungsvorstellungen zu überdenken und den Erziehungsstil zum Nutzen des eigenen Sohnes zu verändern, war nicht sehr ausgeprägt. Während sich die Mutter mir gegenüber über das Verhalten von Thomas sehr wohl beklagte und fand, der Sohn müsse sich anders verhalten, solidarisierte sie sich mit ihm gegen die Schule. Es fiel der Mutter schwer, zu verstehen, dass die Probleme von Thomas mit ihrem Verhalten ihm gegenüber in Zusammenhang standen. Sie hatte die größte Mühe, sich in der Rolle der Erziehenden und Gebenden zu sehen, zu groß waren ihre eigenen Wünsche und Bedürfnisse. Es war ihr zwar wichtig, dass es dem Sohn gut geht. Aber gleichzeitig ließ sie ihn immer wieder hängen, sei dies real, in dem sie zum Beispiel sehr viel später heim kam als vereinbart, sei es im übertragenen Sinn, weil sie nicht die nötige Erziehungsverantwortung übernahm.

In den Gesprächen hörte die Mutter sehr schlecht zu, redete wie ein Wasserfall und suchte die negativen Einflüsse oder Ursachen von Schwierigkeiten im Außen. Wenn ich mal die Meinung von anderen unterstrich, wurde ich sogleich beschuldigt, nicht mehr für sie da zu sein. Dabei konnte sie recht ausfällig werden.

Thomas wurde immer schwieriger. Je mehr Druck von außen kam, je mehr von der Mutter verlangt wurde, endlich ihre elterliche Verantwortung zu übernehmen, desto „lauter" wurde der Sohn. Dies führte dazu, dass er nach einer Probezeit den Hort wieder verlassen musste. Jetzt erklärte sich der Vater bereit, mehr Betreuungszeit zu übernehmen. Da Thomas sehr unordentlich mit den Schulsachen umging und immer wieder die Hausaufgaben nicht machte, wollte der Vater ihm auch hier eine Hilfe bieten.

Für die Mutter war das Angebot des Vaters vordergründig eine gute Lösung, so hatte sie mehr Zeit für sich. Gleichzeitig stellte es für sie eine enorme Kränkung dar, da der Vater in den gemeinsamen Gesprächen, die ich mit beiden Eltern führte, kundtat, dass er schon immer wenig von der Erziehungsfähigkeit der Mutter gehalten hatte. Diese hielt die Trennung von ihrem Sohn während der vermehrten Besuche beim Vater schlecht aus. Thomas musste sich aufgrund seines großen Loyalitätskonflikts gegen die Betreuung durch den Vater wehren. Er verschwand immer öfters, als dieser ihn abholen wollte. Obwohl ich mit beiden Eltern in getrennten Gesprächen über die Schwierigkeiten zu reden versuchte, war keine Öffnung möglich. Als Thomas während eines Besuchswochenendes beim Vater weinend verlangte, nach Hause gehen zu können, und die Mutter nicht auf ein Bleiben beim Vater bestand, zog dieser wutentbrannt sein Betreuungsangebot zurück und lehnte jegliche weiteren Gespräche ab. Dies wiederum hatte zur Folge, dass die Schulbehörde, die nach dem Angebot des Vaters auf dieser Betreuungsverschiebung bestanden hatte, Thomas von der Schule verwies. Gleichzeitig machte sie Meldung beim Jugendamt. Obwohl man vorerst an eine Heimplatzierung dachte, kam Thomas schließlich in die Familie des Vaters. Für die Begleitung der neuen Situation wurde eine andere Familienbegleiterin gewählt.

Als ich vor einiger Zeit der Mutter auf der Straße begegnete, berichtete sie stolz, dass es dem Sohn, der nun schon seit einigen Jahren beim Vater lebt, sehr gut gehe und dass er in der Schule gute Fortschritte mache. Sie selbst sei immer noch dabei, ihre Ausbildung abzuschließen.

Kommentar

Die Tatsache, dass Jugendamt, Schulbehörde und Vater höchst skeptisch gegenüber der Familie, insbesondere gegenüber der Mutter eingestellt waren, setzte diese stark unter Druck. An die Familienbegleitung wurden ebenfalls große Erwartungen gesetzt. Diese hätte in kürzester Zeit alles ins Lot bringen sollen, damit Thomas einen strukturierten Alltag hat und dadurch sich besser auf die Schule konzentrieren kann. Dabei wurde nicht bedacht, und dies wurde erst im Verlauf der Begleitung im vollen Ausmaß deutlich, dass es sich hier um eine Mutter mit einer speziellen Persönlichkeitsstruktur handelte. Rückblickend war der Eindruck der Wohnverhältnisse beim Erstkontakt mit Mutter und Sohn wie die szenische Darstellung des Beziehungsgefüges zwischen Thomas und seiner Mutter:

Thomas übernahm für seine Mutter viele Funktionen. Er wurde von dieser jedoch vor allem gebraucht, um die eigenen narzisstischen Bedürfnisse zu stillen. Schwierig wurde es stets, wenn der Sohn eigene Bedürfnisse hatte, Bedürfnisse nach Halt, Sicherheit und Fürsorge zum Beispiel. Diese wurden von der Mutter aufgrund der eigenen Bedürftigkeit nicht gesehen. Es war leider nicht möglich, mit der Mutter diese Thematik direkt anzusprechen. Auch der Vorschlag einer eigenen Psychotherapie wurde nicht aufgegriffen, weil ich als Therapeutin nicht zur Verfügung stand. Thomas musste „lauthals" seinen Platzanspruch kund tun. Mit seinem Verhalten war er der Aufmerksamkeit seiner Umgebung gewiss – wenn auch in negativer Form. Da er eingebunden war in die narzisstische Stützung der Mutter, war es ihm nicht möglich, zu Dritten wirklich in Beziehung zu treten und auch seine schulischen Fähigkeiten zu nutzen, um zumindest so Beachtung und Befriedigung zu bekommen. Für seine Entwicklung war deshalb die Platzierung die richtige Entscheidung. Er als eine eigene Person hatte in der (inneren) Wohnung der Mutter tatsächlich keinen Platz.

Sylvie Etrich und Hartmut Kleefeld

„Komm doch mal bitte in mein Zimmer." Eine ungewöhnliche Krisenintervention bei einem zwölfjährigen Jungen, der eine Erzieherin lebensbedrohlich verletzte

Einleitung

Wir berichten über eine ungewöhnliche Krisenintervention auf der Kinderstation unserer kinder- und jugendpsychiatrischen Klinik in Tübingen. Im Regelfall dauert eine Krisenintervention zwei bis drei Tage, maximal bis zu zwei Wochen. Möglichst rasch wird das aktuelle Problem herausgearbeitet und eingeschätzt, ob eine weitere stationäre oder ambulante Behandlung notwendig ist. In diesem Fall haben wir uns auf vier Wochen verständigt, um über ausreichend Zeit für Beziehungsaufnahme, Diagnostik, und Elternkontakte zu verfügen. Außerdem wurde das Jugendamt sofort mit in das Geschehen eingebunden.

„Komm doch bitte mal in mein Zimmer, unter meinem Bett ist eine Spinne." Mit diesen Worten lockt der zwölfjährige Sebastian die Dienst habende Erzieherin der Wohngruppe in sein Zimmer. Als sie sich bückt, um unter das Bett zu schauen, zieht er ein scharfes Küchenmesser aus der Hosentasche und sticht der Erzieherin in den Rücken. Er zieht das Messer wieder heraus und wirft es unter das Bett. Daraufhin flüchtet er aus der Wohngruppe in einem kleinen Dorf in Bayern.

Die lebensgefährlich verletzte Erzieherin schleppt sich in die Küche und bricht dort zusammen. Die Jugendlichen der Wohngruppe verständigen den Notarzt und die Feuerwehr.

Sebastian rennt in das Dorf und klingelt am Haus einer fremden Familie, die aufgrund seines verstörten Auftretens die Polizei anruft. Die Polizei ist inzwischen über die Tat in der Wohngruppe informiert und holt ihn dort zur Vernehmung ab. Sebastian leugnet, in der Wohngruppe aufgenommen zu sein, und erzählt, er sei heute Morgen von Zuhause abgehauen, er wolle einen Freund besuchen, er sei mit dem Zug in die nahe gelegene Stadt gefahren und in das Dorf gelaufen, in dem die Wohngruppe sei. Er wird als unruhig erlebt, er läuft auf und ab, ist weinerlich, will nach Hause. Die Tat streitet er ab. Er wird in die regional zuständige Kinder- und Jugendpsychiatrie eingeliefert.

Die Erzieherin wird in einem Krankenhaus aufgenommen und in ein künstliches Koma versetzt. Ihre Lunge ist verletzt, der Stich ging knapp an der Aorta vorbei.

Auch in der Aufnahmesituation in der Klinik bleibt Sebastian zunächst bei seiner Version, er sei erst heute aus seiner Heimatstadt abgehauen und wolle einen Freund besuchen. Er sei einfach ausgestiegen und zu einer Familie gegangen, die er nicht kenne, dort habe ihn die Polizei abgeholt. Da heute Vatertag sei, wolle er zu seinem Vater, um diesem ein Gedicht aufzusagen.

Er gibt sein Alter falsch an, er benennt dieses auf elf Jahre. Er sei vor zwei Jahren in einer Wohngruppe in einer anderen Stadt gewesen, er gehe in die fünfte Klasse einer Dummenschule. Er wird als sehr eingeschränkt schwingungsfähig erlebt, zeitweise sehr regressiv. Die körperliche Untersuchung ergibt keine Auffälligkeiten.

Im Verlauf der Krisenintervention bröckelt die Leugnung seiner Tat, er erzählt, dass er von zwei Jugendlichen aus der Wohngruppe bedroht wurde, die hätten ihm gesagt, er solle die Erzieherin abstechen, sonst würden sie ihn abstechen. Als Belohnung stellen sie Sebastian in Aussicht, ihn danach nach Hause zu bringen.

Die Jugendlichen aus der Wohngruppe bestreiten ihre Beteiligung an der Tat.

Sebastian wird in der aufnehmenden Klinik eng geführt, hält sich an Regeln und wird in Einzelbetreuung zu Geländegängen mitgenommen.

Nachdem die Isolierung gelockert wird und Sebastian Kontakt zu Mitpatienten hat, wird beobachtet, dass er mit seiner Tat angibt und viele prahlerische Geschichten erzählt wie: „Er habe schon einen Zigarettenautomaten geknackt."

Die aufnehmende Klinik nimmt Kontakt mit der KJP Tübingen auf mit dem Ziel der Verlegung aufgrund der regionalen Zuständigkeit. Die geplante Übernahme führt zu einer heftigen, emotional geführten Diskussion, ob die Kinderstation der richtige Ort ist, solch einen Patienten zu behandeln. Ein reißerisch aufgemachter Zeitungsartikel macht die Runde, man kann den Eindruck gewinnen, Jack the Ripper stehe vor der Tür. Die Ebene eines Kindes in Not tauchte in der Diskussion nicht auf.

Die Ängste der weiblichen Betreuerinnen gehen eher in die Richtung, selbst verletzt zu werden, die männlichen Mitarbeiter äußern die Angst, dass andere Kinder verletzt werden könnten. Um Sicherheit zu schaffen, erklärte ich mich bereit, den Patienten selbst mit zu übernehmen. Aus der Erfahrung mit dissozialen Patienten wählen wir ein Setting, bei dem nur der Bezugsbetreuer die Verhandlungen über Regeln übernimmt, die Ärztin Einzelgespräche macht und die anderen Personen in die Betreuung eingebunden sind. Dadurch wird das Agierfeld für Spaltung weitgehend eingeschränkt und an eine Person gebunden. In diesem besonderen Fall ist die Anwesenheit des Bezugsbetreuers von 8 bis 20.30 Uhr notwendig, um immer zeitnah auf Splitting-Mechanismen reagieren zu können.

In Absprache mit der aufnehmenden Klinik haben wir vier Tage Zeit für die Organisation und erstellen mit Hilfe von Mitarbeitern der anderen Stationen einen Dienstplan, der rund um die Uhr eine Einzelbegleitung für Sebastian gewährleisten würde.

Informationen durch die aufnehmende Klinik

Die Ärztin der aufnehmenden Klinik berichtete, Sebastian sei in ein Heim gekommen und habe dort nach wenigen Tagen eine Erzieherin mit dem Messer in den Rücken gestochen und sie lebensgefährlich verletzt. Er sei jetzt sehr verzweifelt, wütend und ängstlich. Bei uns soll die psychiatrische Diagnostik fortgesetzt und die weitere Perspektive geklärt werden, z. B. ob eine geschlossene Jugendhilfemaßnahme notwendig sei.

Wir erfahren zu Sebastians Vorgeschichte, er sei lernbehindert und besuche die Förderschule. Es bestehe eine schwierige Familiensituation: Sebastian habe eine einjährige Schwester und übernehme oft eine erzieherische Rolle. Der Junge schwindle, die Familie sei arm, ungepflegt und hilflos, die Mutter strahle viel Unsicherheit aus. Die Mutter hänge sehr an ihrem Sohn, sie habe ihn gleich wieder aus dem Heim nach Hause holen wollen. Der Junge werfe seinem Vater Misshandlung vor, er habe seinem Vater auch schon gedroht, ihn „mit dem Messer abstechen" zu wollen. Sebastian habe ein Jahr lang die Schule geschwänzt, die Mutter habe dies angeblich erst durch einen Bußgeldbescheid erfahren. Das Jugendamt sei involviert und gut mit dem Fall betraut.

Sebastian sei nach § 1631 (geschlossene Unterbringung mit Einverständnis der Eltern) in der Klinik untergebracht. Es seien dort alle Messer weggeschlossen, der Junge befinde sich isoliert in einem abgeschlossenen eigenen Trakt, wo er eigene Waschräume habe. In diesem Rahmen fühlten sich sowohl das Team als auch der Junge selbst sicher. Es gebe eine Nachtwache und eine Nachtbereitschaft sowie eine ärztliche Rufbereitschaft. Es werde bestimmend mit Sebastian umgegangen, er verhalte sich kooperativ und sei begrenzbar. Er bekomme ein spannungslösendes Medikament. Dennoch sei er schwer einzuschätzen.

Es würden Fragen einer psychotischen Störung und einer ödipalen Fixierung diskutiert, weiterhin sei fraglich, ob der Junge von der Mutter eine überhöhte Dosis eines vom Hausarzt verschriebenen Medikaments zur Behandlung einer hyperaktiven Störung erhalten habe.

Informationen durch die Wohngruppe

Der Erzieher der Wohngruppe berichtete, Sebastian sei erst drei Tage in der Einrichtung gewesen, er habe noch keine festen Bezugspersonen gehabt. Die betroffene Erzieherin habe sich im Anerkennungsjahr befunden. Die Wohngruppe habe bereits fünf Wochen zuvor die Anfrage erhalten, ob sie Sebastian aufnehmen könnten, die Eltern hätten jedoch den Antrag auf Hilfe zur Erziehung zurückgewiesen. Der Vater habe sich dem Jungen gegenüber übergriffig verhalten. Die Unterbringung sei dann zur Entzerrung der Situation veranlasst worden.

Im Aufnahmegespräch habe sich Sebastian erkundigt, ob er sein Handy mitbringen dürfe, und habe gefragt: „Wie lerne ich eine Freundin kennen?" Die Mutter habe sich kooperativ gezeigt. Sebastian sei zusammen mit einem Jungen im Zimmer, der kurzfristig nach Hause gegangen sei. Der Abschied von der Mutter sei überraschend kühl ausgefallen, dann habe Sebastian jedoch sehr großes Heimweh gezeigt. Er habe in der Schule geweint und nach der Mutter geschrien. Am Tag vor der Tat habe er in einen Bus zu seinem Wohnort einsteigen wollen, er sei bei einer fremden Familie aufgetaucht und von der Erzieherin abgeholt worden. Abends habe er mit seiner Mutter telefoniert und gedroht, wenn sie ihn nicht abhole, erhänge er sich. Außerdem habe Sebastian zu den anderen Jugendlichen gesagt: „Ich bleib nicht hier, und wenn ich jemanden abstechen muss."

Am Tag der Tat habe die Erzieherin Sebastian erst abends erlaubt, mit seiner Mutter zu telefonieren, und nicht gleich nach dem Aufwachen, wie von dem Jungen eingefordert.

Die Mitarbeiter mutmaßen, jemand habe Sebastian das Messer aus der Küche besorgt, da die Küche üblicherweise abgeschlossen sei.

Weitere Informationen

Sebastian war bereits wegen Schulphobie ambulant in unserer Poliklinik vorstellig gewesen. Der Verdacht einer hyperkinetischen Störung konnte diagnostisch nicht bestätigt werden. Aufgrund der konflikthaften Familiensituation wurde eine Heimunterbringung empfohlen, was von der Mutter abgelehnt wurde.

Aufnahme

Sebastian wird am Eingang unserer Klinik von seinem Bezugsbetreuer empfangen: Aus dem Sanka steigt ein kleiner und schmaler, blasser, und verängstigt dreinblickender Junge, der sich freundlich bei seinen Begleiterinnen bedankt. Er grüßt oberflächlich und kommt bereitwillig mit ins Arztzimmer, wo er von seiner behandelnden Ärztin erwartet wird.

Die Mutter ist noch nicht wie vereinbart zur selben Zeit erschienen. Sebastian wirkt auf den ersten Blick bedrückt und weinerlich, er fragt mehrmals besorgt nach seiner Mutter. Er beteuert, er wolle unbedingt wieder nach Hause zu seiner Mutter. Er bereue, was er getan habe. Er erklärt, er habe mit dem Messer auf die Erzieherin eingestochen, weil zwei Jungen aus der Wohngruppe ihn selbst mit einem Messer bedroht hätten. Das „Tatmesser" habe er unter seinem Kopfkissen gefunden, er habe die Tat dann geplant.

Sebastian erzählt offen weiter, er habe ein Jahr lang die Schule geschwänzt und sich stattdessen mit älteren Jungen in der Stadt herumgetrieben. Er habe in drei verschiedenen Kaufhäusern Hausverbot, weil er dort geklaut habe. Die Schulrektorin sei auch schuldig, sie habe ihn nicht vor den gewalttätigen Angriffen durch ältere Schüler geschützt.

Etwa zwanzig Minuten später kommen Sebastians Mutter und seine Tante (die Schwester der Mutter) mit der kleinen Schwester dazu. Sie wirken ratlos und verkünden, sie wüssten nicht, wie es nun weitergehen solle. Die Mutter ereifert sich, das Jugendamt habe sie beschuldigt, sie hätte ihren Sohn erschlagen wollen.

Nach dem Gespräch fällt Sebastian die Trennung von seiner Mutter, seiner Tante und seiner Schwester sehr schwer. Der Junge weint und klammert sich an seinen Teddy. Er jammert, das alles sei passiert, weil er einmal von einem fremden Mann entführt worden sei. Er wirkt in diesem Moment hysterisch.

Die Angehörigen dürfen Sebastian in sein Zimmer auf der Station begleiten. Dort findet eine heftige Abschiedsszene statt, der Junge muss weinen, er wolle nach Hause und nicht hier bleiben, er wolle wieder zurück in die andere Klinik.

Sebastian kann von seinem Zimmer aus den Eingangsbereich unserer Klinik beobachten, sein Weinen endet erst, als die Familie aus dem Blickfeld entschwindet, zuvor wird von beiden Seiten ausdauernd gewunken.

Während sein Gepäck untersucht und seine Sachen in den Schrank geräumt werden, beruhigt er sich langsam.

Er stellt unerwartet seine erste Frage an seinen Bezugsbetreuer: „Siehst Du ohne Brille auch was?" – „Genug", ist die kurze Antwort, dann wird ihm angekündigt, dass nun seine Hosentaschen durchsucht werden, was er ohne Widerrede geschehen ließ.

Danach werden ihm die zunächst gültigen Regeln benannt: Hände weg von anderen Menschen! Sebastian darf weder Mitpatienten noch Betreuer angreifen.

Sebastian darf sich vorerst nur in seinem Zimmer aufhalten. Eine Person ist ständig für ihn zuständig, er wird entweder im Zimmer oder vor dem Zimmer begleitet.

Sebastian soll zügig in Begleitung zur Toilette und zurückgehen, er darf keine Mitpatienten ansprechen.

Es wird ihm erklärt, dass diese Regeln zu seinem und zu unserem Schutz dienen. Sebastian kann seine Veränderungswünsche nur mit seinem Bezugsbetreuer besprechen.

Alleine im Zimmer setzt er sich auf den Tisch am Fenster, sodass er den Eingansbereich der Klinik beobachten kann.

Sebastian gewöhnt sich durch den von uns eng gesetzten Rahmen und den geregelten verlässlichen Tagesablauf schnell ein. Er testet jedoch mehrmals täglich, wie aufmerksam er wahrgenommen wird und wie sicher die vereinbarten Absprachen sind. Er erfindet viele Geschichten und stellt Behauptungen auf wie: „Ich gehe heute mit Herrn Kleefeld in die Stadt", „Herr Kleefeld hat erlaubt, dass ich aus dem Zimmer darf."

Ein Beispiel: Sebastian darf bald eine Stunde lang am Stations-Gamecube spielen. Als er nach dem vereinbarten Zeitraum wieder ins Zimmer muss, behauptet er, Herr Kleefeld habe ihm erlaubt, dass er den anderen Kindern noch zuschauen dürfe. Als er von dem begleitenden Betreuer erfährt, dass alle Neuerungen zunächst mit Herrn Kleefeld besprochen sein müssen, dreht er genervt die Augen zur Decke. Darauf angesprochen, meint er schnippisch: „Darf ich nicht mal an die Decke schauen?" Er rennt in sein Zimmer und schlägt die Tür zu. Dort wird er sofort von seinem Bezugsbetreuer aufgesucht, um die Situation zu klären. „Der Betreuer lügt, er sagt ich rolle mit den Augen", erklärt er. Es wird gemeinsam mit dem hinzugezogenen Betreuer geklärt, dass er wohl versucht hatte, zu tricksen, wir aber nicht darauf hereingefallen und unsere Absprachen verlässlich sind.

Auszüge aus den Einzelstunden

Sebastian sieht in seiner ersten Einzelstunde bei seiner zuständigen Ärztin blass und verweint aus. Er berichtete auf Nachfrage, wie es ihm gehe: „nicht so gut". Er habe von seiner Schwester geträumt, sie hätten hier auf unserem Klinikspielplatz zusammen geschaukelt. Sie sei 18 Monate alt, erklärt er stolz. Er habe Heimweh. Sebastian ruft im Beisein der Ärztin zu Hause an. Er weint und fragt als Erstes seine Mutter, wie es zu Hause gehe. Die Mutter scheint ihm etwas zu erzählen, er macht piepsige Geräusche. Sebastian spricht kurz mit seinem Vater, dann wieder mit der Mutter. Er drängelt und meint, er wolle nach den anberaumten vier Wochen in unserer Klink wieder nach Hause. Er erzählt dies mit nachdrücklicher Bestimmtheit und mit weinerlicher, hoher Stimme. Am Ende des Telefonats erklärt er, seine Eltern hätten beide am Telefon geweint.

Im nächsten Termin erzählt Sebastian auf die Frage, warum er denn ins Heim gekommen sei: „Wegen Schuleschwänzen und Schlägereien." Er habe öfter Streit mit den anderen Kindern gehabt, warum, wisse er nicht. Auf die Frage nach seiner Schwester berichtet er strahlend, seine Mutter habe einen Schwangerschaftstest gemacht und er sei dabei gewesen. Seine Mutter habe ihn später gefragt, ob er darauf rumgemalt habe. Nachdem er verneint habe, habe sie gesagt: „Dann bin ich schwanger!" Sebastian habe sich sehr gefreut. Bei der Geburt habe er nicht dabei sein dürfen, da sei er bei seiner Oma gewesen. Er habe sich sehr auf seine kleine Schwester gefreut, sie schlafe bei ihm im Zimmer. Er spricht sehr liebevoll von seiner kleinen Schwester, mit väterlichem und protektivem Ausdruck. Dann erklärt er, er wolle sich künftig nicht mehr so in die Erziehung einmischen.

Seine Mutter arbeite morgens als Putzfrau, sein Vater arbeite als Dachdecker beim Holzbau und sei von 7 Uhr bis 17 Uhr bei der Arbeit. Er selbst wiederhole momentan die erste Klasse auf der Förderschule. Auf die Frage, wie es ihm dort gefalle, sagt er gleich:

„Gut", aber es klingt nicht ganz echt. Er habe dort einen italienischen Freund, und er sei noch mit einem Mädchen aus der Klasse befreundet. Auf die Frage nach seinen Hobbys gibt er Fußball, Modelleisenbahn und Schwimmen an. Sebastian erklärt zum Schluss des Gesprächs: „Ich möchte gerne mein Leben neu starten."
Am nächsten Tag meint Sebastian, er habe gut geschlafen. Auf die Tat angesprochen, kann er kaum etwas dazu sagen. Er verteidigt sich, er sei selbst bedroht worden, zwei Jungen aus der Wohngruppe hätten ihn gezwungen. Er habe Angst gehabt, selbst abgestochen zu werden. Er habe nach Hause gewollt. Er spricht über die Tat an sich relativ distanziert und emotionslos, sein Heimweh betreffend äußert er sich weinerlich und sehr kindlich.

Beim Telefonat mit den Eltern wollte Sebastian wieder wissen, wie es den Eltern gehe. Er spricht mit ihnen mit hoher, piepsiger, Stimme.

In einem weiteren Termin meint Sebastian, es gehe ihm „unverändert". Er vermisse seine Mutter sehr, er habe heute Mittag „eine Stunde geweint". Er wirkt abwesend, nickt auf Ansprache eifrig und macht „mhmh". Er verkündet, er habe seiner Mutter einen Brief geschrieben. Den Vorschlag, er könne auch der durch ihn verletzten Erzieherin einen Brief schreiben, nimmt er nur spürbar oberflächlich an.

Auf seine Vorstellung seiner Zukunft angesprochen erklärt Sebastian, er gehe nach Hause und bekomme für einen Monat Hausarrest, als Strafe. Das sei für ihn eine schlimme Strafe. Er wünsche sich auch bei uns auf Station Kontakt zu den anderen Kindern. In diesem Moment wird er ganz kleinlaut und meint, vielleicht hätten die anderen Kinder ja Angst vor ihm. Und er räumt ein, er könne nicht sagen, ob nicht auch er Angst vor ihnen habe.

Sebastians Mutter zeigt sich zu diesem Zeitpunkt sehr angegriffen. Sie erzählt der Ärztin am Telefon, sie habe mit ihrem Hausarzt gesprochen und um einen Hausbesuch gebeten. Sie sei nervlich ziemlich am Ende. Ihr Großvater (väterlicherseits) habe alles mitbekommen und habe ihr „eine Szene gemacht". Er habe sie beschuldigt und als „Rabenmutter" beschimpft.

Als Sebastian mit seiner Mutter spricht, weint und jammert er. Am Ende des Telefonats erklärte er wiederholt, er wolle nach Hause. Er wolle „einen kompletten Neuanfang" machen. Es wird deutlich, dass Sebastian die aktuelle Situation kaum aushalten kann.

Am vierten Tag soll Sebastian in einem Termin bei seinem Bezugsbetreuer seine Familie in Tieren malen. Er entscheidet sich für Mäuse. Dabei wird er sehr traurig und muss heftig weinen, malt das Bild aber zu Ende. Kurze Zeit später nimmt er unvermittelt den Block und malt ein Bild mit einem Strichmännchen am Galgen. Er verkündet: „Ich will mich hängen, weil meine Mutter mich nicht mehr gern hat nach dem, was ich gemacht habe." Er wird plötzlich kreidebleich und meint, er könne seine Arme nicht mehr spüren und es flimmere vor seinen Augen.

Sebastian wird zum Bett begleitet, wo er sich hinlegt und verkündet, nun seine Arme nicht mehr zu spüren. Er hat einen hohen Puls bei normalem Blutdruck. Er meint leise: „Ich hab da was ganz Schlimmes gemacht." Es wird ihm bestätigt, dass seine Tat sehr schlimm gewesen sei, er aber Glück gehabt habe, dass die Betreuerin noch lebt. Er meint darauf: „Ich darf sicher nicht mehr heim." Es wird ihm erklärt, dass er jetzt erst mal vier Wochen hier sei und noch unklar sei, wie es danach für ihn weitergehen könne.

Sebastian erklärt im Termin bei seiner Ärztin am selben Tag, er habe heute gut zu Mittag gegessen. Er meint dann, er habe heute „Kreislaufprobleme". Er bekomme das, wenn es seiner Mutter schlecht gehe. Er wirkt dabei wie ein kleiner Erwachsener, und sitzt mit ernster Miene auf seinem Bett. Auf Nachfrage erläutert er, seine Mutter müsse öfter auf dem Sofa liegen. Sie habe dann „so Zuckungen", der Notarzt müsse kommen, der spritze ihr dann *Diazepam*. Bei seiner Mutter komme das, wenn das Wetter schlecht sei.

Sebastian wechselt auf einmal das Thema und erklärt freudig, am Dienstag gehe er mit seiner Mutter ins Eiscafé, das habe Herr Kleefeld gesagt. Zum Abschluss erzählt er noch von seiner kleinen weißen Maus „Stupsi", die er seit einem halben Jahr habe. Er gebe ihr Futter und schaue ihr zu, mit dem Saubermachen des Terrariums helfe ihm seine Mutter.

Am folgenden Tag begrüßt Sebastian seine Ärztin mit dem Spruch: „Ich kann nicht klagen", als er gefragt wird, wie es ihm gehe. Nachgefragt, woher er diesen Satz kenne, meint er, das sei ein Spruch von seinem Vater, und lacht dabei.

Wiederum gefragt, wie er sich mit seinem Vater verstehe, meint er: „Nicht so gut." Sein Vater habe ihm einmal derart an die Backe gehauen, dass er einen „Fünf-Fingerabdruck" auf der Backe gehabt habe. Sebastian sei dann zu der Nachbarin gelaufen und habe ihr erzählt, dass er vom Papa geschlagen worden sei. Die Nachbarin habe dann die Polizei geholt, weil Sebastian so Angst vor seinem Vater gehabt habe. Es sei die linke Backe gewesen. Der Grund, warum ihn der Vater geschlagen habe, sei folgender gewesen: Seine kleine Schwester sei auf den Mund gefallen, sie sei über sein Bein gefallen. Der Vater habe das mitbekommen und habe geschimpft, Sebastian solle besser auf die Schwester aufpassen, und habe ihn geschlagen. Daraufhin sei das Jugendamt informiert worden, und schließlich sei Sebastian ins Heim gekommen. Ein anderes Mal habe Sebastian eine Zigarette geraucht und dazu an der PlayStation gespielt, da habe ihn der Vater auf den Hintern gehauen. Sebastian habe das einfach so gemacht, er habe sich nichts dabei gedacht. Auf die Nachfrage, woher er denn die Zigarette gehabt habe, antwortet Sebastian: „Von Freunden, die sind fast 18 Jahre alt." Er habe vier solcher Freunde. Mit ihnen habe er viel mitgemacht. Sie hätten Zigarettenautomaten und Kaugummiautomaten geknackt, sie hätten in Supermärkten geklaut, Sebastian habe in einigen Geschäften deswegen Hausverbot. Er meint mit ernster Miene: „Dafür schäme ich mich." Die Freunde hätten auch noch andere Sachen gemacht, die nicht gut seien. Sie hätten Menschen beleidigt, das Hitlerzeichen gemacht und Hakenkreuze gemalt. Am Ende des Gesprächs wirkt Sebastian sehr nachdenklich.

Am nächsten Tag sieht Sebastian richtig frisch und aufgeweckt aus. Er erklärt, es gehe ihm gut, da seine Mutter komme. Er dürfe mit ihr für 15 Minuten auf den Spielplatz und bekomme einen ferngesteuerten Mini-Hubschrauber und eine Überraschung.

Gestern habe er mit den anderen Kindern Abendessen dürfen, was ihm gut gefallen habe. Er meint traurig, er habe keine gleichaltrigen Freunde.

Erstes Elterngespräch

Im ersten Elterngespräch erklären Mutter und Vater gleich zu Beginn des Gesprächs: „Wir haben das Ganze jetzt verdaut", und wirken ganz gelöst und zufrieden. Ihnen gehe es nun wieder besser. Sie berichten über die Tat: Zwei andere Jungen hätten das Messer besorgt. Sebastian habe aus Heimweh gehandelt. Er habe gedacht, wenn er das tue, dürfe er heim.

In der Klinik, in der er zuerst gewesen sei, habe man vermutet, dass Sebastian Medikamente zur Beruhigung bzw. zu viel von einem Medikament zur Behandlung von hyperkinetischen Störungen bekommen habe. Sebastian müsse nun von einem Gutachter „geprüft" werden. Die Mutter sei irritiert, sie könne nicht glauben, dass sich ihr Sohn das Messer selbst geholt habe. Zu Hause benutze er nur ungern ein Messer, er könne nicht mal ein Butterbrot schmieren oder einen Apfel durchschneiden. Sebastian habe Angst vor Messern seit er als vierjähriger Bub gesehen habe, wie sich die Mutter geschnitten habe. Bisher habe er bei Streitigkeiten nie mit Angriff reagiert, eher mit Weinen und Weglaufen.

Die Mutter berichtet zu sich selbst, sie habe bis vor zwölf Jahren unter Epilepsie gelitten, sie nehme deswegen ein Medikament ein, und sie nehme bei Bedarf fünf Tropfen *Diazepam*. Sie erklärt weiter, Sebastian sei in der Schule sehr gemobbt worden. Vor zwei Jahren sei er mit einer roten Backe nach Hause gekommen, wenige Tage später mit einem blauen Auge, dann mit einer Rippenprellung. Deshalb habe er nicht mehr in die Schule gehen wollen. Die Lehrer und der Rektor hätten nicht reagiert, Sebastian habe weiter Angst gehabt. Das Jugendamt sei seit über einem halben Jahr involviert. Es sei ein Erziehungshelfer installiert worden, seit einem halben Jahr komme er zweimal wöchentlich nach Hause.

Zur Entwicklungsgeschichte geben die Eltern an, Sebastian sei ein Wunschkind gewesen. Die Schwangerschaft sei unauffällig verlaufen, er sei zwei Wochen zu früh auf die Welt gekommen. Als Säugling habe er keine Auffälligkeiten gezeigt. Er habe mit 13 Monaten alle Zähne gehabt, er sei mit einem Jahr gelaufen und mit zweieinhalb Jahren sauber gewesen. Fremden gegenüber habe er sich eher zurückhaltend verhalten, mit dem Sprechen sei er auch schüchtern gewesen.

Sebastian kommt zum Gespräch dazu, er setzt sich neben seinen Vater. Die Förderschule würde den Jungen wieder aufnehmen, Sebastian und die Eltern wollen das aber nicht. Auf die Nachfrage, wie es zur Aufnahme Sebastians in der Wohngruppe gekommen sei, berichten die Eltern, der Junge habe verbotenerweise PlayStation gespielt, und es sei zum handfesten Streit zwischen Vater und Sohn gekommen.

Der Vater habe von der Polizei einen Platzverweis bekommen, und das Jugendamt sei eingeschaltet worden, das dann für die außerfamiliäre Unterbringung des Jungen gesorgt hätten.

(In einem späteren Elterngespräch erfahren wir den Ablauf etwas genauer: Als der Vater abends außer Haus gewesen sei, habe Sebastian zu seiner Mutter gesagt: „Es ist doch ganz schön ohne Papa.")

Die Mutter sei hellhörig geworden, worauf Sebastian gebeichtet habe, dass er gelogen habe und sein Vater ihn gar nicht erwischt habe. Daraufhin sei die Mutter am nächsten Morgen zur Polizei gegangen, und der Platzverweis sei aufgehoben worden.)

Zur Familienanamnese gibt die Mutter an, sie habe noch eine Halbschwester. Sie sei mit ihren Eltern gut klargekommen, aber von ihrem Großvater väterlicherseits habe sie schlimme Schläge bekommen. Der Vater berichtet, er habe von seinen Eltern, wenn er etwas angestellt habe, eine Ohrfeige bekommen.

Am Ende des Gesprächs gehen die Eltern mit Sebastian auf den Spielplatz vor unsere Klink. Sie werden ausdrücklich auf ihre Verantwortung für die Rückkehr des Jungen auf Station hingewiesen. Sebastian drängelt nach draußen und beteuert, er wolle sich an die Regeln halten. Die Eltern bringen ihn pünktlich zurück.

Auszüge aus weiteren Einzelstunden

Im nächsten Einzeltermin nach dem Elterngespräch erklärt Sebastian seiner behandelnden Ärztin gleich zu Beginn, er sei enttäuscht, weil er von seinen Eltern nicht das bekommen hätte, was er sich gewünscht habe. Er fügt halb verständnisvoll hinzu: „Sie haben halt zu wenig Geld." Sebastian betont, er wolle zu Hause einen Neuanfang machen. Auf die Nachfrage, wie er sich sein neues Leben denn vorstelle, meint er, er wolle in die Schule gehen, lieb sein, seine Hausaufgaben machen, von Vaters Sachen wegbleiben, nicht mehr lügen oder klauen, nicht mehr „abstechen".

Es geht nun thematisch wieder um „die Tat". Sebastian erklärt mit jammerndem Unterton, er habe die Erzieherin nur leicht verletzen wollen. Er habe dann jedoch „nur noch rot gesehen" und „mit voller Wucht zugestochen". Sie habe grell geschrieen: „Aua", und: „Du Arschloch!" Er höre sie nachts noch schreien. An dieser Stelle wirkt er sehr gequält. Er träume nachts, dass sie ihn absteche. Er meint mit greller Stimme: „Ich will, dass meine Eltern mich beschützen!" Es sei nicht so gelaufen, wie er es sich vorgenommen habe. Auf die Frage hin, was er sich denn vorgenommen habe, berichtet er: „Ich wollte das Messer nur ganz leicht reinrammen, dass die denken, sie ist tot." (Mit „die" meint er die zwei Jungen aus der Wohngruppe, die ihm anscheinend auch das Messer besorgt hätten.) Er habe das Messer griffbereit in der Hosentasche gehabt (er macht es an dieser Stelle vor), er habe deswegen extra ein Loch in die Innentasche gemacht, damit es unter dem Hosenbein verschwinde. Die Erzieherin habe das Messer rausgezogen und auf den Boden geworfen, Sebastian habe es unters Bett gekickt, die Erzieherin sei in die Küche gerannt. Sebastian sei dann weggerannt, er sei nach draußen zu fremden Leuten gelaufen. Er habe geklingelt und gesagt: „Ich habe mich verlaufen, ich kann nicht mehr zurück." Die Leute hätten die Polizei verständigt, die ihn mit aufs Revier genommen hätte.

Auf der Fahrt habe er das Rote Kreuz vor der Wohngruppe stehen sehen. Er schluchzt und meint erneut: „Meine Eltern sollen mich beschützen!" Er bleibt heute erschöpft und nachdenklich auf seinem Bett zurück.

In der Einzelstunde am Nachmittag meint Sebastian: „Ich habe vor mir selber Angst." Er wirkt bedrückt und sieht sehr blass aus. Er habe die Vision, sich selbst umzubringen. Auf die Nachfrage, was er sich vorstelle, erklärt er, er könne sich die Pulsadern aufstechen, z. B. mit seinem Ohrring. Er fügt mit verzweifeltem Unterton hinzu, er werde es aber nicht machen, dazu sei er zu feige. Er erzählt weiter, er habe einen Ohrring mit einem echten Diamanten gehabt, den habe ihm aber die Polizei abgenommen, aus Angst, dass er damit die Scheibe zerschneiden könne. Den Ohrring habe er vor zwei Jahren von seiner Mutter bekommen, berichtet er stolz. Er spüre, dass ihn seine Familie dafür hasse, was er getan habe. Er wird weinerlich und erklärt dann, er wolle nicht darüber reden, er wolle es schnell vergessen.

Sebastian verspricht, sich zu melden, wenn es ihm so schlecht gehen sollte, dass er es nicht gut aushalten könne. Seine suizidalen Gedanken nehmen wir sehr ernst, er kann jedoch im Gespräch Nähe und Unterstützung annehmen und wirkt glaubhaft absprachefähig.

Sebastian erzählt in den Terminen auch von seinen Träumen. So meint er einmal, heute gehe es ihm ein bisschen besser als gestern. Er habe jedoch nicht gut geschlafen. Er habe von seiner Familie geträumt. Sie seien alle zusammen Zug gefahren, an dem Zug sei ein Schild gewesen, darauf sei gestanden „nach Hause", und sie seien alle zusammen heim gefahren, es sei sehr schön gewesen. Er wirkt an dieser Stelle sehr traurig.

In einer anderen Stunde erzählt er, heute gehe es ihm ganz gut. Er habe ein Geschenk für seine Mutter, und er habe viele Bilder gemalt. Heute Nacht habe er jedoch geträumt, dass seine Schwester gestorben sei. Er sei mit seiner Schwester Zug gefahren, der Zug sei entgleist und die Schwester dabei umgekommen. Er selbst habe eine Glasscherbe ins Gesicht bekommen. Er sei dann aufgewacht, es sei nach Mitternacht gewesen. Er habe etwas getrunken und dann weiter geschlafen.

Er erzählt seiner Mutter am Telefon von dem Traum, es wirkt aber ganz oberflächlich, er wechselt dann auch rasch das Thema. Er wird ganz aufgeregt, als es darum geht, dass er eine Überraschung bekommen soll. Er spricht noch mit seiner kleinen Schwester, er fragt sie freudig, wie es ihr gehe. Zum Schluss fragt er hartnäckig nach einem bestimmten Spielzeug, das seine Eltern ihm mitbringen sollen.

In den folgenden Terminen versucht Sebastian, sich mit der Tat auseinanderzusetzen. Er meint erst, es gehe ihm gut und schlecht. Gut sei, dass er bald seine Mutter sehe. Schlecht sei, dass er nicht zu ihr könne. Erneut kommt das Thema der verletzten Erzieherin auf: Sebastian meint, er wolle ihr gerne einen Brief schreiben. Er wisse aber nicht, wie. Es wird bestätigt, dass das auch wirklich nicht einfach ist und er Hilfe bekommen könne. Er könne sich schon mal Gedanken machen, was er ihr gern sagen wolle.

In der nächsten Stunde meint Sebastian gleich, er habe sich bezüglich des Briefs noch nichts überlegt. Er sei zu sehr abgelenkt, ihn beschäftigten seine Eltern und das Geschenk für seine Mutter. Er setzt sich an seinen Tisch, nimmt ein Blatt Papier und einen Stift. Er schaut auf das Blatt und sagt nach einer Weile: „Mir fällt nichts ein." Es wird benannt, dass es vielleicht zu früh für einen solchen Brief ist, zu früh, für eine Entschuldigung. Er sieht blass aus. Sebastian meint, es tue ihm weh, was er getan habe. Er weint. Er sehe jede Nacht die Bilder, „alles blutverschmiert", er sagt mit greller Stimme: „Ich komme vor Gericht. Ich muss ins Gefängnis!" Sebastian wirkt sehr verzweifelt. Am Ende des Gesprächs meint er, er könne ihr ja auch vorerst etwas malen.

Am nächsten Tag knüpft Sebastian direkt an das Thema des gestrigen Tages an. Er bestätigt, es sei ihm zu früh für den Brief. Trotzig erklärt er, die zwei Jungen seien mitschuldig. Sie hätten ihn angestiftet.

Immer wieder malt er sich in den Terminen aus, dass seine Mutter ihn nach zwei Wochen herausholen würde. Es wird ihm nochmals eindrücklich benannt, dass das, was er gemacht hat, eine schlimme Sache gewesen sei und deshalb auch ein Richter eingeschaltet ist. Der Ratschlag, kleine Schritte zu machen und von Tag zu Tag zu schauen und nicht schon Tage im Voraus zu planen, ignorierte er vollständig und fantasiert weiter vor sich hin.

Planung der Perspektive

Nachdem es uns gelungen war, durch einen geregelten Tagesablauf und ausreichende personelle Präsenz einen sicheren Rahmen zu schaffen, wird Sebastian langsam an die Patientengruppe herangeführt. Ein Fußballspiel bildet den Anfang, er darf zum Essen an den Tisch und mit den Mitpatienten abends fernsehen.

Parallel wird mit dem Jugendamt eine Einrichtung gesucht, die Sebastian nach vier Wochen übernehmen könnte.

Wir finden mithilfe unseres Sozialarbeiters eine Einrichtung, die eine geschlossene Gruppe betreibt, welche nach den Vorinformationen hervorragend für Sebastian geeignet ist. Es findet in unserer Klinik ein gemeinsamer Termin mit Mutter, Sebastian, Jugendamt, Ärztlicher Leitung, behandelnder Ärztin und Bezugsbetreuer statt, an dem die Vorstellung in dieser Wohngruppe für drei Tage später verabredet wird. Am Vorabend des Besuchs schreibt Sebastian einen Brief an die Mutter, in dem er feststellt, dass es wohl das Beste sei, wenn er in eine Wohngruppe gehe.

Sebastian darf aufgrund guter Erfahrungen mit seiner Absprachefähigkeit nach dem Gespräch mit seiner Mutter für eine Stunde in die Stadt zum Mittagessen.

Fluchtversuch (Bericht H. Kleefeld)

Kurz nach der verabredeten Stunde klingelt es an der Stationstüre, ich gehe öffnen. Davor steht die Mutter und will wissen, ob Sebastian denn noch mal herauskommt. Es stellt sich heraus, dass er im Foyer der Klinik der Mutter sagte, er wolle kurz auf die Station, um seine schmutzige Wäsche zu holen.

Voller Vertrauen in ihren Sohn lässt sie diesen ziehen. Er muss auf dem Weg vom Foyer der Klinik zur Station an unserem Hinterausgang vorbei, diese Tür steht im Sommer meistens offen, diese Versuchung war wohl zu groß für ihn. Eine kurze Suche um das Haus ergibt keinen Erfolg, er bleibt verschwunden. Ich gehe ins Stationszimmer, in dem gerade Übergabe ist, und erzähle kurz, dass Sebastian weg ist. Da wir annehmen, dass er zum Bahnhof will, um heimzufahren, folgt ihm ein Betreuer. Zwei weitere Mitarbeiter gehen einen zweiten möglichen Weg zum Bahnhof. Ich empfinde in diesem Moment eine enorme emotionale Anspannung, so dass ich mich erst einmal zurückziehe und nachdenke.

Neben der Wut auf die nachlässige Mutter ist auch eine große Wut auf Sebastian vorhanden, er hat mir in die Hand versprochen, nicht abzuhauen, und es nicht eingehalten.

Entlastend ist für mich in dieser Situation die Aussage des zuständigen Oberarztes, dass Sebastian genau wissen wolle, ob seine Mutter hinter der Aufnahme bei uns stehen würde.

Nach einer Stunde kommt ein Mitarbeiter mit einem laut schreienden Sebastian zurück. Nach einer gefährlichen Verfolgung quer über die Schienen hat er ihn in einem Busch versteckt gefunden und ihn zur Klinik zurückgebracht. Auf der Treppe vor der Klinik stürzt

Sebastian und schlägt sich den Arm an. Sofort macht er den Betreuer dafür verantwortlich, schreit und weint lauthals, sodass die Schelte der Mutter untergeht und wir ihn in Begleitung der Mutter und eines Betreuers in die Kinderchirurgie zur Untersuchung schicken. Drei Stunden später kommt er mit einer Gipsschiene zurück, der Arm ist nicht gebrochen, nur verstaucht.

Wir gehen in sein Zimmer, dort erzählt er zunächst mehrere Geschichten: Er wollte sich noch vom Vater verabschieden, (dieser war gar nicht zum Besuch mitgekommen), er hätte die Mutter nicht mehr gesehen und wollte ihr zum Bahnhof folgen, zuletzt meint er, es wäre der Teufel in ihm, der ihm eingesagt hat, dass er abhauen solle.

Die Mutter schimpft trotz seines offensichtlichen Leidens mit ihm. Ich sage ihm, er hätte mein Vertrauen missbraucht, und definiere, dass er ab sofort wieder auf sein Zimmer beschränkt ist, alle erarbeiteten Stufen sind ab sofort zurückgenommen. An dem Termin in der Einrichtung halten wir fest, dorthin kann er auch mit Gipsschiene. Daraufhin will er nach Italien auswandern.

Ebenso wie für seinen Stich gegen die Erzieherin kann er auch hier keine Verantwortung übernehmen.

Sebastian weint wieder sehr, als die Mutter geht, danach ist er sehr bockig und stellt in unverschämten Ton Forderungen: Er wolle sofort nach Hause, er wolle sein Lego-Auto usw. Zum ersten Mal werde ich richtig laut und schreie, dass ich mir nach solch einer Aktion diesen Ton verbieten würde.

In früheren Situationen, in denen ich stimmlich etwas lauter wurde, zeigte Sebastian jedes Mal eine kleinkindliche Reaktion. Er hob schützend seinen Arm vors Gesicht und krümmte sich zusammen wie ein geprügelter Hund. Diesmal hält er es gut aus, fragt, ob wir hier Kinder schlagen würden. Ich versichere ihm, dass wir das nicht tun, aber dass wir mit Kindern laut werden, wenn wir der Meinung seien, sie hätten was an den Ohren.

Ich schreibe ihm zwei Fragen auf, über die er nachdenken solle:
1. „Warum bist du trotz Versprechen abgehauen?"
2. „Warum hast Du den Brief an die Eltern, in dem du dich für ein Heim ausgesprochen hattest, zerrissen?"

Er kann sich etwas beruhigen und erzählt, die Mutter verheimliche den Abhauversuch vor dem Vater und habe einen Platz für ihn in einer anderen Einrichtung. Ich versichere ihm, dass wir auf jeden Fall in die Einrichtung fahren, um zu schauen, ob das ein Ort für ihn sein könnte.

Am nächsten Morgen ist Sebastian wieder bockig, ich erfahre von der Nachtwache, dass er seine Gipsschiene abgemacht hat, trotzdem aber gut durchgeschlafen hat.

Unsere Begegnung verläuft gleich heftig: „Ich will heim, ich gehe nicht in die Einrichtung, ich bring mich um, ich trete in den Hungerstreik, ich will in die andere Einrichtung, meine Mutter ruft heute Abend an." Ich unterbreche ihn verbal heftig und meine, durch seine Aktion habe er sich den geplanten Besuch zu Hause versaut. Der Besuch der Eltern am Samstag könne stattfinden; wie er gestaltet wird, sei von seinem Verhalten abhängig. Das Mindeste sei ein Gespräch mit den Eltern in meiner Anwesenheit, alles andere müsse er sich wieder erarbeiten.

Kurz habe ich das Gefühl, dass er auf mich losgehen will, was aber nicht geschieht. Nichts ist mehr von dem kleinen, verzweifelten Kind zu spüren, vor mir steht ein Sebastian, der versucht den Herrn zu spielen und mich zum Knecht zu machen. Ich will wissen, was denn mit der Gipsschiene ist, die er abgemacht hat. Gehässig lächelnd entgegnet er, er habe uns das alles nur vorgespielt, und zeigt triumphierend, dass er den Arm schmerzfrei bewegen kann. Ich gestehe, dass ich kurz die Regung habe, ihm mit der Schiene den Po zu versohlen, kann mich aber bremsen. Im Termin nehme ich ein Blatt und male ihm die Stationen auf, die ihn zu uns geführt haben. Ich benenne, er habe sich immer mit Lügen durchgeschlängelt, nach seiner Tat sei das nicht mehr möglich. Er bekommt heftige Zornausbrüche, meint, ich sei für sein „Hiersein" verantwortlich. Er will mich umbringen, ich solle sofort sein Zimmer verlassen. In die Einrichtung gehe er keinesfalls, er wolle nach Hause. Ich versichere ihm, dass ich ihn auch zornig aushalten würde und dass wir auf jeden Fall in die Einrichtung fahren würden. Außerdem würde ich bestimmen, wann ich sein Zimmer verlasse. Er beruhigt sich recht schnell wieder.

Einzelstunde nach dem Fluchtversuch

Sebastian erklärt seiner behandelnden Ärztin im folgenden Einzelgespräch, heute gehe es ihm schlecht. Er wirkt sehr geladen und erklärt aggressiv und mit verkniffenem Gesichtsausdruck: „In mir steckt ein richtiger kleiner Teufel! Ich will aber ein Engel sein!" Es geht um sein Weglaufen. Der Teufel habe zu ihm im Treppenhaus gesagt: „Komm, geh!" Der Teufel sei schuld, dass er sich nicht an die Regeln gehalten habe. Er zeigt wütend auf seine Armschiene und meint dann grinsend: „Die ist jetzt weg!"

Zwei Fallsequenzen (Bericht H. Kleefeld)

Wir möchten nun noch zwei Begebenheiten beschreiben, die unseres Erachtens einiges über Sebastian aussagen.
Der Geburtstag der Mutter steht an. Sebastian behauptet, es wäre am Samstag, dies muss von mir berichtigt werden, es sei der Sonntag. Als Geschenkidee fällt ihm zunächst nur ein, das Playmobilauto, das die Eltern beim letzten Besuch mitgebracht haben, der Mutter zurückzuschenken.

Als ich benenne, dass es wohl keine so gute Idee sei, etwas, was man selbst geschenkt bekommen hat, der Person wieder zurückzuschenken, ist er ratlos. Ein Küchen-Set mit Messern oder ein Bild fällt ihm noch ein. Ich empfehle ihm, doch einmal eine Betreuerin zu fragen, was eine Mutter sich von ihrem Sohn wünschen würde. Dieser Vorschlag wird von ihm begeistert aufgenommen. Als die Betreuerin im Zimmer ist, meint Sebastian: „Was schenkt dir dein Mann zum Geburtstag?" – „Du bist nicht der Mann deiner Mutter, sondern das Kind", erwidert die Betreuerin geistesgegenwärtig. Ich denke, hier wird deutlich, dass Sebastian nicht sicher zwischen den Rollen unterscheiden kann.

Nach einer Woche entdecken wir, dass Sebastian sich ein Hakenkreuz auf den Oberarm gemalt hat. Er spielt die Sache zunächst herunter, als wir aber im Papierkorb mehrere zerknüllte Blätter mit weiteren Hakenkreuzen finden, wird er damit konfrontiert.

Er rückt mit folgender Geschichte heraus: Ein Schulkamerad hätte ihm gesagt, dass er immer, wenn er sich etwas wünsche, ein Hakenkreuz malen solle, dann gehe der Wunsch in Erfüllung. Die im Elterngespräch über die Malereien informierte Mutter geht am nächsten Tag bei diesem Schulkameraden vorbei und berichtet uns, dass dieser Junge ein ganzes Album voller verschiedener Hakenkreuze hätte, die er, nach Wuncharten sortiert, den Besuchern zur Verfügung stelle.

Mit viel Mühe formuliert Sebastian am Tag vor dem Besuch Fragen, die er dort stellen will:
Ob er mit dem Handy telefonieren könne und ob er am Wochenende heim dürfe, sind die ersten beiden Fragen, die er aufschreibt. Ob er Spielsachen mitnehmen könne, wie der Kontakt zur Familie sein würde und ob er ein Jahr bleiben müsse, bringt er noch zustande. Ich lasse ihn den Zettel mit den Fragen in die Hosentasche stecken, damit er sie nicht vergisst.

Leider bekommen wir eine Absage.

Abschlusssequenz (Bericht H. Kleefeld)

Nachdem der für uns gesetzte Rahmen von vier Wochen langsam zu Ende geht und absehbar keine Einrichtung zur Verfügung steht, erklärt sich eine andere KJP bereit, Sebastian zu übernehmen. Dort besteht unter Umständen die Möglichkeit, ihn nach dem Aufenthalt in der KJP in eine dortige Wohngruppe zu übernehmen. Somit geht auch meine Zeit mit Sebastian zu Ende.

Ich überlege mir, was denn noch vor der Verlegung zu tun wäre. Die Idee entsteht, nach reiflicher Überlegung schreite ich am Freitag vor seiner Entlassung zur Durchführung. Morgens frage ich ihn, ob er denn bereit sei, zu seinem Abschied etwas zum Abendessen beizutragen. Begeistert nimmt er die Idee auf. Mozzarella mit Tomaten und geschnittene Gurken soll es geben.

Mit zwei Praktikantinnen, die sich zutrauen, mit ihm in die Stadt zu gehen, kauft er ein. Stolz wie Oskar verlässt er die Station, nicht ohne mir von sich aus zu versprechen, dass er nicht abhauen würde.

Vorsichtshalber haben die Begleiterinnen ein Handy dabei. Vor der Station bietet er als Kavalier an, den Rucksack zu tragen. Der Einkauf klappt, das Abendessen rückt näher. Um 17 Uhr gehe ich in sein Zimmer und räume den Tisch frei. Danach bringe ich Mozzarella, Tomaten und Gurken in sein Zimmer. Schließlich hole ich ein Schneidebrett und ein scharfes Küchenmesser und setze mich neben ihn an den Tisch.

Er vermeidet den Blickkontakt zum Messer, ich nehme es in die Hand und meine zu ihm: „Du weißt, was das ist, als du das letzte Mal so ein Messer in der Hand hattest, hast du damit auf die Erzieherin eingestochen. So ein Messer wird nicht benutzt, um Menschen zu stechen, damit kann man Gemüse schneiden und etwas Leckeres zum Abendessen zubereiten. Ich gebe es dir jetzt in die Hand und du gibst es mir zurück." Er sitzt zusammengesunken auf seinem Stuhl, zum zweiten Mal erlebe ich ihn authentisch, ganz bei sich und ganz nah bei seiner schlimmen Tat. Er gibt mir das Messer sofort zurück, nachdem ich es ihm gereicht habe. Ich schneide den ersten Mozzarella, reiche ihm das Messer und fordere ihn auf, den zweiten zu schneiden. Ich schäle die Gurken, er schneidet sie in Stücke. Langsam werden seine Bewegungen sicherer. Die Tomaten schneiden wir abwechselnd.

Zum Schluss gebe ich ihm das Messer in die linke Hand und nehme seine rechte. „Du versprichst mir jetzt, mit In-die-Augen-Schauen, dass Du niemals wieder einen Menschen mit einem Messer verletzt", verlange ich von ihm, mit leiser Stimme gibt er mir das Versprechen.

Als wir in die Küche gehen, um die Sachen zum Abendessen zu stellen, meint er prahlerisch: „Und wem haben wir es zu verdanken, dass es so etwas Leckeres zum Abendessen gibt?" – „Dem tollen Sebastian, aber wenn die zwei netten Damen nicht mit dir eingekauft hätten, hättest du es nicht zubereiten können", muss ich einschränkend bemerken. Seine Abwehr ist wieder da. Beim Abendessen wird er von allen für seinen Beitrag gelobt, obwohl die Mozzarella-Tomaten etwas zu viel Pfeffer abbekommen haben.

Nach einem letzten Elterngespräch am Wochenende wird Sebastian durch unseren Sozialarbeiter und den Bezugsbetreuer in die Klinik gefahren. Wiederum ist nur die Mutter zum Aufnahmegespräch vor Ort. Die aufnehmende Klinik erkennt an, dass er sich in den vier Wochen bei uns etwas erarbeitet hat, er muss nicht noch einmal bei Null beginnen. Er darf noch mal mit der Mutter in die Cafeteria, wir verabschieden uns. Abends erfahren wir, dass er vor der Rückkehr auf Station noch mal versuchte abzuhauen, die Mutter aber diesmal aufmerksam war und ihn sicher dort abgegeben hat.

Zusammenfassung, psychopathologische sowie psychodynamische Aspekte

Wichtig ist zu Beginn vor allem die Herstellung eines stabilen Rahmens, der Sebastian Sicherheit und Vertrauen vermitteln soll, und innerhalb dessen sich auch die Mitarbeiter angstfrei bewegen können. Es soll die Möglichkeit gegeben sein, Sebastian in seinem Verhalten zu beobachten und Verständnis für seine Lebenswelt zu gewinnen. Fraglich ist, inwieweit Sebastian in der Entwicklungsneurologie vorstellig war bzw. eine Entwicklungsstörung überhaupt festgestellt und behandelt wurde.

Es wird beobachtet, dass Sebastian sehr kreativ ist, viele Geschichten erfindet und sich geschickt eigenes Spielzeug zusammenbaut. Er spricht in erwachsener Sprache, weshalb man ihn und seine Möglichkeiten leicht überschätzt. Es ist jedoch schwer, mit ihm einen tieferen Kontakt herzustellen, er wirkt sehr oberflächlich und sprunghaft, ständig lenkt er die Aufmerksamkeit nach außen. Sebastian schaltet regelrecht um, er entscheidet, wer da sein darf und wer nicht. Seine starken Impulsdurchbrüche machen deutlich, wie schwer er innerlich belastet ist, sein „innerer Behälter" ist übervoll, bis er reißt und sich entlädt. Sebastian scheint keine haltende Umgebung gehabt zu haben – er zeigt zwar eine scheinbar intakte Oberfläche, doch wie ist es um seine grundlegende Verfassung bestellt? Sebastian leidet unter einer falschen Selbstbildung (Winnicott, 1965), was auch durch seine Unterwerfungstendenzen zum Ausdruck kommt: Er hat vermutlich in frühem Lebensalter wenig Aufmerksamkeit erhalten, er ist als wahre Person nicht ausreichend oder gar nicht wahrgenommen worden.

Interessant ist auch sein „Schwächeanfall": Dem seelischen Zusammenbruch ging der körperliche voraus, erst danach kann sich sein leidendes Ich zeigen. Sebastian hat seiner Außenwelt immer wieder Zeichen gegeben, da er sich anders noch nicht ausdrücken und seine Bedürfnisse äußern konnte (Winnicott, 1997).

Der Angriff auf die Erzieherin kann letztendlich zum einen als verspätete Rache an seinem schwachen Vater gedeutet werden, zum anderen als Angriff gegen sich selbst, als: „Ich töte das Objekt in mir." Sebastian hat sich mit dem schwachen und versagenden Objekt, dem schwachen Vater bzw. der ungenügenden Mutter, identifiziert (Loch, 1986). Das Trauma wirkt in ihm wie ein Trieb, wie ein Drang.

Wir sind schon nach kurzer Zeit zu der Ansicht gelangt, dass eine langfristige stationäre Behandlung in einer kinder- und jugendpsychiatrischen Klinik für die Störung des Jungen nicht förderlich ist, sondern ein geschlossener pädagogischer Rahmen außerhalb der Familie mit entsprechender Beschulung und therapeutischem Angebot notwendig ist. Sebastian benötigt langfristig eine klare Alltagsstruktur und Begleitung durch zuverlässige Bezugspersonen, um die Defizite seiner psychosozialen Entwicklung nachzuholen. Dies ist im klinischen Rahmen nur bedingt möglich, da wir von einer zeitlichen Perspektive von mindestens zwei Jahren ausgehen. Wir sehen eine therapeutische Begleitung als notwendig an, dennoch sehen wir den Schwerpunkt zur Förderung seiner Entwicklung sowohl im Lebens- als auch im lernpädagogischen Alltag.

Sebastian wird lernen müssen, die Verantwortung für seine Tat zu übernehmen und damit zu leben.

Wir haben mit ihm eine Bildergeschichte erarbeitet, in der er zu jeder Station, die ihn zu uns gebracht hat ein Bild gemalt hat, das von uns mit einem entsprechenden Text versehen wurde. Diese haben wir Ihm mitgegeben als Versuch, ihm dabei zu helfen.

Sebastian lebt heute in einer solchen Einrichtung.

Literatur

Loch, Wolfgang, „Depression und Melancholie oder depressive Position und Vatermord", in: Ders., *Perspektiven der Psychoanalyse,* Stuttgart 1986, S. 49–60.

Winnicott, Donald W., „Ich-Verzerrung in Form des falschen und wahren Selbst", in: Ders., *Reifungsprozesse und fördernde Umwelt,* Frankfurt/M. 1965, S. 182–199.

— „Die Beziehung zwischen dem Geist und dem Leibseelischen", in: Ders., *Von der Kinderheilkunde zur Psychoanalyse,* Frankfurt/M. 1997.

Ingrid Allerdings und Reinhold Wolf

„Wohin denn ich?"[1]
Haltlosigkeit und Trittsuche in der Lebenswelt psychotischer Ungetrenntheit – eine Fallgeschichte

1. Einleitung (R. Wolf)

Das Thema dieser Tagung ist entstanden in der Auseinandersetzung des Vereins mit den in den letzten Jahren veränderten sozialpolitischen Rahmenbedingungen und ökonomischen Prämissen sozialer Arbeit in der Kinder- und Jugendhilfe. Auch wir müssen uns auseinandersetzen mit der im herrschenden Zeitgeist hoch im Kurs stehenden Rationalität der auf nachweisbare Effizienz zielenden Planungs- und Steuerungsstrategien, empirischer Qualitätssicherung und Konzepten, die an den Hilfeempfänger als Kunden sozialer Dienstleistungen und rationalen Verhandlungspartner einer effizienten Hilfeplanung appellieren.

Dem entsprechen konzeptuelle Strömungen in der gegenwärtigen Sozialarbeit, in denen die eigentlich komplexen und unmittelbar einleuchtenden Ansätze wie Lebensweltorientierung, Alltagsnähe und Ressourcenorientierung in Gefahr geraten, im Sog ökonomisch enger Vorgaben, rationalen Effizienzdenkens und der Intention schneller Änderungen den Eigensinn und die Widerständigkeit der z. T. tiefgreifenden psychischen und sozialen Problemlagen zu verfehlen (Müller).

Der Ansatz Psychoanalytischer Sozialarbeit orientiert sich am Subjekt in seiner inneren und äußeren Realität, an den dynamisch-konflikthaften Konstellationen zwischen bewussten und unbewussten, rationalen und irrationalen Anteilen; auch wir machen „aufsuchende Sozialarbeit" und suchen den Zugang zum Subjekt in seiner Lebenswelt und Alltagswelt. Wir halten es dabei für notwendig zu versuchen, das interpersonale Geschehen, das wir wahrnehmen und in das wir teilnehmend oder handelnd involviert sind, in diesen komplexen dynamischen Verhältnissen und in Verbindung mit den jeweils innerseelischen Vorgängen zu verstehen.

Das in der Sozialpädagogik und Sozialarbeit besonders von H. Thiersch und aktuell z. B. von K. Grunwald (2004) in der wissenschaftlichen Tradition geisteswissenschaftlicher und phänomenologischer Strömungen stehende Konzept der „Lebensweltorientierung" beinhaltet in zentralen Grundgedanken eine Ähnlichkeit zu psychoanalytischem Denken.

Im Konzept der „Lebensweltorientierung" wird in der Arbeitsbeziehung von Helfer und Hilfeempfänger eine Grundspannung postuliert, die in der ethisch motivierten, aber auch in der pragmatisch am Arbeitsauftrag orientierten Grundhaltung des Sozialarbeiters begründet liegt. Thiersch spricht von der „strukturellen Offenheit", welche den Ansatz der praktischen Sozialarbeit kennzeichnet. Einerseits gelte es, den Respekt vor den subjektiven, alltagsweltlichen Deutungsmustern der in ihre jeweils eigene Lebenswelt eingebundenen Klienten zu wahren; d. h. ihnen keine fest fixierten und besserwisserischen Problemlösungen überzustülpen. Andererseits gelte es aber auch, wahrzunehmen, wie die Klienten in ihren Mustern der Alltagsbewältigung konkretistisch verfangen sind. Die Unterstützung der Klienten bei der Entwicklung neuer und für sie in ihren Problemlagen vielleicht hilfreicher Lösungsansätze zielt auf eine – ganz in der Sprache der kritischen Theorie formulierten – „Destruktion der Pseudokonkretheit" (Kosik) der eingefahrenen, alltagsweltlichen Deutungsmuster.

Diese postulierte Grundspannung öffnet den Blick für das komplexe, bewusste und unbewusste Geschehen in der Beziehung zwischen Helfer und Hilfeempfänger. Eine enge Orientierung am rationalen Diskurs mit dem Hilfeempfänger als „Kunde" und Verhandlungspartner greift zu kurz und blendet relevante dynamische Aspekte der inneren und äußeren Realität aus.

Die Grundhaltung psychoanalytisch orientierter Arbeit – in der es natürlich auch die rationale Ebene des Arbeitskontraktes und des Arbeitsbündnisses gibt – ist u. a. wesentlich gekennzeichnet durch die zwei Beziehungsaspekte des einerseits empathisch- verstehenden Zugangs zu der inneren Realität des Klienten, andererseits durch die in der Beziehung existente Differenz des Anderen. Diese Differenz erzeugt die konflikthafte Grundspannung zwischen Ich und Du, zwischen „subjektivem Objekt" und „objektivem Objekt" (Winnicott, 1987) und entfaltet ihre die Triangulierung und seelische Entwicklung anstoßende Wirkung. In dieser „Beziehungsarbeit" liegt meines Erachtens auch eine wesentliche Ressource Psychoanalytischer Sozialarbeit.

In der Anwendung psychoanalytischen Denkens auf das weite Spektrum der vielfältigen Rahmenbedingungen in der sozialen Arbeit mit Kindern, Jugendlichen und Familien und in einer psychoanalytisch verstandenen Beziehungsarbeit sind die Gedanken von Anne Hurry über Psychoanalyse und Entwicklungsförderung hilfreich. Sie betont den essentiellen, neben dem Aspekt der Übertragungsbeziehung und Deutung gleichwertig vorhandenen Aspekt des „Entwicklungsobjekts", das der Therapeut in der Beziehung für den Patienten darstellt. In der vor allem auch unbewussten Kommunikation und im affektiven Austausch der Beziehung stellt der Therapeut sich intuitiv und lebendig als Beziehungsobjekt zur Verfügung, welches vom Kind für seine gesunden psychischen Entwicklungsbedürfnisse notwendig gebraucht wird. Diese lebendigen, „realen" Objektqualitäten wirken entgegen den mehr oder weniger pathologischen Übertragungskonstellationen und können sich in Verbindung mit der Deutungsarbeit als „korrigierende Objekterfahrung" (Segal) oder als „Begegnungsmoment" (Stern) entfalten.

In der folgenden Fallgeschichte geht es um die psychotische Störung eines Mädchens, welche in eine tiefgreifende Störung der Mutter-Kind-Beziehung eingebunden war; beide waren verfangen in einer psychotischen Ungetrenntheit und bedroht von extremen Ängsten und einer existentiellen psychischen und sozialen Haltlosigkeit. Die Ängste des Mädchens, eigene Körperteile könnten abbrechen, Ängste, den Boden unter den Füssen zu verlieren, durch die Toilette hinweggespült zu werden; die in der symbiotischen Ungetrenntheit der Mutterbeziehung eingebundene archaische Gewalthaftigkeit von Fantasien, wie die, abends von einem Krokodil bedroht und gefressen zu werden; sowie die zwanghaften und autistoiden Verhaltensweisen und Schutzmanöver offenbaren die „existentielle Konflikthaftigkeit", welche – nach Jochen Storck – die Psychosen kennzeichnet. Die „narzisstische Verklebung" von Mutter und Kind, die fehlende Triangulierung und eine archaische Schuldproblematik waren weitere Merkmale dieser psychotischen Störung.

Die schon längere Zeit zurückliegende ambulante, psychoanalytisch-sozialtherapeutische Betreuung mit dem bei Beginn fünfjährigen Mädchen und ihrer Mutter im Rahmen der Kinder- und Jugendhilfe erstreckte sich in der Ambulanz des Vereins über einen Zeitraum von insgesamt fünf Jahren, bis es gelang, das Mädchen mit Einverständnis der Mutter stationär im therapeutischen Heim des Vereins für Psychoanalytische Sozialarbeit aufzunehmen.

Wir haben uns für diese Fallgeschichte entschieden, da näher zurückliegende oder gegenwärtige Betreuungen nicht genügend geschützt wären; auch zeigt sie beispielhaft die durchaus aktuellen

Fragestellungen und Probleme, mit denen wir in der Betreuungsarbeit in den „verrückten Lebenswelten" konfrontiert sind. Darüber hinaus ist sie ein Beispiel für die beiderseits gelungene und für unsere Arbeit so wesentliche Kooperation mit dem Jugendamt.

Die Betreuung hat uns viel Kopfzerbrechen bereitet, forderte von uns viel Geduld und einen langen Atem und hat uns immer wieder konfrontiert mit schwierigen Fragen.

Wir werden also keine Fallgeschichte darstellen, die als Beispiel einer geradlinig gelungenen Betreuung dienen kann, auch wenn sie letztendlich doch für Mutter und Tochter aus der gemeinsamen Verfangenheit heraus zu einer weiterführenden Perspektive führte.

Wir möchten versuchen, deutlich werden zu lassen, welche Fragen und Probleme sich vor allem im Verlauf der ersten drei Jahre des Betreuungsprozesses stellten; den Verlauf der sich anschließenden zwei Betreuungsjahre werden wir dann kürzer zusammenfassen.

Die Fragen und Probleme sind zentriert auf die Thematik psychotisch-symbiotischer Ungetrenntheit und der darin eingebundenen Aggression und Gewalt sowie auf die Fragen des Umgangs mit den daraus erwachsenden Problemen. Die eklatante psychische und soziale Haltlosigkeit gab uns selbst immer wieder das Gefühl – wie im Geröll stehend – den festen Boden unter den Füssen zu verlieren und immer wieder neu festen Tritt suchen zu müssen.

In der Arbeit mit autistisch-psychotischen Menschen sehen wir die Notwendigkeit, einen jeweils individuell angemessenen Betreuungsrahmen einzurichten, der einen therapeutischen Raum herstellt und schützt, der die Qualität einer „haltenden Umwelt" (Winnicott, 1967) hat.

Im Unterschied zu einer klassisch-psychoanalytischen Arbeit mit neurotischen Menschen ist in unserer Arbeit mit frühen Störungen die Voraussetzung einer in der psychischen Entwicklung relativ gut erworbenen Abgrenzungsfähigkeit zwischen Innen und Außen nicht immer gegeben. Die im therapeutischen Beziehungsprozess sich ereignende psychische Strukturbildung bei Menschen mit autistisch-psychotischen Abwehren ist angewiesen auf die Gestaltung und Handhabung des „Innen" wie des „Außen" in seinen sich ändernden Verhältnissen und Herausforderungen.

Im Verlauf einer Betreuung bringt der Prozess eines zunehmend sich etablierenden Ungleichgewichtes zwischen progressiven, „neuen" Entwicklungsimpulsen und „alten" Abwehr- bzw. Schutzstrukturen nicht nur Bewegung ins Innen, sondern fordert neue Elemente des Halts im Außen.

In diesem dynamisch offenen Prozess, der in seinem Verlauf letztendlich nicht sicher planbar und vorhersehbar ist, und in dem wir gleichermaßen mit unseren Klienten Subjekt wie Objekt sind, ist unsere Verantwortlichkeit in besonderer Weise tangiert. In unserer Grundhaltung sind wir in verschärfter Form konfrontiert mit den Fragen der therapeutischen Abstinenz und der Notwendigkeit eingreifenden, verantwortlichen Handelns.

Besonders in dieser Hinsicht sind wir auf eine gelingende Kooperation mit den Jugendämtern angewiesen, da – neben dem Aspekt der gesetzlich-politischen und funktionalen Strukturen der Kinder- und Jugendhilfe, in die wir als Verein eingeordnet sind – die in den gemeinsamen Hilfeplanprozessen im Jugendamt repräsentierte Position des übergeordnet Dritten schützend und verbindlich wirkt.

Die kontinuierliche, analytische Supervision ist natürlich nicht nur in Bezug auf diese vielschichtige und schwierige Dynamik ein tragender Bestandteil unserer Arbeit.

2. Vorstellung des Falles (R. Wolf)

In einer ersten Betreuungsanfrage der Mutter – Frau B. – mit ihrer damals vierjährigen Tochter an unsere Ambulanten Dienste begegnete der Kollegin, die damals das Erstgespräch führte, eine blasse, mädchenhaft zarte, scheue Frau mit blonden Haaren. In ihren Bewegungen wirkte sie steif und eckig, wie ein Automat. Auffallend war ihre aufmerksame, intelligente Art, dem Gespräch zu folgen und Fragen zu stellen.

Bereits im Erstkontakt erzählte die Mutter in großer Offenheit von der leidvollen Beziehungsgeschichte mit dem Vater ihrer Tochter, einem offensichtlich psychisch kranken Mann, der sie in seinen Bann gezogen hatte. Nachdem sie – sehr rasch – zu ihm gezogen war, verfolgte er sie mit seinen Wahngedanken, nächtlichen Verhören und aggressiven Durchbrüchen; er sperrte sie ein und quälte sie; wie gelähmt schien sie über keinerlei Möglichkeiten zu verfügen, sich aus dieser Situation zu befreien und Hilfe zu suchen; vielmehr war sie von der Hoffnung beseelt, ihn aus seinem Wahn befreien und retten zu können.

Ihre kleine Tochter sei durch eine Vergewaltigung entstanden; drei Wochen vor der Entbindung sei sie aus der Wohnung in die Klinik geflüchtet, körperlich wie seelisch in einem erbärmlichen Zustand. Dies hinderte sie jedoch nicht daran, kurz nach der Entbindung zu dem Vater der Tochter zurückzukehren. Erst die massive

Drohung des Jugendamtes, die Tochter wegzunehmen, ermöglichte ihr den Schritt in eine Mutter-Kind-Einrichtung, in der sie eineinhalb Jahre verbrachte, bevor sie zu ihrer eigenen Mutter zurückkehrte, in deren Haus sie mit ihrer Tochter dann wohnte.
Der erste Kontakt konnte nicht fortgesetzt werden, da Frau B. sich zurückzog und keine weiteren Termine wünschte; ca. ein Jahr später meldete sie sich erneut, ihre zwischenzeitlichen Versuche, woanders Hilfe zu erlangen, waren allesamt gescheitert.
Die Symptomatik ihrer Tochter, die wir hier Kathrin nennen wollen, hatte sich verschlimmert: Frau B. schilderte einen immensen Kontrast zwischen äußerster Zurückgezogenheit im Kindergarten, wo Kathrin z. B. stundenlang an einem Platz stehe, nicht spreche und nichts berühre, und einem terroristischem Verhalten zu Hause. Kathrin sei fanatisch im Bezug auf Reinlichkeit, verlange, von ihr gewaschen und neu eingekleidet zu werden, wenn sie aus dem Kindergarten komme; sie wische sich nach einem Kuss von ihr die Wange ab, verlange abends viele Schlafanzüge nacheinander, weil sie angeblich nicht frisch seien und stinken würden; phasenweise wasche sie sich zwanghaft die Hände. Frau B. erzählte, dass Kathrin noch nicht sauber sei und Angst vor der Toilette habe, weil sie befürchte, hinuntergespült zu werden. Sie klage über vielerlei Ängste; z. B., dass ihr Kopf abgehen könne oder Wasser in sie eindringe, und sie erzähle von schlechten Träumen. Sie verlange ihre permanente Aufmerksamkeit und auch eine ununterbrochene, gedankliche Anwesenheit. Wenn sie, die Mutter, nicht zur Verfügung stehe, mache Kathrin schaukelnde Bewegungen. Sie sei auch manchmal sehr frech, versuche z. B., sich mit ihrer nassen Hose mitten in ihr Gesicht zu setzen, zeige Zornesausbrüche und werde gewalttätig.
Bei dieser zweiten Anfrage der Mutter und ihren Gesprächen bei meiner Kollegin hatte ich parallel Erstkontakte mit der nun fünfjährigen Kathrin.
Mutter und Tochter kamen Hand in Hand die Treppe herauf; Kathrin blickte mich stumm und ernst an. Frau B. zog ihr den Anorak aus und brachte sie zu mir ins Zimmer. Kathrin war dann in der Lage, die Hand der Mutter loszulassen und zu akzeptieren, dass die Mutter zu meiner Kollegin nebenan ins Zimmer ging.
Kathrin kniete sich auf den Boden und blieb so die ganze Stunde über an einer Stelle im Raum sitzen. Mit ihren Händen machte sie tickartige Bewegungen. Sie redete die ganze Stunde kein Wort. Mit ihren Augen schaute sie herum, schaute auch mich immer wieder an, lächelte manchmal ein bisschen und guckte dann wieder ganz ernst.

Hin und wieder verzog sie ihr Gesicht, wie unter einer großen Anspannung.

Immer wieder schaute Kathrin von mir weg in Richtung des Raumes, wo ihre Mutter mit meiner Kollegin zusammensaß. Hörte sie Geräusche von außerhalb unseres Raumes, schien sie angestrengt zu lauschen, was da vor sich ging. Meine vorsichtigen Kontaktversuche konnte sie immer nur für kurze Zeit ertragen. Sie reagierte mit einem Blick oder einem Lächeln auf mich und blieb ansonsten stumm und in sich gekehrt. Nur mit ihren Augen schien sie mir zu signalisieren, dass es neben der Angst und Unsicherheit in einer solchen fremden Situation mit einer fremden Person doch auch eine gewisse Neugier in ihr gab.

In den folgenden Stunden bestätigte sich dieser erste Eindruck. Kathrin schien alle Affekte, Impulse und emotionale Bewegung, die in ihr im Kontakt zu mir entstanden, in sich verschlossen zu halten bzw. sich von ihnen zu entleeren. Sie folgte mir automatenhaft, schattenhaft ins Zimmer, so wie sie am Ende der Stunde schnell und automatenhaft aufstand und zu ihrer Mutter ging. Zwischen ihr und ihrer Mutter schien eine völlige psychische Ungetrenntheit zu bestehen.

Ich stellte mir vor, dass ein wesentlicher, psychischer Selbstanteil bei ihrer Mutter blieb, während ein schattenartiger Selbstanteil – stumm und ohne Ausdruck von Affekt – mit mir im Zimmer war.

3. Diagnostische Einschätzung – Gedanken zum Betreuungsrahmen (R. Wolf)

In den Erstkontakten gewannen wir den Eindruck, dass Frau B. aufgrund eigener, unbewältigter Traumatisierungen und Trennungskonflikte ihre Tochter im Sinne eines narzisstischen Objektes brauchte und auf unbewusster Ebene in einer symbiotischen Beziehung zu sich festhielt; sie konnte den Versuchen Kathrins, sie absolut zu beherrschen, keine wirkliche Abgrenzung entgegensetzen.

Kathrin stand in ihrer Persönlichkeitsentwicklung auf der Stufe eines noch unintegrierten, fragmentierten Selbst, Trennung und Individuation als einen innerpsychischen Entwicklungsschritt hatte sie noch nicht vollzogen und war von der Mutter als einem omnipotent beherrschtem Objekt abhängig geblieben. Die ausgeprägten Zwangshandlungen und autistischen Verhaltensweisen hatten die Funktion, die massiven Ängste zu regulieren, von denen sie bei einer Trennung überschwemmt zu werden drohte, da auf ihrer Stufe der psychischen Entwicklung eine Trennung von der Mutter einem Selbstverlust gleichkam.

In Anbetracht auch der Schwere der Erkrankung der Mutter und der Gefahr, dass die in einer Behandlung eventuell in Gang kommende, progressive Entwicklung und Loslösung nicht ertragen werden könnte, entschlossen wir uns, das Mutter-Kind-Paar in Betreuung zu nehmen.

Wir richteten ein Setting ein, das einerseits über einen getrennten Stundenrahmen und einen jeweils eigenen Sozialtherapeuten für Kathrin und ihre Mutter ein Stück Trennung einführte; andererseits gab es so viel an Verbindung durch die nebeneinander liegenden Behandlungsräume und die zeitliche Parallelität der Stunden, dass auch eine Illusion der Ungetrenntheit weiter fantasiert werden konnte. Wir wollten für Mutter und Tochter Voraussetzungen zu Ablösungsprozessen schaffen, die für beide erträglich wären und nicht in einem Beziehungsabbruch mit uns enden müssten.

Wir begannen mit der Betreuung im Rahmen von zwei Wochenstunden für Kathrin; parallel dazu mit zwei Stunden für Frau B. und einem monatlichen Gesprächstermin für sie bei beiden Therapeuten.

Im Verlauf der ersten drei Jahre kam es zu einschneidenden Änderungen im Gesamtrahmen der Betreuung: Nach ca. zwei Jahren endete für Kathrin die Kindergartenzeit und sie bekam schulischen Einzelunterricht bei einer Lehrerin, der eine Zeitlang in unserem Hause, später in einer Grundschule stattfand.

In der Elternarbeit kam es nach ca. zweieinhalb Jahren zu einem Wechsel von der früheren Kollegin, die aus privaten Gründen aus Tübingen wegzog, zu Frau Allerdings. In dieser Zeit des Übergangs und angesichts der inzwischen äußerst schwierigen Beziehungssituation zwischen Kathrin und ihrer Mutter erhielt Frau B. zusätzlich – bei Bedarf – das Angebot für Elterngespräche ein Mal wöchentlich bei mir.

Etwa zeitgleich wurde für Kathrin neben ihrem Stundenrahmen bei mir ein zusätzlicher Stundenrahmen bei einer weiteren Kollegin des Vereins eingerichtet; diese Stunden hatten zum Ziel, Kathrin in ihren alltagspraktischen Fähigkeiten und Erfahrungen wie z. B. Einkäufen, Schwimmbadbesuchen u. ä. in ihrem sozialen Umfeld zu fördern.

Am Ende des dritten Betreuungsjahres kam es zu einer vierwöchigen stationären Unterbringung Kathrins in der Kinder- und Jugendpsychiatrie.

4. Betreuungsverlauf (R. Wolf)

Ich möchte nun aber zunächst die etwa zweieinhalbjährige Anfangsphase der Betreuung schildern, in der sich das Thema der Loslösung und Individuation immer mehr verdichtete und mit einer Eskalation der aggressiven Kräfte und den Gefahren eines katastrophischen Zusammenbruchs einherging.

Schritt für Schritt konnte Kathrin ihre mutistische Zurückgezogenheit und ihre anfänglichen Schutzmechanismen ein Stück weit aufgeben.

Ich fing an, Kathrin als eine Person mit höchst lebendigen und kreativen Impulsen zu erleben. Sie zeigte mir im Spielen und Reden vieles von ihren extremen, inneren Ängsten, von ihren Konflikten und Wünschen. Sie fing an, Lust an körperlicher Bewegung, Fantasie und Neugier zu entwickeln, und stellte viele Fragen. Daneben zeigte sie sich aber auch mit den extrem bedrohlichen und angsterfüllten Aspekten ihres Innenlebens, die sie immer wieder hineinzwangen in ihre Entwicklung hemmende, Autonomie verneinende Beziehungsformen.

Die Ängste, von denen mir Kathrin etwas mitteilte, besaßen eine psychotische Qualität. Ängste, dass Körperteile, zum Beispiel die Zunge, ein Arm, der Kopf plötzlich abbrechen könnten; Ängste, den Boden unter den Füssen zu verlieren; oder Ängste, dass in ihre Haut Feuchtigkeit, Wasser, Schmutz etc. eindringen könnten.

Das Sprechen Kathrins besaß nicht den Charakter eines kohärenten Sprechens und symbolischer Mitteilungen. Es waren eher einzelne Worte und kurze Sätze, mit denen sie mir mit dem Ausdruck von Angst oder Freude etwas von ihrem Erleben zeigen wollte, was ich aufzunehmen und zu entschlüsseln versuchte.

In ihren Spielen mit kleinen Puppenfiguren tauchten immer wieder Konstellationen auf, in denen ein bedrohliches, wildes Tier ein Baby beißen, verschlingen oder rauben wollte. Sie stellte bedrohliche Angriffe auf ein Mutter-Kind-Paar dar, gegen die sich die Mutterpuppe nicht wehren konnte. Später erfand sie Spiele, in denen es separative Impulse von Kindern gegenüber ihrer Mutter gab. Die Kinder wollten zum Spielen gehen, was die Mutter in Angst und Sorge versetzte und ein aufgeregtes Hin und Her zwischen den Kindern und der Mutter auslöste.

Kathrin zeigte mir damit die in ihr selbst vorhandene Ambivalenz zwischen ihrer Neugier, Neues entdecken und „spielen gehen zu wollen", und ihrer Angst und Zurückhaltung. Zum Ausdruck kam auch die in der Beziehung zwischen ihr und ihrer Mutter vorhandene, überwiegend ängstliche Abschirmung von der als bedrohlich empfundenen Außenwelt.

In der Betreuung sahen wir uns vor die Aufgabe gestellt, Frau B. und Kathrin dabei zu unterstützen, innere und äußere Schutzfunktionen aufzubauen, z. B. im Umgang mit dem nächtlichen Auftauchen des Vaters von Kathrin vor dem Haus; und Kathrin dabei zu helfen – indem sie ihren psychischen Eigen-Raum weiter entwikkelte –, in ihren Ängsten unabhängiger von ihrer Mutter zu werden und eigene Erfahrungen der Angstbewältigung machen zu können.

Während einer in dieser Hinsicht sehr dichten Zeit erzählte sie mir in ihrer schwer verständlichen Sprache von Träumen, in denen ihre Ängste aber auch Wünsche und kreativen Impulse zum Ausdruck kamen:

Ein Traum, der ihr viel Angst gemacht hatte, über den sie mir in einer Stunde etwas mitteilte und dazu ein Bild malte, handelte – wie sie sagte – „von einer schlimmen, grünen Seele von früher, von etwas, was tot ist"; diese sei durch die Wand in das Zimmer eingedrungen, in dem sie schlief. Auf einem zweiten Bild malte sie dann Mama und Oma im oberen Zimmer des Hauses.

In einem anderen Traum flog sie auf einem Bären durch die Luft. Als sie diesen Traum erzählt hatte, sprang Kathrin freudig in die Luft, machte Kletter- und Versteckspiele, in deren Verlauf sie unter eine Decke kroch und lachend wieder zum Vorschein kam.

Zu einer anderen Stunde brachte Kathrin das Foto eines sehr stark verletzten Kindes aus einem medizinischen Lehrbuch mit. Sie wollte für das Kind ein Haus aus Klötzen bauen, und während wir dies taten und über den Schutz und die Sicherheit sprachen, die ein so verletztes Kind braucht, sagte sie, das Kind habe Angst. Nach einer Weile holte Kathrin das Foto aus dem Haus; das Kind sollte ihr beim Spielen zugucken. Nachdem sie im Spiel einige wilde Tiere totgeschossen hatte mit den Worten, die könnten jetzt dem Kind keine Angst mehr machen, setzte Kathrin sich fröhlich mit mir an den Tisch, um aus Knet Tiere zu formen.

In ihren Fantasien war Kathrin in dieser Zeit davon beseelt, ein Junge sein zu wollen; Jungen waren „frech und stark" und trauten sich viel. Am liebsten wollte sie „als Junge neu geboren" werden. Zu Hause fing sie an, auf einer eigenen Matratze im gemeinsamen Zimmer mit der Mutter zu schlafen. Sie drängte nach Aussage der Mutter heftig nach draußen, um „Jungen anzugucken".

Diese Entwicklung zeigte nach knapp zwei Betreuungsjahren am Ende ihrer Zeit im Kindergarten kurz vor der Sommerpause und der nachfolgenden Einschulung eine deutliche Zäsur.

Kathrin, die inzwischen viel gesprochen hatte, fiel in einen mutistischen Zustand zurück und konnte auch ihre lebendigen Spiele in den Stunden nicht fortführen; sie schien wie erstarrt und in ihrem Seinsgefühl von Neuem erschüttert zu sein. Zu Hause provozierte sie die Mutter durch Aktionen wie z. B. Verschütten von Wasser, Bemalen von Gegenständen, Kleidern etc. Es gab heftigen Streit zwischen ihr und ihrer Mutter, der auf beiden Seiten mit starken Gefühlen der Wut, Angst und Verunsicherung einherging.

Es entstanden im Zusammenhang der offeneren Streit-Beziehung zwischen Kathrin und ihrer Mutter Fragen nach den Gefühlen und Handlungen, die „nicht lieb" sind. So wie Frau B. immer versuchte, eine gänzlich liebe Mama zu sein und das Böse-Sein zwischen sich und ihrer Tochter gar nicht erst auftauchen zu lassen, so stellte Kathrin gerade in diesen schwierigen Zeiten immer wieder die Frage, ob die Mama sie noch liebhabe.

In den Stunden bei mir zeigte sie, wie diese Problematik bei ihr mit der Gefahr einer Fragmentierung ihres basalen Körper-Selbst verknüpft war und erneut Ängste mobilisierte, die den elementaren, körperlichen Zusammenhalt ihrer Person betrafen. Die Ängste wurden wieder aktualisiert, dass Körperteile von ihr, zum Beispiel der Mund, die Zähne u. a. abgehen könnten. Immerhin war es in dieser Zeit des Rückzugs von Kathrin möglich, diese Ängste von ihr aufzunehmen und zu versuchen, sie darin zu spüren und zu verstehen.

Langsam fing sie wieder an, aus ihrer Zurückgezogenheit aufzutauchen. In den Stunden bei mir begann sie sich auf eine elementare Weise in ihrem Körpergefühl wieder neu zu spüren. Dies äußerte sich z. B. darin, dass wir einfach nur Geräusche machten, später Töne; dass Kathrin anfing zu singen, ich auf einer kleinen Flöte spielte, und sie dieses Töne-Machen mit Worten verknüpfte. Die ersten Worte, die dabei auftauchten, waren sehr aggressiv und hart hervorgestoßene Worte wie z. B. das Wort „Boxen", das sie laut und irgendwie auch lustvoll aus sich herausrief.

Sie fing auch wieder an, Wünsche zu äußern, ihre drängenden Fragen nach dem Zusammenhalt ihres Körpers zu stellen und einzelne Spielgegenstände, die sie in früheren Zeiten sehr gerngehabt hatte, wieder neu zu entdecken. Wir suchten eine Sprache für ihr Körperbild, indem sie mit mir zusammen Körperteile von sich benannte und dabei mit der Frage befasst war, ob ihre Körperteile lieb oder böse seien und ob die Körperteile auch zu ihr gehörten.

Sosehr uns in dieser Zeit das Auftauchen aus ihrer neuerlichen, mutistischen Zurückgezogenheit und ihr Festhalten an progressiven Entwicklungsschritten gegenüber ihrer Mutter freute, so machte uns gleichzeitig die Aggression, die zwischen Kathrin und ihrer Mutter zu Hause immer wieder eskalierte, die größten Sorgen.

Kathrin konnte zu Hause unvermittelt und hinterrücks auf ihre Mutter einschlagen, so wie auch Frau B. offensichtlich äußerste Mühe hatte, ihre eigenen aggressiven Impulse unter Kontrolle zu halten.

Kathrin bedrängte die Mutter mit Fragen, ob ihr der Kopf abgerissen würde und hatte Angstfantasien, von einem Krokodil angefallen zu werden.

Sie drängte auch aus dem engen Haus, in dem sie mit ihrer Mutter und Großmutter lebte, kletterte auf Fensterbänke und gab der Mutter das Gefühl, sich aus dem Fenster stürzen zu wollen.

5. Elternarbeit (I. Allerdings)

Wenn ich jetzt über meine Elternarbeit mit Kathrins Mutter spreche, wiederholen sich einige Daten, die Herr Wolf schon erwähnt hat. Ich will hier die besondere psychische Verarbeitung der Problemsituation seitens der Mutter beschreiben.

Von Beginn der Betreuung an arbeitete die frühere Kollegin in folgendem Setting mit der Mutter von Kathrin: zu gleichen Zeiten und in nebeneinander liegenden Räumen fanden wöchentlich zwei Gespräche mit der Mutter und die Arbeit von R. Wolf mit Kathrin statt. Zusätzlich gab es einen vierwöchentlichen Gesprächstermin der Mutter mit beiden Kollegen.

In dieser ersten, zweieinhalbjährigen Phase der Elterngespräche lag der Schwerpunkt darin, die Probleme, welche die Mutter aufgrund ihrer eigenen, unverarbeiteten Traumatisierungen und Konflikte mit in die Beziehung zu ihrer Tochter hineintrug, und die zu der Verwobenheit bzw. Ungetrenntheit mit ihr führten, aufzuspüren und zu bearbeiten. Das gemeinsame Ziel, ihre Tochter und sie darin zu unterstützen, Wege zu finden, die zu mehr Abgrenzung und Selbständigkeit auch in ihrer Beziehung führten, teilte die Mutter zwar; ein Beteiligtsein ihrerseits an Kathrins Problemen musste sie jedoch immer aufs Neue zurückweisen oder verleugnen.

Der Zugang zum emotionalen Erleben der Mutter gestaltete sich äußerst schwierig. Mit dem Aufbau einer vertrauensvollen Beziehung ging jedoch eine allmähliche Verlebendigung der Mutter einher. Es zeigte sich langsam, wie traumatisch ihre eigene Kindheit verlaufen war und wie sie die selbst erlebten Schmerzen und Gefühle in sich eingefroren hatte. Die Mutter brachte zum Ausdruck, dass es in ihrer Kindheit keinen Platz und keine Hilfe für ihre überwältigenden, heftigen Gefühle gegeben hatte und dass ihr Versuch, diese in sich abzutöten, ein verzweifelter Überlebensversuch von ihr war. Allmählich konnte die Mutter auch beschreiben, dass in der Beziehung zu ihrer Tochter Beziehungsqualitäten da waren und befriedigt wurden, die sie ihrer Mutter gegenüber nie erlebt hatte; so zum Beispiel das Gefühl, gebraucht zu werden und Zärtlichkeiten zu spüren. Es wurde immer deutlicher, dass Frau B. ihre Tochter unbewusst in einer solch ungetrennten Beziehung hielt, um ihre eigene Isoliertheit und Einsamkeit und die damit verbundenen, schmerzhaften Gefühle zu lindern.

Kurz vor der Übernahme der Elterngespräche durch mich war schon die alltagspraktische Begleitung für Kathrin durch eine weitere Kollegin eingeführt worden. Durch diese Setting-Änderungen wurde es möglich, dass Frau B. bei mir zwar wie zuvor zwei wöchentliche Einzeltermine hatte, jedoch nicht mehr zeitlich und räumlich parallel zu den Einzelterminen von Kathrin, sondern räumlich ein Stockwerk tiefer und auch zeitlich getrennt, teilweise während Kathrins Schulzeiten und den Alltagsbetreuungszeiten. Weiterhin hatte Frau B. nach Bedarf einen wöchentlichen Termin bei R. Wolf. An diesen Terminen nahm ich nur sporadisch teil.

Überwiegend arbeitete ich also mit Frau B. alleine und hatte keinen regelmäßigen Kontakt zu Kathrin. In den Gesprächen mit Frau B. erlebte ich sehr eindrücklich die Diskrepanz zwischen ihrer emotionslosen Reaktion auf den Weggang der Kollegin und heftigsten Reaktionen zu den Vorkommnissen in ihrer Vergangenheit. Wenn sie von ihrer Vergangenheit sprach, schien sie unmittelbar im Bann der erlebten Gewalt gefangen, als sei es gestern passiert. Ihre Bereitschaft, sich auch mit Gefühlen in den Terminen einzubringen, die früher in ihr verdrängt und von ihrem bewussten Erleben abgeschnitten waren, war sehr spürbar.

Im Sommer des gleichen Jahres spitzte sich, wie R. Wolf schon dargestellt hat, die innerfamiliäre Lebenssituation zwischen Kathrin – inzwischen neun Jahre alt – und ihrer Mutter erneut unerträglich zu. Dies ermöglichte, über eine Trennung in Form eines Krisenaufenthalts in der Klinik zu sprechen. Gelegentlich blitzte bei Frau B. sogar der Gedanke auf, dass damit eine Entlastung und Erleichterung verbunden sein könnte. Überwiegend blieb aber die tiefe Angst, dass sich Kathrin äußerlich und innerlich trennen könnte, und dass dadurch ihre eigene Zukunft zutiefst in Frage gestellt würde. Diese Ambivalenz zwischen Hoffnung und Angst auszuhalten, war für Frau B. äußerst schmerzhaft. Während Kathrins vierwöchigem Klinikaufenthalt erlebte sie extreme Gefühlseinbrüche. In dieser einschneidenden Zeit der Trennung, in der Frau B. zu dekompensieren drohte, passten wir das Setting an, indem ich ihr neben den zwei Gesprächsterminen pro Woche zusätzliche Telefontermine anbot.

In dieser Zeit konnte Frau B. erstmals ungestört schlafen, und sie veränderte sich auch äußerlich in dieser Zeit auffallend: Sie wirkte einerseits kräftiger, nicht mehr so durchscheinend und zerbrechlich, ging zum Beispiel erstmals zum Friseur. Teilweise erlebte Frau B. den Aufenthalt von Kathrin in der Klinik – sicher auch in Identifikation mit uns – als Entlastung, als Gewinn. Auf der anderen Seite wurde ihre psychische Instabilität und die Angst vor einem psychischen und körperlichen Zusammenbruch immer spürbarer.

Als jedoch die Klinik mitteilte, dass ein längerer stationärer Aufenthalt für Kathrin wegen ihrer Gruppenunfähigkeit und der daraus resultierenden hohen Anforderungen an die Betreuungskapazitäten nicht möglich sei, verbunden mit dem Rat, für Kathrin ein Heim zu suchen, konnte Frau B. nur wütend reagieren. Sie erlebte die Absage und Heimempfehlung als massive Entwertung ihres Selbst; so, als ob Kathrin ein Teil ihres Selbst wäre und wie ein maligner Abszess chirurgisch von ihr abgetrennt werden sollte.

Diese so empfundene Ablehnung stellte eine massive Kränkung für Frau B. dar. Hinzu kam, dass auch Frau B.s Mutter sich zunehmend dafür einsetzte, einen Heimplatz für Kathrin zu suchen. Dieser Druck seitens ihrer Mutter sowie die Ablehnung der Klinik hatte für Frau B. wohl die Bedeutung, dass nicht nur Kathrin sondern auch sie selbst ein unerwünschtes Kind sei und dass sie beide nur in einer Einheit eine Überlebenschance gegen die restliche, nur als böse empfundene Welt hätten. Das verzweifelte, misshandelte, gedemütigte und einsame Kind in der Mutter tauchte auf und bekam Platz in ihr und auch in den Gesprächen mit mir. Frau B. konnte auch eine ohnmächtige Wut ihrer eigenen Mutter gegenüber ausdrücken: Einmal träumte sie von einem Sicomatic, der explodierte und ihrer Mutter um die Ohren flog.

Ihre Lebensgeschichte, die Beziehung zu ihrer Mutter und zu ihrem Vater, trat für Frau B. jetzt in neuer Form in den Mittelpunkt unserer Gespräche. Frau B. lebte bis zu ihrem sechsten Lebensjahr mit ihren Eltern zurückgezogen unauffällig in einem kleinen Häuschen. Ihre Eltern hatten viel Streit, und es gab auch häufig Schläge gegen Frau B. und ihre Mutter. Sie hörte sehr früh, dass sie schuld an dem Scheitern der Ehe ihrer Eltern sei. Die Mutter sagte einmal zu ihr: „Wenn du nicht geboren wärst, wäre alles viel besser." Ihr Vater trennte sich von seiner despotischen Frau und zog ein paar Gässchen weiter. Gleichwohl hatte Frau B. seit diesem Zeitpunkt äußerst wenig Kontakt zu ihrem Vater.

Solchermaßen alleine gelassen und mit dem Gefühl, an allem Misslingen schuld zu sein, absolvierte Frau B. dennoch äußerlich unauffällig die Schule bis zum Abitur. Sie hatte wenig Erinnerungen an ihre Latenz- und Pubertätszeit – einmal erinnerte sie sich an jugendtypische Alkoholexzesse ihrer Altersgenossen, angesichts derer sie sich noch mehr in äußere Anpassung und sozialen Rückzug gegenüber den Gleichaltrigen begab. Nach dem Abitur begann sie ein Studium zur Grundschullehrerin; wohl im Sinne eines Wiedergutmachungsversuchs an dem verlassenen Mädchen, das sie selbst früher war.

Auf dem Weg zur Hochschule lernte sie dann den 23 Jahre älteren Vater von Kathrin kennen, der altersmäßig gut und gerne auch ihr eigener Vater hätte sein können. Er hatte auch schon einen erwachsenen Sohn aus erster Ehe, den Frau B. jedoch nie kennenlernte. Über Frau B.s Leidensgeschichte mit diesem Mann hat R. Wolf ja schon gesprochen. Motivierend für diese Beziehung war wohl das Gefühl, sich erstmals gewollt zu fühlen sowie der Wunsch, eine Familie zu gründen und dadurch der engen Situation zu Hause bei ihrer Mutter zu entrinnen; vielleicht auch eine unbewusste Fantasie, den verlorenen Vater wiederzugewinnen.

Der Vater Kathrins wurde später wegen mehrerer Vergewaltigungsvorwürfe verurteilt. Nach Abbüßen seiner Strafe versuchte er mehrfach wieder, Kontakt zu Frau B. aufzunehmen.

Die eineinhalb Jahre, die Frau B. in der Mutter-Kind-Einrichtung in einer anderen Stadt verbrachte, konnte sie offensichtlich nicht nutzen, um Kontakte zu den anderen Frauen herzustellen und eine eigene Lebensperspektive zu entwickeln. Sie kehrte wieder zu ihrer Mutter zurück, bei der sie bis zu deren Tod in einem eigenen Stockwerk lebte.

Meine Versuche, mit Frau B. die weiteren, auch transgenerationalen Hintergründe ihrer Familiengeschichte zu rekonstruieren, führten kaum weiter; sie war vollkommen im Bann ihrer eigenen Erlebnisse gefesselt und konnte auch mit ihrer Mutter kaum über die familiären Beziehungen und Zusammenhänge sprechen.

6. Weiterer Verlauf der Betreuung (R. Wolf)

Ich möchte nochmals kurz anknüpfen an die Zeit der Umbrüche und Veränderungen vor der stationären Unterbringung Kathrins in der Klinik.

Vorsichtig hatte Kathrin sich für die neue Erfahrung der Schule geöffnet, die sie anfangs angsterfüllt und wie versteinert nur mit Mühe ertrug. Später wurden die Schulstunden, die in unseren Räumen stattfanden, in eine öffentliche Grundschule verlegt, wo sie Schritt für Schritt an der mit den anderen Kindern gemeinsamen Pausensituation und auch an gemeinsamen Unterrichtssituationen teilnehmen konnte.

Das Stundenangebot bei der weiteren Kollegin des Vereins nahm Kathrin sozusagen „hungrig" auf und erprobte ihre praktischen Fähigkeiten im Umgang mit ihren Wünschen in ihrem Umfeld außerhalb des Hauses.

Zuhause drängte sie auf zunehmend prekäre Weise nach draußen, indem – wie schon geschildert – die aggressiven Konflikte mit der Mutter eskalierten und der Mangel an Halt sich zunehmend in zum Teil lebensbedrohlichen Inszenierungen zeigte, wie z. B. in Kathrins Versuchen, durchs Fenster nach draußen zu gelangen.

In der Beziehung zu mir wie zu meiner Kollegin brachte Kathrin unmittelbar zum Ausdruck, wie in ihr ein stetiger Wechsel stattfand zwischen Zuständen, in denen sie relativ selbständig und in Kontakt mit uns ihren Wünschen und Impulsen nachgehen konnte, sie dann aber wiederum psychotisch-entgrenzt ihren psychischen und körperlichen Halt verlor, keinen festen Boden mehr unter den Füßen spürte und Verzweiflungsausbrüche hatte.

Sie äußerte z. B. Fantasien, in Maueröffnungen zu verschwinden oder im Raum unter der Zimmerdecke zu schweben.

In der Folgezeit kam es mit Einverständnis von Frau B. zu der schon genannten, auf vier Wochen befristeten, stationären Unterbringung Kathrins in der Kinder- und Jugendpsychiatrie, verknüpft mit der Option einer längeren stationären Behandlung oder einer Heimunterbringung.

Unser Kontakt mit Kathrin und ihrer Mutter konnte dank der guten Zusammenarbeit mit der Klinik während dieser Zeit aufrechterhalten bleiben.

Neben der unmittelbaren Entlastung, welche Frau B. mit dem Klinikaufenthalt Kathrins erlebte, blieb sie doch überwiegend von der tiefen Angst beherrscht, dass Kathrin sich mit der räumlichen Trennung eventuell auch innerlich von ihr loslösen könnte, und fühlte sich dadurch auch in Bezug auf ihre eigenen Zukunftsfragen zutiefst in Frage gestellt. Das Aushalten der Ambivalenz zwischen dieser Angst und der Hoffnung auf eine Besserung der Lebenssituation von ihr und ihrer Tochter war für sie äußerst schmerzhaft. Sie erlebte während dieser Zeit extreme Gefühlseinbrüche und Ängste, vor allem auch körperbezogene Ängste vor Auflösung ihrer Person. Frau B. äußerte die Fantasie, in einem Zug zu sitzen, der mit zweihundert Stundenkilometern auf eine Mauer zurast.

Kathrin fand während ihres vierwöchigen Aufenthalts in der Kinder- und Jugendpsychiatrie erstaunlich schnell zu einer relativen Sicherheit in ihrem Körpergefühl und zu mehr realer Präsenz und Orientierung im Kontakt mit uns zurück.

Unsere Hoffnung auf die mit der Klinik diskutierte Perspektive einer längerfristigen stationären Aufnahme und therapeutischen Weiterbehandlung Kathrins in der Klinik erfüllte sich allerdings nicht. Sie wurde nach Hause entlassen mit der dringenden Empfehlung an die Mutter, einen Heimplatz für sie zu suchen.

Dies führte zu starken Irritationen bei Frau B. wie auch bei uns. Frau B. teilte zwar weiterhin mit uns die Einsicht in die Notwendigkeit einer Heimunterbringung ihrer Tochter, machte aber auch deutlich, dass es ihr eventuell nicht mehr möglich sein würde, Kathrin ein zweites Mal wegzugeben. Im Bewusstsein dieser schwer abwägbaren Situation machten wir uns dennoch auf die Suche nach einem Heim. Etwa vier Monate nach dem Klinikaufenthalt kam es mit unserer Begleitung zu einem ersten Besuch von Frau B. in einem anthroposophischen Heim, dem weitere Schritte der Abklärung und Entscheidungsfindung folgen sollten.

Wenig später teilte uns Frau B. ihre Entscheidung mit, Kathrin bis auf Weiteres bei sich zu Hause behalten zu wollen. Die häusliche Situation hatte sich nach dem Klinikaufenthalt in der Weise stabilisiert, dass es nicht mehr zu den vorhergehenden, heftigen Auseinandersetzungen kam und es – mit Hilfe einer leichten Medikation für die Nacht – zu einer allgemeinen Beruhigung gekommen war und Kathrin sogar in der Schule Fortschritte machte.

Das „Nein" von Frau B. zu weiteren Schritten der Suche nach einem Heim brachte eine neue Qualität in die Beziehung zwischen ihr und uns. In den Elterngesprächen bei mir – ich war zuständig geworden für die Planung und konkrete Umsetzung der Suche nach einem Heim – bezog Frau B. eine mir gegenüber abgegrenzte Position, wie ich das bisher an ihr nicht erlebt hatte. Wir hatten zum Teil emotionsgeladene Gespräche über die Zukunft Kathrins und unsere verschiedenen Einschätzungen. Frau B. erlebte mich in diesen Auseinandersetzungen immer wieder so, als ob ich wut- und hasserfüllt mit ihr umging und – wie ihre Eltern – über ihre Gefühle hinwegtrampelte.

In unserer Handhabung des Settings der Elterngespräche achteten wir sehr darauf, die Elterngespräche bei meiner Kollegin nicht mit der eher handlungsorientierten und konfrontativen Fragestellung, welche die Elterngespräche bei mir bestimmten, zu vermischen.

Die sich in den Gesprächen bei mir ereignende Konfrontation und Abgrenzung schien uns deshalb von Bedeutung zu sein, weil wir immer wieder die Erfahrung machten, dass es im Betreuungsprozess neben der explosiven Dynamik auch so etwas wie eine implosive Dynamik gab. Sich anbahnende Impulse oder neue Schritte in der Entwicklung Kathrins und damit verknüpfte Gedanken und Gefühle neuer Qualität bei Frau B. schienen uns immer wieder in sich zusammenzufallen; es konnte nicht wirklich ein neues Niveau innerhalb eines Prozesses erreicht werden, von dem aus dann weitere Schritte möglich wären.

Dem korrespondierte ein wiederkehrendes Gefühl in unseren Gegenübertragungen Frau B. gegenüber, eingesponnen zu werden in ein unsichtbares, feines Netz von Empfindungen der Verletzlichkeit, eines Angerührtseins von ihrem Schicksal und von Behutsamkeit im Umgang mit ihr, die uns insgesamt wiederum das Gefühl machten, hilflos und tatenlos zu sein und ohnmächtig, wirkliche Veränderungen herbeiführen zu können.

Ronald Britton beschreibt in seinem Aufsatz „Zur Theorie psychoanalytischer Technik" in Anlehnung an Herbert Rosenfeld die Verschiedenartigkeit des „dickhäutigen" und des „dünnhäutigen" Narzissmus und die Schwierigkeiten, die sich daraus für den therapeutischen Dialog ergeben. Die Dynamik der Übertragung und Gegenübertragung, die wir in Beziehung zu Frau B. erlebten, spiegelt wider, wie groß ihr Bedürfnis war, sich ganz verstanden zu fühlen sowie sich gedanklich und emotional mit uns identifizieren zu können. Eine zu große Differenz im Sinne psychischer Getrenntheit und eines „objektiven Objekts" (Winnicott, 1987) war für sie schwer erträglich und wurde von ihr hypersensibel – „dünnhäutig" registriert.

Frau B. konnte wohl mit einer Trennung von ihrer Tochter vorerst nur einen Zusammenbruch, aber keinen Ausweg und keine positive Zukunft assoziieren, was es ihr zumindest gegenwärtig verunmöglichte, sich eine Trennung von Kathrin vorzustellen.

Ihr Festhalten am Status quo und ihr Widerstand gegen Veränderungen lösten in uns manches Mal schwer erträgliche, innere Konflikte und Gefühle über den Sinn der Betreuung und unsere eigene Integrität und Verantwortlichkeit aus.

Die den Betreuungsprozess begleitende, wachsame aber auch sensible Aufmerksamkeit des Jugendamtes; der Austausch in den Helferkonferenzen und die mit Frau B. gemeinsam geführten Hilfeplangespräche waren äußerst wichtig und konstruktiv. Die spannungsgeladene Dynamik innerhalb des Betreuungsprozesses konnte auf diese Weise durch die Präsenz des Jugendamtes in der Position des übergeordneten Dritten entschärft werden; gleichzeitig konnte die Verantwortlichkeit miteinander geteilt und die daraus resultierenden inhaltlichen Einschätzungen zum Weitergang der Betreuung mit Nachdruck vermittelt werden.

So kam Kathrin nach dem Klinikaufenthalt noch zwei weitere Jahre bis zu ihrem elften Lebensjahr zu uns, während in den Elterngesprächen mit Intensität und Zähigkeit über die Fragen der Zukunft gesprochen und gestritten wurde. Die aus unserer Sicht dringende Notwendigkeit einer stationären Unterbringung Kathrins und die Stagnation, die wir erlebten, brachte uns nach gründlichen Überlegungen zu dem Frau B. mitgeteilten Entschluss, die Betreuung beenden zu wollen. Gleichzeitig machten wir Frau B. nochmals dezidiert das Angebot, Kathrin in unserem therapeutischen Heim aufzunehmen. Für die Beendigung der Betreuung und für die weitere Auseinandersetzung mit uns und dem Angebot des therapeutischen Heimes setzten wir einen Zeitraum von ca. einem Dreivierteljahr an.

Ich erlebte an Kathrin neben ihrer psychischen Fragilität und ihren Zuständen von Desintegration in dieser Zeit auch eine vitale Kraft und einen Energieüberschuss; sie rannte im Zimmer hin und her, äußerte als Erstes den Wunsch, Milch mit Honig zu trinken, und wollte dann regelmäßig mit mir spazieren gehen.

Eine Zeitlang ging sie mit mir an den Neckar, stand dort mit mir neben dem Hölderlinturm am Ufer und betrachtete neugierig die unter den alten Weiden im Wasser liegenden Stocherkähne.

Fragen kamen auf, in denen es um die Grenze zwischen dem festen Boden und dem Wasser ging; regelmäßig machte Kathrin Anstalten, ins Wasser zu gehen, als ob sie den Unterschied zwischen den beiden Elementen nicht spürte. Sie fragte mich, ob ich wirklich auf sie aufpassen würde; ob ich nicht wollte, dass sie untergehe. Es ging dort um die Grenze zwischen Leben und Tod, um die Frage ihres Lebenswillens und meiner Haltung dazu und um die Fragen, was wäre, wenn sie versinken würde.

Nach der Beschäftigung mit diesen Fragen lief sie mit mir über eine Brücke zum anderen Ufer, wo sie mir weit vorauslief und mich lachend animierte, sie zu fangen; sie balancierte auf Stämmen und hatte Spaß an ihrer körperlichen Vitalität. Später ging Kathrin mit mir zum Schloss hinauf und entdeckte dort dunkle Gänge und neue Wege, die vom Schloss wieder zurück zum Verein führten. Bei diesen Schlossspaziergängen ging es um Fragen ihrer Selbständigkeit und ihrer Fähigkeit, selbst auf sich aufzupassen.

Kathrin sprach sozusagen in verschiedenen Sprachen, ließ mich zum einen verstehen, was sie wünschte und mit mir zusammen erleben wollte; andererseits führte sie Selbstgespräche in einem mir kaum verständlichen Sprechgesang, in dem die Seite ihrer mit der Mutter versponnenen Existenz zum Ausdruck zu kommen schien.

Ihre Suche nach haltgebenden und lebendigen Objekten, aber auch ihre Verzweiflung konnte sie in dieser Zeit mir und meiner Kollegin gegenüber deutlich spüren und zum Ausdruck bringen.

In der Schule machte Kathrin Fortschritte im Lernen von Buchstaben und Zahlen und bildete aus den Buchstaben ihres Namens spielerisch neue Wörter. Ihre Zeichnungen, früher u. a. marionettenhaft im Raum aufgehängte, körperlos hinhuschende Gestalten, zeigten jetzt Menschen mit Gliedmaßen, die fest am Körper sind.

7. Beendigung der Betreuung und Heimunterbringung (I. Allerdings)

Den Fortgang und das Ende unserer Betreuungsgeschichte mit Kathrin und Frau B. möchte ich jetzt nur noch kurz skizzieren: Kathrin wurde im Alter von elf Jahren in unserem Therapeutischen Heim aufgenommen. Das Heim in Rottenburg lag räumlich und personell nahe genug an unserer Ambulanz, welche Frau B. mit einem gewissen Vertrauen besetzt hatte. Dieses Vertrauen überlebte auch die von R. Wolf beschriebenen Konflikte in den Fragen der Trennung von Mutter und Tochter.

Ich arbeitete auch nach der Heimaufnahme ein weiteres Jahr in unverändert hoher Frequenz mit Frau B. weiter, bis schließlich die Anbindung der Elternarbeit vollständig an die KollegInnen des Heims abgegeben und die Trennung von mir als ein nicht erneut traumatisierender Abschied realisiert werden konnte.

Obwohl Frau B. in diesen zwei Jahren zwischen Kathrins erstem Klinikaufenthalt und ihrer Aufnahme im Therapeutischen Heim immer wieder äußerte, dass sie gemeinsam mit uns einen Heimplatz für ihre Tochter suchen wollte, schlug bei jeder Konkretisierung eine unbewusste Welle der Angst und Verzweiflung über ihr zusammen. Bei der Besichtigung der anthroposophischen Einrichtung wurde Frau B. außerdem vor Augen geführt, dass ein solches Heim mit viel Aufwand versucht, den Kindern, die dort leben, Geborgenheit und Halt zu vermitteln. Diese Wahrnehmung löste in Frau B. auch ein tiefes Gefühl des Neides aus. Die teilweise positiven Gefühle, die mit der vorübergehenden Trennung von Kathrin während ihres Klinikaufenthalts aufscheinen konnten, waren wieder wie ausgelöscht. Außerdem realisierte sie zunehmend, dass eine Heimunterbringung von Kathrin für sie selbst auch den Verlust des intensiven Kontakts mit uns bedeuten und sie erneut mit Einsamkeit und Perspektivlosigkeit konfrontieren würde. Mit intellektuellen, logischen und vernünftigen Erklärungen versuchte Frau B. ihre destruktiv-neidischen und hoffnungslosen Gefühle in Schach zu halten, zumindest nicht zuviel von ihnen zu verraten.

Wie schwierig Trennung und Abschied waren, kam dann auch darin zum Ausdruck, dass Kathrin nach einem zweiwöchigen Probewohnen im Therapeutischen Heim die bevorstehende Wartezeit von etwa vier Wochen bis zur Aufnahme nur dadurch überlebte, dass sie wegen einer Zuspitzung der Situation zu Hause krisenmäßig noch einmal für zwei Wochen in der Kinderpsychiatrie aufgenommen werden musste. Auf diesem Umweg kam sie schließlich ins Therapeutische Heim, wo sie sechs Jahre lebte. Von dort wechselte sie in eine anthroposophische Einrichtung für Jugendliche in größerer Entfernung, und schließlich in eine Einrichtung für Erwachsene, in der sie heute lebt.

Für Frau B. wurde ein weiterer wesentlicher Schritt in der aktiven Aneignung und nicht nur passiv erlittenen Trennung von ihrer Tochter nach den ersten Jahren von Kathrin im Heim möglich: Sie konnte sich auf einen sechswöchigen Aufenthalt in einer psychosomatischen Klinik in größerer Entfernung einlassen. Von diesem Klinikaufenthalt profitierte sie in vielerlei Hinsicht enorm: Danach konnte sie sich konkreter den Fragen Ihrer eigenen beruflichen Zukunft annähern. Zudem lernte sie in der Klinik einen Mann kennen, mit dem sie eine Beziehung aufbaute.

Angesichts dieser lange Zeit zurückliegenden, langwierigen und schwierigen Trennungs- und Individuationsgeschichte möchten wir nun die Diskussion eröffnen mit Blick auf die gegenwärtige Situation der Jugendhilfe und ihrer sozialpolitischen und gesellschaftlichen Rahmenbedingungen. Wir möchten zwei Fragen in den Raum stellen, die sich auf die aktuellen Trends in den in der Jugendhilfe angewandten Konzepten der Sozialpädagogik, Sozialtherapie und Sozialarbeit und auf die vorherrschende Ökonomisierung beziehen:

Hätten möglicherweise andere sozialtherapeutische Interventionsmethoden, die nicht so sehr den unbewussten Abwehrmechanismen der Beteiligten folgen, zu einem schnelleren und anderen Ausgang der Betreuungsgeschichte führen können?

Hätte eine Betreuung mit einem so komplexen Betreuungsansatz auch heute noch, angesichts einer fortgeschrittenen Zielorientierung, zeitlichen Begrenzung und Standardisierung der Hilfen realisiert werden können?

Anmerkung

1 Friedrich Hölderlin, *Abendphantasie*

Vor seiner Hütte ruhig im Schatten sitzt
Der Pflüger, dem Genügsamen raucht sein Herd.
Gastfreundlich tönt dem Wanderer im
Friedlichen Dorfe die Abendglocke.

Wohl kehren itzt die Schiffer zum Hafen auch,
In fernen Städten, fröhlich verrauscht des Markts
Geschäftiger Lärm; in stiller Laube
Glänzt das gesellige Mahl den Freunden.

Wohin denn ich? Es leben die Sterblichen
Von Lohn und Arbeit; wechselnd in Müh und Ruh
Ist alles freudig; warum schläft denn
Nimmer nur mir in der Brust der Stachel?

Am Abendhimmel blühet ein Frühling auf;
Unzählig blühn die Rosen und ruhig scheint
Die goldne Welt; o dorthin nimmt mich,
Purpurne Wolken! und möge droben

In Licht und Luft zerrinnen mir Lieb und Leid! –
Doch, wie verscheucht von töriger Bitte, flieht
Der Zauber; dunkel wirds und einsam
Unter dem Himmel, wie immer, bin ich –

Komm du nun, sanfter Schlummer! zu viel begehrt
Das Herz; doch endlich, Jugend! verglühst du ja,
Du ruhelose, träumerische!
Friedlich und heiter ist dann das Alter.

Literatur

Britton, Ronald, „Zur Theorie psychoanalytischer Technik", in: *Forum der Psychoanalyse* 13/1997, S. 154–171.
Grunwald, Klaus, und Thiersch, Hans (Hg.), *Praxis lebensweltorientierter sozialer Arbeit,* Weinheim und München 2004.
Hurry, Anne, *Psychoanalyse und Entwicklungsförderung von Kindern,* Frankfurt/M. 2002.
— „Die Analytikerin als Entwicklungsobjekt", in: *AKJP* 125/1-2005, S. 21–47.
Kosik, Karel, *Die Dialektik des Konkreten,* Frankfurt/M. 1967.
Müller, Burkhard, „Psychosoziale Hilfen zwischen Markt und Humanität; zum Umgang mit Krisen in unserer Gesellschaft", in: Förderkreis der psychologischen Beratungsstelle Tübingen, Vortragsreihe *Der Mensch ist kein Ding,* Tübingen 1998.
Segal, Hanna, *Melanie Klein. Eine Einführung in ihr Werk,* Frankfurt/M. 1983.
Stern, Daniel, *Der Gegenwartsmoment. Veränderungsprozesse in Psychoanalyse, Psychotherapie und Alltag,* Frankfurt/M. 2005.
Storck, Jochen, „Zur Entstehung der Psychosen im Kindesalter", in: *Kinderanalyse,* Juni 1994, S. 208–248.
Winnicott, Donald W., *Reifung und fördernde Umwelt,* Stuttgart 1967.
— *Vom Spiel zur Kreativität,* Stuttgart 1987.

Ross A. Lazar

„Du hast keine Chance ..., also nutze sie!"
Erziehen, Kurieren und Regieren in Zeiten der Krise

Der historisch-sozial-philosophische Kontext

Als ich vor vielen Monaten anfing, meine Gedanken über dieses spannende Thema zu sammeln, dachte ich an eine semi-biografische „Er-zählung" über meine eigenen Erfahrungen in den „verrückten Lebenswelten" zwischen Gruppe und Individuum. Aber einige Dinge, die inzwischen eindrücklich auf mich gewirkt haben, vor allem die Weltwirtschaftskrise und die amerikanische Präsidentschaftswahl, haben mich davon abkommen lassen und zu dem Schluss gebracht, meine Ausführungen auf viel breiterer Basis aufbauen und ausführen zu müssen als „nur" aus der Perspektive meines eigenen persönlichen Erfahrungsschatzes. Infolgedessen möchte ich heute den Titel hinzufügen: *„Du hast keine Chance ..., also nutze sie!" Erziehen, Kurieren und Regieren in Zeiten der Krise.*

Der erste Schritt in Richtung dieser veränderten Perspektive war das Studium der Aufsätze von Martin Feuling und Christof Krüger.[1] Es sind eine Reihe Punkte darin enthalten, in eloquenter Weise von Christof Krüger formuliert, auf die ich nach und nach eingehen möchte. Zunächst das Freud-Zitat vom Triumvirat des *Erziehens, Kurierens und Regierens*. Als „Erzieher", ausgebildet in Früh- und Sonderpädagogik, konnte ich Erfahrungen in einer Sonderschule in einem Londoner Armenviertel im East End sammeln. Was das „Kurieren" angeht, möchte ich daran erinnern, dass die Psychoanalyse früher als „psychoanalytische Kur", als Therapeutikum im medizinischen Sinne verstanden werden wollte. Und schließlich umfasst „Regieren" die ganze Dimension des Politischen, die in ganz besonderer Weise in unsere Diskussion hineingehört.

Meine weiteren Assoziationen hierzu gingen in historisch/sozialphilosophische Richtungen. Da ich aber weder Historiker noch Philosoph bin, sind meine Gedanken und Kenntnisse diesbezüglich eventuell etwas unscharf. Nichtsdestotrotz möchte ich sie als Denkanregung hier einbringen. Das erste, was mir einfiel, war die folgende schlichte Frage: *Woher stammt die Annahme, dass es dem Menschen in irgendeiner Weise zusteht, dass andere, gar „Dritte" (d. h.*

Fremde, nicht Familie, Clan oder sonst zu ihm "Gehörige") sich um seine Bedürfnisse, seine Nöte und Schwächen, seine Unzulänglichkeiten zu kümmern haben? Ob es solch eine Erwartung der Fürsorge für den Einzelnen bereits in früheren Kulturen, etwa bei den Griechen gab, weiß ich nicht. Aber spätestens die mittelalterlichen Spitäler, die Armenhäuser und Findelheime, die unter der Ägide der Kirche entstanden sind, haben die Idee der Fürsorge bereits verkörpert und danach gehandelt, ohne irgendeinem verbrieften bürgerlichen Recht auf Fürsorge, sondern aus „Barmherzigkeit"[2] und „Nächstenliebe" für das „Kind Gottes" in seiner Not.

Erst Sozialphilosophen und Politiker der Aufklärung wie John Locke in England und Thomas Jefferson in der damaligen englischen Kolonie Virginia haben die Idee artikuliert, dass jeder Mensch einzig und allein durch das Menschsein, durch seine Existenz auf dieser Erde gewisse Grundrechte habe. Deshalb haben Jefferson und seine revolutionären Gründerkollegen in der Präambel der amerikanischen Unabhängigkeitserklärung die berühmten Worte geschrieben: „*We hold these truths to be self-evident, that all men are created equal, that they are endowed by their Creator with certain unalienable Rights, that among these are Life, Liberty and the pursuit of Happiness.*" Zu Deutsch: „Wir halten diese Wahrheiten für ausgemacht, dass alle Menschen gleich erschaffen wurden, dass sie von ihrem Schöpfer mit gewissen unveräußerlichen Rechten begabt wurden, dazu gehören Leben, Freiheit und das Streben nach Glückseligkeit.[3]

Liberté, égalité, fraternité, der entsprechende Spruch der Französischen Revolution, stammt interessanterweise nicht aus der revolutionären Zeit, sondern wurde bereits Ende des 17. Jahrhunderts von dem katholischen Geistlichen François Fénélon geprägt. Diese Begriffe „Freiheit, Gleichheit und Brüderlichkeit" erlangten während der Aufklärung große Verbreitung, und die Betonung auf „Brüderlichkeit" (engl. *the brotherhood* (bzw. *sisterhood*) *of man*) hebt die Wichtigkeit der Gegenseitigkeit und das „Füreinander-da-Sein" hervor.[4]

Was will ich damit sagen? Wenn wir uns als Aufgabe gesetzt haben, bessere Lösungen dafür zu finden, wie wir in der heutigen und zukünftigen „*ver-rückten Lebenswelt*" der knappen Ressourcen, des Egoismus und Narzissmus, der sogenannten „rationalen" Technokratie, des (noch) ungebremsten Turbokapitalismus möglichst gut zurecht kommen, wenn wir gezwungen werden, uns durch die bürokratischen Welten der vorgegebenen Standards, der formalisierten Verfahrensabläufe, des immer mehr markt- und wettbewerbsorientierten Denkens und Handelns hindurchschlängeln zu müssen und dabei für uns und unsere Klienten möglichst viel Freiheit, Respekt für den Einzelnen und seine Lebensqualität hinüberretten wollen, dann tun wir gut daran uns zu besinnen, wie solch *ver-rückte* Ansprüche entstanden sind![45]

Mein nächster Gedanke galt der Frage nach einem „Sozialvertrag". Diese von Rousseau 1762 geprägte Idee hat tiefe Wurzeln in der westlichen Zivilisation und eine komplizierte Geschichte, die ich hier beiseite lasse. Meine Frage heute lautet: Haben wir als Gesellschaft einen noch gültigen Sozialvertrag miteinander, der für die Belange *aller* sorgen muss, sorgen will bzw. kann, oder ist dieser Vertrag bereits gekündigt, bzw. hat es ihn überhaupt je gegeben? Soweit meine begrenzten Kenntnisse deutscher Sozialgeschichte reichen, hat es in Deutschland seit Bismarck eine – nicht einmal durch die Nazizeit ganz zerstörte – kontinuierliche Entwicklung des Sozialstaates gegeben, der seine Bürger und Bürgerinnen zunehmend gegen Arbeitslosigkeit, Obdachlosigkeit, Krankheit, Hunger und sogar gegen soziale Isolation zu schützen versucht hat. Allerdings sahen viele in Gerhard Schröders Agenda 2010 gewissermaßen den letzten Sargnagel für die Beerdigung dieser sozialen Verantwortung. Und wenn man dazu die Tiraden Oskar Lafontaines anhört, müsste man glauben, dass nur er und seine Linken diesen Vertrag wieder zum Leben erwecken können, woran ich persönlich absolut nicht glaube.

Aber selbst wenn wir die Agenda 2010 nicht ändern können (und viele, auch unter den eher Sozialverantwortlichen, würden sowieso vehement dagegen argumentieren), und wenn wir auch nicht glauben, dass Herr Lafontaine, Herr Gysi und Co. die Rettung des Sozialstaates bewirken könnten, was dann? Was, wenn Christof Krüger uns die Hypothese unterbreitete, dass mit der „einseitigen Rationalisierung" ein „mehr oder weniger gewollter *gesellschaftlicher Exklusionsprozess*"[6] im Gange ist nach dem Motto: „Unsere Dienstleistungsgesellschaft ist ein Selbstbedienungsladen für mündige Bürger und Bürgerinnen (sprich „Klienten" oder, noch besser, „*Kunden*"), die wissen, was sie wollen und brauchen. Ausmaß und Wirksamkeit sind kalkulierbar, planbar und messbar, genau so, wie man weiß, womit die Regale des Supermarkts zu füllen sind. Wer dazu nicht in der Lage ist, ist höchstwahrscheinlich selbst schuld daran ... und kann deshalb bleiben, wo der Pfeffer wächst!"

Nur, dagegen schimpfen und wettern wie Herr Lafontaine ist kontraproduktiv; jammern und klagen, wie ungerecht die Welt ist, ebenso nutzlos, und die Revolution ausrufen schon mehrfach erfolglos probiert worden. Also was tun? Blicken wir einen Augenblick zurück auf das, was der deutsche Staat bisher getan hat und zu tun gedenkt.

Der Staat erkennt und übernimmt eine gewisse Pflicht für das Wohlergehen seiner heranwachsenden Bürger und Bürgerinnen

Der erste allumfassende staatliche Schutz der Rechte und Bedürfnisse von Kindern und Jugendlichen wurde 1922 während der Weimarer Republik im Reichsjugendwohlfahrtsgesetz (RJWG) durch den Deutschen Reichstag verbrieft. Dadurch wurde erstmals ein einheitliches Recht geschaffen, das die öffentliche und freie Jugendhilfe zu organisieren versuchte. Als Reaktion auf die weitreichenden Veränderungen in der Gesellschaft und in der damaligen Lebenswelt der Jugendlichen wurde mit dem Gesetz versucht, zum „Wohle der Kinder" staatliche Hilfen bereitzustellen und dabei private Hilfen mit einzubeziehen. Dazu heißt es in § 1 RJWG:

> Jedes *deutsche* Kind hat ein Recht auf Erziehung zur leiblichen, seelischen und gesellschaftlichen *Tüchtigkeit*. Das Recht und die Pflicht der Eltern zur Erziehung werden durch dieses Gesetz nicht berührt. Gegen den Willen der Erziehungsberechtigten ist ein Eingreifen nur zulässig, wenn ein Gesetz es erlaubt. Insoweit der Anspruch des Kindes auf Erziehung von der Familie nicht erfüllt wird, tritt, unbeschadet der Mitarbeit freiwilliger Tätigkeit, öffentliche Jugendhilfe ein.[7]

Dieses Gesetz bzw. seine neueste Novellierung vom 1.1.1991 verspricht

> gegenüber dem Jugendwohlfahrtsgesetz (von 1922) einen Perspektivwechsel in der Jugendhilfe ... und zwar von einem reaktiv eingreifenden Handeln nach ordnungsrechtlichen Regelungen zum Ausbau vorbeugender Arbeit und präventiver Maßnahmen. Prävention und Stärkung der Erziehungskraft der Familie waren die Schlüsselbegriffe in der parlamentarischen Diskussion über die neue gesetzliche Grundlage der Jugendhilfe.

Damit einher geht

ein Paradigmenwechsel gegenüber dem Jugendwohlfahrtsgesetz, vor allem mit der Betonung der Förderung von Familie in ihren Lebenssituationen ... nicht mehr die Behebung von Defiziten und Korrekturen der familialen Erziehung stellt die alleinige Ordnung dar, sondern die *Entwicklung von Fähigkeiten, Strategien und Ressourcen für eine eigenständige Lebensführung, der Aufbau von positiven und aktiven Gefühlen und Kompetenzen für die eigenverantwortliche Partizipation am gesellschaftlichen Leben*[8] (das sogenannte „*empowerment*" von Familie).

Klingt gut, oder? – Die Entwicklung von Fähigkeiten, Strategien und Ressourcen für eine eigenständige Lebensführung, der Aufbau von positiven und aktiven Gefühlen und Kompetenzen für die eigenverantwortliche Partizipation am gesellschaftlichen Leben ... „*empowerment*"! Wer soll, wer kann es sich überhaupt *leisten* dagegen zu sein, dem allzu kritisch gegenüber zu stehen? Allerdings, wie Christof Krüger uns bereits gezeigt hat – und Sie alle kennen sicher viele weitere Beispiele –, sagen uns weder das Parlament noch das Bundesministerium noch die Jugendämter, wie und womit diese hehren Ziele mit ich-schwachen, psychotischen, autistischen, schizophrenen, asozialen und sonstigen sehr beschädigten bzw. unterentwickelten jungen Menschen und deren ebenso beschädigten Eltern zu erreichen sind!

Früher habe ich fest an die Psychoanalyse, und in ihrer weiteren Adaption, an die Psychoanalytische Sozialarbeit als die (omnipotente?) Antwort auf diese Frage geglaubt. Und jetzt?

„*Psychoanalysis is not enough!*"

Psychoanalyse – *alleine* – genügt nicht! (Sonst wäre die Psychoanalytische Sozialarbeit nie erfunden worden!) Nicht nur war und ist und wird sie niemals im notwendigen Ausmaß Teil eines Sozialvertrags werden (sofern es den überhaupt gibt), sondern es hat sich deutlich erwiesen, dass sie zu individualistisch, zu sehr auf den Einzelnen und seine Innenwelt, sein Unbewusstes und seine individuelle Geschichte gerichtet ist, um die schweren Probleme zu bewältigen, mit denen Sie hier in Tübingen und Rottenburg, und wir alle, die in der Psychoanalyse und in der Psychoanalytischen Sozialarbeit tätig sind, zunehmend konfrontiert sind. Es bedarf vieler weiterer Kenntnisse und „*skills*" politischer, diplomatischer, wirtschaftlicher, systemischer, gruppen-dynamischer und sozialpädagogischer Art, um als Mitwirkende und als Institution halbwegs effektiv und überlebensfähig zu bleiben. Allerdings dürfen wir den Blick und die Wertschätzung für das „Nicht-wissen-Können", für Zweifel und Widersprüchlichkeit, für das Mysteriöse und Unbekannte nicht verlieren, nicht aufgeben ... *niemals!* Nur ist nicht zu erwarten, dass die Öffentlichkeit im Allgemeinen und die öffentliche Hand insbesondere uns dabei dauerhaft und verlässlich zur Seite stehen wird. Für den Erhalt und die Pflege dieser mit nichts zu ersetzenden Basis unserer Arbeit müssen wir selber sorgen.

In den vergangenen Jahrzehnten war es vielen von uns in unseren verschiedenen Rollen möglich, einen psychoanalytischen bzw. system-psychodynamischen Beitrag in der Sozialarbeit zu leisten, und dazu möchte ich Ihnen zwei kurze Beispiele aus meiner supervisorisch-beraterischen Praxis schildern, die einerseits den Nutzen, andererseits die Grenzen einer psychoanalytisch-orientierten Sicht der Dinge illustrieren sollen. Es handelt sich zum einen um eine „kleine, aber feine" therapeutische WG mit zehn Plätzen, die in einem Privathaus außerhalb der Stadt untergebracht ist, und zum anderen um ein großes Jugendwohnheim mit mehreren Abteilungen und einer breiten Palette an Angeboten für Jugendliche in Schwierigkeiten.

Beide Häuser gehören privaten Trägern: die kleine WG einem großen überregionalen Träger mit zahlreichen Einrichtungen verschiedener Art und Größe; das Jugendheim untersteht einem kleinen, diakonischen Wohlfahrtsverband. In beiden Häusern habe ich lange und in verschiedenen Rollen gearbeitet, aber meine ausschließlich psychoanalytisch-psychodynamische Orientierung erwies sich für diese Supervisionsarbeit schnell als unzureichend, unbefriedigend und unrealistisch.

In beiden Häusern hatten wir uns von Anfang an für eine Mischung, je nach Bedarf, von Fall- und Teamsupervision entschlossen, aber selbst diese Doppelaufgabe sollte sich als inadäquat erweisen. Zunächst wurden mir in beiden Einrichtungen schwere Betreuungsfälle vorgestellt: AnorektikerInnen, BorderlinerInnen, diverse verhaltensauffällige, dissoziale, süchtige, missbrauchte, verwahrloste und sonstige schlecht bzw. unterentwickelte Jugendliche mit entsprechend verheerendem familiärem Hintergrund. In beiden Häusern legte man großen Wert auf Eltern- bzw. Familienarbeit, soweit dies möglich war. Wir trafen uns in beiden Häusern vierzehntägig für jeweils anderthalb bzw. zwei Stunden pro Team. Im großen Haus waren in jedem Team – sofern die Stellen besetzt waren – vier bis fünf Pädagogen (inkl. oft einer Praktikantin); in der kleinen WG bestand das Team aus acht bis zehn Personen inkl. Leiterin bzw. Leiter und stellvertretendem Leiter, dazu PraktikantInnen und/oder Zivis.

In beiden Häusern war man seit Anbeginn ihrer Institutionsgeschichte der Psychoanalyse verpflichtet als ausschlaggebendes, identitätsstiftendes Merkmal, zumindest auf dem Papier und in den verbalen Aussagen der Leitung. Was dies im Einzelnen, vor allem in der täglichen Arbeit, im täglichen Kampf mit den Jugendlichen und deren Familien bedeuten konnte bzw. sollte, war aber unklar, manchmal gar umstritten.

Als wir anfingen, über die Fälle zu sprechen, und ich stets mit dem gewöhnlichen Werkzeug eines Psychoanalytikers, sprich einer Mischung aus Anamnese, Diagnostik, Psychodynamik und Übertragungsanalyse zu arbeiten versuchte, traf ich zwar meist auf höfliches Interesse und auf eine gewisse Bereitschaft mitzumachen, aber irgendetwas stimmte nicht, irgendetwas fehlte. Es war für die Teammitglieder beider Häuser zunächst nicht einfach festzustellen, warum die Sitzungen allzu oft relativ unbefriedigend waren, und sie taten sich besonders schwer, einem qualifizierten, erfahrenen, älteren und „renommierten" Supervisor zu sagen, dass sie recht unzufrieden waren.

Sofern ich mich erinnern kann, passierte es in beiden Einrichtungen ungefähr gleichzeitig, dass die Teammitglieder schließlich doch zugeben konnten, dass sie die Supervision *zu* psychoanalytisch und nicht ausreichend alltagsnah, nicht „sozialpädagogisch" genug empfanden. Da auch ich gemerkt hatte, dass sie unzufrieden waren, war ich eher erleichtert über diese Kritik. Ich könne zwar versuchen, meine Gedanken und Feststellungen, Vermutungen und Hypothesen bezüglich der zu betreuenden Jugendlichen praxisnäher zu formulieren und alltagstauglicher zu machen, aber darin seien *sie* die Experten, nicht ich, alleine schon gar nicht.

Diese Aussage löste in den beiden Teams verschiedene Reaktionen aus. Die einen, die Bions Gruppenterminologie der *Abhängigkeitsgrundannahme* nachhingen, waren empört, enttäuscht und wollten mich gleich durch jemanden ersetzen, der diese sehr abhängigen und passiven Bedürfnisse besser erfüllen würde. Andere, die latent sowieso nicht viel von einer tiefenpsychologisch orientierten Supervision hielten, fanden meine Aussage eine Bestätigung dafür, dass sie gar keine externe, und erst recht keine psychoanalytisch orientierte

Supervision bräuchten, oder aber eine viel pragmatischere Art der Supervision. Wenn ich erwarten würde, dass *sie* die Arbeit machen, nicht ich, dann könnten sie gleich auf die teuren Supervisionsstunden verzichten! Die Zeit könnten sie ohnehin besser nutzen für die Arbeit, für die Betreuung der KlientInnen.

Das waren zwar recht laute Stimmen, repräsentierten aber nicht die Mehrheit der MitarbeiterInnen. Vor allem in der kleinen WG haben sie es wohl verstanden, dass ich sie als Dialogpartner und „Experten" auf dem Gebiet des Praktischen, Alltäglichen brauchte, um im gemeinsamen Denkprozess ein fruchtbares Gespräch über ihre KlientInnen führen zu können. Eine Zeitlang ist uns das ganz gut gelungen. Dann passierte etwas, das wir alle gut kennen. Die Situation verschlimmerte sich, die Schere ging auseinander. Den Häusern wurden immer schwierigere, immer kränkere, immer asozialere – und im Falle des Jugendheimes immer *jüngere* – Jugendliche von Jugendämtern und Abteilungen der Kinder- und Jugendpsychiatrie zugewiesen und auch – aus Kostengründen – für immer kürzere Verweildauer. Und hier trennen sich die Geschichten, denn die Entwicklung im kleinen Haus nahm eine völlig andere Richtung als im großen, mit entsprechend unterschiedlicher Auswirkung auf mich und meine Rolle: die eine positiv, die andere negativ.

Die Situation im großen Haus verschlechterte sich rapide. Die ohnedies schlecht bezahlten, überforderten und überarbeiteten MitarbeiterInnen wurden zunehmend krank, einige suchten andere Stellen, viele überlegten sich zu gehen. Manche protestierten heftig ob ihrer miserablen Position und Arbeitsbedingungen, aber die ebenso überforderte Leitung wusste auch keine Lösung aus dem Dilemma. Die Jugendlichen im Hause randalierten: Alkohol und Diebstähle wurden zum Massenproblem, Grenzen wurden massiv missachtet, und vor lauter Empörung und Überidentifikation mit den Mitarbeitern, muss ich gestehen, verlor ich weitgehend meine professionelle Distanz, sodass ich nicht mehr in der Lage war, das zu leisten, was ich selbst so oft propagiert hatte, nämlich das „Containment" der ganzen Misere! Es gelang mir einfach nicht mehr, dieses Chaos, die Enttäuschungswut, Verzweiflung und Hilflosigkeit aufzufangen und in mir zu halten, damit sie für alle aushaltbar wurde und vor allem damit vernünftig darüber nachgedacht und bestmögliche Strategien gefunden werden konnten. Nach einigen Monaten der schleppenden Verschlechterung zog ich die Konsequenzen und kündigte.

In der kleinen WG, in der es nicht ganz so dramatisch zuging, dennoch in ähnlicher Weise zunehmend schwierig wurde, war es mir und dem Team ganz anders möglich, unser gegenseitiges Verständnis zu erweitern und gemeinsam neue Wege auszuprobieren, vor allem die Situation *gemeinsam* zu „containen". Sicherlich haben hier das größere Vertrauen und bessere Verständnis zwischen den Teammitgliedern und der Leitung wesentlich dazu beigetragen. Gelernt habe ich aus diesen beiden Situationen viel: Über Rollenflexibilität (ohne in eine *carte blanche*, eine „*Anything-goes*"-Mentalität zu verfallen), über die verheerende Dynamik sich rapide verschlechternder Umweltfaktoren (Finanzen, Belegung, Stellenbesetzung usw.), über die Notwendigkeit einer guten, ehrlichen, nichtnarzisstischen, nicht-omnipotenten Leitung, über die Notwendigkeit eines offenen, transparenten, nachvollziehbaren und pragmatischen Umgangs mit dem Team, sowie über die Grenzen meiner eigenen Kenntnisse, Fähigkeiten und meines Aushaltevermögens. In diesem Sinne ist Psychoanalyse alleine zwar „*not enough*"; sie ist und bleibt aber trotzdem das Fundament für die nötige Haltung und das Aushaltevermögen zum Bewältigen der Probleme. Denn nur eine offene, lernwillige und lernfähige Haltung, wie sie uns Bions Begriff des „*Lernen aus Erfahrung*" lehrt, kann vor Frustration, Verdruss und Mutlosigkeit schützen.

Unser Dilemma und seine „Lösung" aus systemischer Sicht

In den ersten Ausführungen über die Hintergründe und Gedanken zu dieser Tagung hieß es im Untertitel *Über systemorientiertes Denken, Ziel- und Ressourcenorientierung in der Psychoanalytischen Sozialarbeit*. Durch meine Erfahrungen in der systemischen Familientherapie in London, durch den Tavistock-, „Group-Relations"-Ansatz, der ausdrücklich an der Schnittstelle zwischen Psychoanalyse und Systemanalyse arbeitet, und durch meine Kontakte mit systemisch denkenden Kollegen in Linz und Wien habe ich seit Langem Interesse am systemischen Ansatz. Ich versuche mit meinen Beraterkollegen, vor allem mit Dr. Gerhard Hochreiter, Senior Consultant der Beratergruppe Neuwaldegg, Wien, den Austausch, ein gegenseitiges Lernen und Wertschätzen des Ansatzes des anderen zu pflegen und weiterzuentwickeln. Von daher schien es naheliegend, mich im Vorfeld zu dieser Tagung mit ihm über das Thema auszutauschen. Ich möchte die wesentlichen Punkte dieses Gesprächs mit Ihnen teilen.

Was meinen wir mit einem „systemischen Ansatz"?

Wir waren uns schnell einig, dass der systemische Ansatz mit *sozialen Systemen zu tun hat, die innerhalb erkennbarer Grenzen gegenüber der Außenwelt gebildet werden, und die innerhalb dieser Grenzen Rollen, Aufgaben, Regeln und Konventionen definieren, die das Leben im System regeln und damit überhaupt ermöglichen.*

Die nächste, zentrale Frage lautet:
Wie versteht der Systemiker den Konflikt zwischen einer „unmöglichen Aufgabe", („containing the uncontainable", *das „Nicht-Containbare zu containen") und den Sachzwängen der heutigen sozialen und ökonomischen Realität?*

Für meine Begriffe ist „*containing the uncontainable*" eine zutreffende Definition der Primäraufgabe dieses Tübinger Vereins und ähnlicher Institutionen, etwa die beiden Einrichtungen, die ich im Beispiel beschrieben habe. Dr. Hochreiter bot folgende Antwort an:

Das Problem entsteht an der Schnittstelle zwischen zwei Systemen, zwei *Welten,* die *zwei unterschiedlichen und sich widersprechenden Logiken* folgen:
— die Welt der therapeutisch/sozialpädagogischen *Professionslogik,* die personenorientiert ist, die eigene Qualitätskriterien hat, an bestimmte menschliche Werte glaubt und diese zu realisieren versucht, und für die (fast) kein Einsatz zu groß ist, wenn es erfolgversprechend zu sein scheint,

versus

— die Welt der techno-/bürokratischen Gemeinwesen und ihre *Institutionslogik* mit ihren Werten der Rationalität, der Wirtschaftlichkeit, der technischen Vorhersagbarkeit, Planbarkeit, Messbarkeit, Machbarkeit usw.

Und eigentlich müssen wir noch eine *dritte* Welt, nämlich die *„verrückte Lebenswelt"* unserer Klienten hier einflechten, die nach der „Logik des Unbewussten", nach Grundannahmen, nach basalen psychischen Grundbedürfnissen, Ängsten und aufgrund notwendiger, aber entsprechend primitiver Abwehrmechanismen und Strategien funktioniert.

Die Diskrepanz, die diesen drei Welten innewohnt und die sie so weit auseinander bzw. *gegeneinander* treibt, hat Christof Krüger in seinem Beitrag eindrücklich geschildert. Dass diese „Logiken" sich beißen, ist evident; dass die Position der Geldgeber die Werte, die

Erfahrung, die Ziele, Wünsche, Träume und Hoffnungen der Professionellen schlimmstenfalls „schlägt", gar zu „vernichten" droht, liegt daran, dass diese am längeren Hebel sitzen, das heißt, sie haben die *Macht* – ohne dass ihnen in der Regel eine bewusst böse oder feindselige Haltung den anderen gegenüber unterstellt werden kann.

Damit scheint klar, dass den Professionellen droht, zwischen den beiden (inkompatiblen) Fronten der „Verrückten" und der „Technobürokraten" zermalmt zu werden, wenn sie sich nicht etwas Neues einfallen lassen. Denn bleiben sie den alten Verhaltensweisen und Lösungen verbunden, ist die Institution über kurz oder lang überlebensunfähig, bald „tot". Passt sie sich den neuen Umweltbedingungen allzu sehr an, verliert die Institution ihre Identität, ihre Primäraufgabenorientierung und damit ihren *Sinn* und ist früher oder später genauso „tot". Also ... „*Caught between a rock and a hard place!*" – „*Damned if you do and damned if you don't!*", sagen die Amerikaner, hierzulande eher mit „Wie man's macht, macht man's falsch!" zu übersetzen. An der Stelle fällt mir immer der Spontispruch ein, „Du hast keine Chance, also nutze sie!" Aber wie?

Hochreiters Antwort scheint mir sehr im Geiste des Vereins für Psychoanalytische Sozialarbeit zu sein, so wie ich ihn seit dreißig Jahren kenne: „Ver-rücke die Perspektive", sagte er, „verändere Deinen Blickwinkel!" Denn wenn man weiterhin versucht vorwärts zu kommen „mit den Augen fest am Rückspiegel geklebt", wie es Marshall McLuhan vor langer Zeit ausgedrückt hat, fährt man den Karren mit Sicherheit in den Graben.

Das heißt, er sieht unsere Institutionen in einer Umbruchsphase, in der nichts mehr so „ticken" wird wie bisher. Die existentielle Frage lautet nicht: „Wie können wir alles so beibehalten wie bisher?", sondern: „Was und wie müssen wir verändern, damit unsere Identität, unser Selbstverständnis, unsere Werte und der Sinn unseres Tuns möglichst unbeschadet überleben?"

Hoffnungsloser Fall?! Mit solchen hoffnungslosen Fällen arbeiten wir doch die ganze Zeit! Gerade *wir* sind die Experten für hoffnungslose Fälle! Wir müssen es nur wagen, in andere Rollen, in ein anderes Denken zu kommen; wir dürfen bei der hohen Unsicherheit nicht die Nerven verlieren und müssen uns trauen, die richtigen Personen zur richtigen Zeit zu holen, die uns helfen, dieses Dilemma zu lösen ..., denn, sagt Hochreiter, es wird ohnehin letztlich die Aufgabe der *nächsten* Generation, nicht dieser sein, diese Probleme *nachhaltig* zu lösen.[9]

Wenn ich jetzt zum Schluss meiner Ausführungen meinen Blick nach den USA, auf Obamas Präsidentschaft richte, dann könnte ich fast glauben, sie machen uns vor, wie man die Probleme anzugehen hat: nüchtern, offen, transparent, ohne an den alten Sitten und Regeln zu kleben und mit vielen guten, klar denkenden, kreativen und unvoreingenommenen Köpfen und Herzen. Wollen wir es hoffen und in diesem Fall davon ruhig einige Anregungen übernehmen.

Denn wir werden weiterhin versuchen müssen zu „erziehen", zu „kurieren" und, so gut es geht, uns selbst und unsere Institutionen zu „regieren", hoffentlich mit kühlem Kopf und mit fester Hand.

Anmerkungen und Quellen

1 Feuling, Martin, und Krüger, Christof, *Exposé zur 14. Fachtagung 2008: „Verrückte Lebenswelten". Über Systemorientiertes Denken, Ziel- und Ressourcenorientierung in der Psychoanalytischen Sozialarbeit*, Rottenburg 2008.
2 Lateinisch *misericordia*; an zahlreichen Stellen des Alten und Neuen Testaments zu lesen, auch als Ideal im Islam, im Buddhismus, Konfuzianismus und Taoismus.
Die sieben leiblichen Werke der Barmherzigkeit sind:

Die Hungrigen speisen.
Den Dürstenden zu trinken geben.
Die Nackten bekleiden.
Die Fremden aufnehmen.
Die Kranken besuchen.
Die Gefangenen besuchen.
Die Toten begraben.

Die sieben geistigen Werke der Barmherzigkeit sind:

Die Unwissenden lehren.
Den Zweifelnden recht raten.
Die Betrübten trösten.
Die Sünder zurechtweisen.
Die Lästigen geduldig ertragen.
Denen, die uns beleidigen, gerne verzeihen.
Für die Lebenden und die Toten beten.

http://de.wikipedia.org/wiki/Barmherzigkeit.

3 Die erste deutsche Übersetzung der Unabhängigkeitserklärung veröffentlichte einen Tag nach ihrer Verabschiedung der deutschsprachige *Pennsylvanische Staatsbote* in Philadelphia. http://de.wikiedia.org/wiki/Unabh%C3%A4ngigkeitserkl%C3%A4rung_der_Vereinigten_Staaten.

4 http://de.wikipedia.org/wiki/Freiheit,_Gleichheit,_Br%C3%BCderlichkeit#Nicht_Motto_der_Revolution.

5 Meines Erachtens ging und geht es in der amerikanischen Präsidentschaftswahl um die dringend notwendigen Veränderungen *(changes)*, die uns Barack Obama verspricht, d. h. um nichts anderes als diese Frage, umso mehr dadurch, dass wir alle durch die globale Finanz- und Wirtschaftskrise einer in ihrem Ausmaß noch nie da gewesenen Zerreißprobe ausgesetzt sind.

6 Krüger, Christof, s. S. 11ff. im vorliegenden Buch.

7 Stengel, Daniela, Geschichte der Jugendhilfe, 2001; http://www.hausarbeiten.de/faecher/vorschau/103466.html.

8 BMFSFJ (Bundesministerium für Familien, Senioren, Frauen und Jugend), 1996, S. 4; http://www.familienbildung.info/extern.htm?grundlagen_gesetze_standards.html.

9 Diese Aussage erinnert an die „Live"-Supervision, die hier vor einigen Jahren mit Anton Obholzer von der Tavistock Clinic im Rahmen des Bion-Forums durchgeführt wurde.

Michael Günter, Michael Maas, Horst Nonnenmann

„Gemeinsam sind wir stark." Bandenbildung gegen Ohnmacht und depressive Ängste

Horst Nonnenmann

Das Team des Therapeutischen Heims, bekannt als Wohngruppe Hagenwört, hat vor einigen Wochen zusammen mit seinen Gästen und den Bewohnern und Bewohnerinnen das 18-jährige Bestehen der Institution gefeiert. Bei einer Verweildauer der Bewohner von drei bis vier Jahren, manche konnten auch ein wenig länger bleiben, einige Wenige sind kürzer geblieben, hatten wir es mit unterschiedlichen Gruppenkonstellationen zu tun.

Auf diesem Fest wurde auch daran erinnert, dass es eine ganze Reihe Menschen gibt, die die Institution gegründet haben und bis heute eng mit ihr verbunden sind. Kann da vielleicht gar von einer Bande geredet werden? Und wir drei, die wir diesen Text gestalten, würden dann einen Teil dieser Bande darstellen.

Auf der anderen Seite können zwei junge Menschen als Mitbegründer von Hagenwört bezeichnet werden. Der eine meist stumm und nur selten zum Wort findend; die andere laut und schrill, die einen immer wieder um den Verstand zu reden drohte. Zwei autistische Menschen, die fern davon waren, eine Bande zu bilden. Mit ihnen erprobten wir unsere konzeptionellen Überlegungen des Fort und Da und halfen ihnen, Übergänge zu bewältigen, damit sie sich zwischen verschiedenen Orten zu bewegen lernten, um dadurch Voraussetzungen zu schaffen, psychisch reifen zu können. Die Trennung vom Alltagsort in der Wohngruppe, dem Ort der Arbeit oder der Schule und dem Ort der Therapie, war von Anfang an ein wichtiger Aspekt der Konzeption. Der Versuch, eine Verbindung dieser drei Orte herzustellen, mit ihren ganz unterschiedlichen Anforderungen, die wiederum sehr verschiedene psychische Entwicklungsniveaus der Betroffenen anregen, soll in wöchentlich stattfindenden Einzelfallsupervisionen hergestellt werden, in der Mitarbeiter der Wohngruppe und des Arbeitsprojekts und die jeweilige therapeutische Ansprechperson teilnehmen. Die Idee dieses Settings der unterschiedlichen Orte, dem Versuch, diese zu verbinden, aber auch dem Akzeptieren, dass Geheimnisse entstehen, birgt die Vorstellung, dass durch das Erleben einer differenzierten Welt im Außen, in die wir die uns Anvertrauten teilweise geradezu drängen, nach und nach auch zu einer Differenzierung ihres Seelenlebens führen würde.

Die Klientel, die in Hagenwört aufgenommen wird, hat sich im Laufe der Jahre verändert, und wir bekamen und bekommen es mit fast der ganzen Bandbreite der seelischen Behinderung zu tun. Und in den letzten Jahren sind uns kaum noch Menschen begegnet, die im ganz klassischen Sinne dem Leben mit einer eindeutigen autistischen Abwehr begegnen.

In den Arztberichten, die uns vor dem Kennenlernprozess im Anfragenverlauf zugeschickt werden, sind immer häufiger mehrere Diagnosen aufgeführt. Und auch bei unserer alltäglichen Arbeit mit den Menschen, die wir bei uns empfangen, bekommen wir es immer spürbarer damit zu tun, uns mit mehreren, auch teilweise rasch wechselnden Abwehrmechanismen einer Person auseinandersetzen zu müssen, was für den Betreuungsverlauf immer wieder als verunsichernd beschrieben werden kann.

Aufgrund der Schwere der psychischen Erkrankung der jungen Menschen, die in Hagenwört aufgenommen werden können und die wir durchaus auch aufnehmen wollen, gestaltet sich das Miteinander nicht gerade einfach. Oft ist es kaum beobachtbar oder erkennbar, wie sich Bewohner und Bewohnerinnen aufeinander beziehen und etwas Gemeinsames gestalten. Viele der uns anvertrauten Menschen sind so in ihrer eigenen Welt gefangen, dass sie nicht in der Lage sind, wahrzunehmen, dass sie mit anderen etwas Gemeinsames teilen, und dass diese Teilhabe am Sozialen ihr Leben bereichern könnte bzw. sie dahin bringen könnte, dass sie beginnen, ihr Leben zu leben und anzuerkennen, dass sie getrennt vom anderen existieren.

In diesen mühsamen Prozessen, die gekennzeichnet sind von mehr oder weniger heftigen projektiven Identifikationen, sind wir als therapeutisches Team gefragt, uns zur Verfügung zu stellen. Wie in einer Familie geht es darum, Tag für Tag den Alltag zu organisieren und zu strukturieren und dabei immer auch den Einzelnen sowie die Gemeinschaft im Auge zu behalten. Dabei fungieren wir wenn nötig als Hilfs-Ich, um Alltagsbewältigungen zu unterstützen, die damit beginnen, die uns Anvertrauten aus ihren Betten zu bringen und dafür zu sorgen, dass sie am Abend auch wieder in diese hineinfinden. Und dazwischen gibt es auch reichlich zu tun. Unser Bemühen richtet sich immer und immer wieder darauf, mit diesen Menschen in Kontakt zu kommen, in einer Beziehung mit ihnen zu stehen und das Übertragungsgeschehen, in das wir geraten, zu verstehen, was als ein dauernder Forschungsprozess zu verstehen ist. Supervisionen, aber auch andere Begegnungs- und Kommunikationsräume, die dringend notwendig sind, dienen uns dazu, diesen Verstehensprozess voranzubringen.

Da wir es mit Menschen zu tun haben, die sich aufgrund ihrer Lebenserfahrung immer wieder genötigt sehen, Beziehungen, Entwicklungen und das Denken massiv anzugreifen, sind wir es gewohnt, uns nicht ständig auf der Erfolgsspur zu bewegen. Und wahrscheinlich ist es auch kein Zufall, dass wir schon vor Jahren auf einer unserer gemeinsamen Urlaubsfreizeiten nach Lourmarin gepilgert sind, um das Grab von Albert Camus zu besuchen. Damit es uns in Fleisch und Blut und natürlich auch in den Geist übergeht, dass wir uns Sisyphos als glücklichen Menschen vorstellen müssen. Ich denke schon, dass dieser Mythos von dem Steine rollenden Helden uns immer wieder dabei helfen kann, uns erneut ins Zeug zu legen und den Stein wieder in Bewegung zu bringen, um ihn in mühseliger Anstrengung den Berg hochzurollen.

Nur, so frage ich mich, ob es nicht eine irgendwie geartete, sehr enge Beziehung zwischen Sisyphos und dem Stein braucht. Und was geschieht, wenn diese Beziehung, diese Verbindung, angegriffen wird oder, anders gefragt: Ließe der Mythos sich auch beschreiben, wenn Sisyphos es mit mehreren Steinen zu tun hätte, die sich vielleicht auch noch in gänzlich unterschiedlichen Bewegungsabläufen befinden würden? Oder was wäre, wenn die Frage ins Spiel kommen würde, ob der Stein aus Stein sei? Nach diesem kleinen gedanklichen Ausflug, will ich mich nun aber flugs wie ein etwas schwankender, leicht irritierter Sisyphos, unserer Arbeit und unserem Thema, der Bandenbildung, zuwenden.

Ein 17-jähriges Mädchen, durchaus auch als junge Frau zu betrachten, hübsch, für den äußeren Blick völlig unversehrt, mit großen braunen Augen, zieht in unsere Wohngruppe ein, in der Menschen leben, die in der Regel von ihrem bisherigen Leben und dem Wahnsinn, der in ihnen schlummert oder der sie auch ganz offenkundig plagt, deutlich gezeichnet sind, und die sich nicht scheuen oder sich genötigt sehen, sich mit offenkundigen Skurrilitäten durch ihren Alltag und ihr Leben zu bewegen. Melanie, wie ich das Mädchen – die junge Frau – nennen möchte, kommt aus einer Kinder- und Jugendpsychiatrie zu uns, woher sie auch die Diagnose „Störung der Emotionen und des Sozialverhaltens"; Borderline-Persönlichkeitsstörung mitbringt.

Sie weint die ersten Tage sehr viel und vermittelt uns, dass ihr die Umgewöhnung von der Station, wo sie sich am Ende ihrer Behandlung sehr wohl gefühlt hat, in die deutlich offeneren Strukturen unserer Wohngruppe sehr schwerfällt, obwohl wir die Möglichkeit hatten, über einen längeren Zeitraum diesen Übergang zu gestalten.

In unseren Vorbesprechungen, in denen wir diese Aufnahme reflektiert haben, sind auch immer wieder Zweifel aufgetaucht, ob wir ein geeigneter Ort für Melanie sind oder werden könnten. Ich möchte nun noch einige Eindrücke und Erfahrungen mit Melanie schildern. Dies erscheint mir sinnvoll, um die Gruppenprozesse besser zu verstehen, auf die zu kommen heute unsere Aufgabe ist.

Melanie macht durchaus den Eindruck als bemühe sie sich darum, sich dem ihr neuen Rahmen, der sie umgibt, anzupassen. Wir bemühen uns ebenso, vorsichtig in Kontakt mit ihr zu kommen. Bald schon stellen wir fest, wie gut man in exklusiven Zweierbeziehungen in Verbindung mit ihr kommen kann, und wir sind überrascht darüber, wie reflektiert und klug sie über sich zu reden in der Lage ist. Einen Tag, vielleicht auch nur einige Stunden später, müssen wir etwas irritiert feststellen, dass Melanie uns begegnet, als gäbe es uns nicht, als hätten wir nie vertraut miteinander zu tun gehabt, als gäbe es keine Beziehung.

Andererseits ist Melanie sehr daran interessiert, ihre sozialen Beziehungen außerhalb von Hagenwört aufrechtzuerhalten, und sie schwirrt viel zwischen der Klinik und ihrem neuen Wohnort hin und her. Es dauert eine ganze Weile bis wir dahinter kommen, dass Melanie für die meisten ihrer Ausflüge einen Bodyguard braucht, den sie sich teilweise mit viel Mühe als Begleitung organisieren muss. Ihr Handy ist ständig bei ihr. Es scheint ein lebensnotwendiges Instrument zu sein, mit dem sie je nach Bedarf Oma, Mama und diverse Freunde und Freundinnen erreichen können muss.

Melanie hat mit einer uns überraschenden Zielstrebigkeit ihr Zimmer eingerichtet und dabei eine große Selbstständigkeit und Übersicht an den Tag gelegt. Während der ganzen bisherigen Betreuung schafft sie es immer, ihr Zimmer gut in Ordnung zu halten. Direkt vor ihrem Zimmer, einer Art Vorraum, der für alle Bewohner zur Verfügung stehen sollte, sieht es allerdings häufig unordentlich, unaufgeräumt und chaotisch aus. Auch das Frauenbad, das sie mit ihrer Mitbewohnerin teilt, ist häufig in einem Zustand, der als unerträglich zu bezeichnen ist. Es ist unübersehbar, dass dieser Zustand in erster Linie von Melanie hergestellt wurde. Es ist mühsam und anstrengend für meine Kolleginnen, in Kontakt mit ihr über diese Verwahrlosungszustände im Außen zu kommen, weil Melanie sich immer wieder aalglatt aus der Verantwortung zieht.

Ähnlich schwierig sind unsere Versuche, mit Melanie ins Gespräch darüber zu kommen, wie sie die Beziehungen zu ihren Mitbewohnern gestaltet und welche dynamischen Auswüchse daraus immer wieder erwachsen. Laut ihrer Einschätzung möchte sie einfach eine gute Beziehung zu den Menschen ihrer Umgebung, und wenn dies gelegentlich nicht so recht funktionieren will, findet sie sehr schnell die Ursache dafür bei den anderen. Bei unseren vorsichtigen Versuchen, sie auf die manchmal missbräuchliche Art hinzuweisen, in der sie ihre Mitmenschen braucht und gebraucht, reagiert sie heftig und fühlt sich von uns völlig falsch verstanden. Und wir wiederum sind häufig damit beschäftigt, zu überlegen, was wir Melanie zumuten können, um nicht zu sehr in die Position der sie verletzenden und auslöschenden Verfolger zu geraten und Gefahr zu laufen, die mühsam aufgebaute Beziehung zu ihr wieder zu zerstören und sie dann auf altbekannte Mechanismen wie zum Beispiel ihre Selbstverletzungen zurückgreifen müsste. Und natürlich gibt es die Sorge, sie noch mehr in den Beziehungswust der Gleichaltrigen hineinzutreiben und die Lust an der Bandenbildung zu vergrößern.

Über einen längeren Zeitraum beschäftigt es uns gemeinsam auszutarieren, welcher Ton, welcher Takt vonnöten ist, um Melanie adäquat beggnen zu können, und das stellte sich für uns über eben diesen längeren Zeitpunkt als schwierige Angelegenheit heraus, weil die tiefe Zerrissenheit von Melanie sich in der Mitarbeiterinnengruppe, die in unterschiedlichen Funktionen mit ihr zu tun hat, Ausdruck verschafft. Höchst selten ist es möglich, sich über Melanie zu verständigen, ohne dass es zu Missverständnissen, äußerst kontroversen Einschätzungen und damit einhergehenden Verletzungen kommt.

Kevin lebt schon ein Jahr bei uns, als Melanie einzieht. Er ist mit knapp 16 Jahren der jüngste Bewohner, den wir jemals in Hagenwört aufgenommen haben. Auch er kam aus der nahe liegenden Kinder- und Jugendpsychiatrie. Schwere Zwangserkrankungen wurden diagnostiziert. Die Mutter, die in der Nähe unserer Einrichtung wohnt, ist schwer psychisch erkrankt und völlig unstrukturiert und unzuverlässig. Ihr Kontakt zu uns und zu ihrem Sohn bricht nach einiger Zeit ab, was wir zwar nicht begrüßen, aber doch letztlich als etwaige Chance für eine weitere Entwicklung für Kevin erhoffen. Und es gelingt uns, wieder Kontakt zum Vater aufzubauen, der leider mehrere hundert Kilometer entfernt lebt, und der in problematischer Weise, als Kevin ein Jahr alt war, mit Polizeigewalt von seinem Sohn getrennt wurde. Der Beziehungsaufbau zwischen Kevin und seinem Vater ist schwierig, aber es gelingt mit intensiver Unterstützung unsererseits, ein wenig Kontinuität in die Vater-Sohn-Beziehung zu bringen. In der Anfangsphase der Betreuung gelingt es Kevin, eine hoffnungsfrohe Aufbruchstimmung um sich zu verbreiten, aber auch in uns zu wecken.

Nach den vielen Jahren mit seiner verrückten Mutter, seinem Aufenthalt in der Psychiatrie, würde die von uns mit strenger Hand gestaltete Annäherung an die Realität diesem jungen Mann guttun und seine vielleicht tief vergrabenen, aber durchaus vorhandenen Fähigkeiten zur Entfaltung bringen. So sahen unsere etwas euphorischen Zukunftsperspektiven für Kevin aus. Es hat eine ganze Weile gedauert, bis wir feststellen müssen, dass Kevin als Überlebensstrategie zwar zu enormen Anpassungsleistungen in der Lage ist, dies aber völlig von der ihn umgebenden Konstellation abhängt und Augenblicke später wieder verloren zu gehen droht, was eben noch als erworbene Fähigkeit erschien. Kevin betont immer wieder, dass er zu uns gekommen ist, um gesund und normal zu werden. Vielleicht hat er ähnlich wie wir eine Ahnung davon bekommen, wie schwierig es werden kann, normal zu sein. Er schimpft auch immer wieder über seine Mutter und betont, nie so werden zu wollen wie sie. Stattdessen sucht er den Kontakt zu Melanie und richtet seinen ganzen Tagesablauf so ein, dass er möglichst viel Zeit in ihrer Nähe verbringen kann. In geradezu unheimlicher Geschwindigkeit entsteht eine Atmosphäre, in der es scheint, als würde das Zusammensein mit ihr ihm sein Heil bringen, und wir als diejenigen erscheinen, die ihm dies nicht gönnen und seine Freundschaft zu Melanie zerstören möchten. Stehen die beiden zum Beispiel im Garten und unterhalten sich und jemand von uns tritt auch in diesen, um nachzuschauen, ob der Rasen mal wieder gemäht werden muss, giftet Kevin, was wir denn wollen, sie würden schon nichts Verbotenes tun. Hat Melanie zehn Minuten später unser Haus verlassen, kann Kevin völlig angepasst und friedlich auf uns zukommen, um zu fragen, ob er uns beim Einkaufen behilflich sein könne. Es sei ihm gerade so langweilig, und er würde gerne etwas mit uns tun.

Ein anderes Mal wollen wir eine kleine Radtour machen, die wir schon seit Längerem geplant haben. Kevin fühlt sich aber nicht recht wohl und meint, sich eher ausruhen zu müssen. Mit Bedauern akzeptiere ich seinen Rückzug und wende mich anderen Geschäften zu. Als ich am Abend dann von meiner Kollegin höre, dass Kevin mit Melanie am Nachmittag auf einer Shoppingtour unterwegs war, ärgere ich mich aber dann doch sehr. Und mein Versuch, mit Kevin diese Situation aufzuklären, endet mit einer lautstarken Auseinandersetzung, in der ich Kevin nicht erreiche und er vermutlich denkt, dass ich ein Riesenarsch sei.

Meine Gedanken, das möchte ich nicht verhehlen, gehen in etwa die gleiche Richtung, und das Bedürfnis, ihm, wenn nötig, auch mit Gewalt zu zeigen, wo es nun langgeht, wird gelegentlich riesengroß. In unseren Gegenübertragungsfantasien taucht immer öfter der Wunsch auf, ihm mit Gewalt deutlich zu machen, weshalb er bei uns ist, oder aber, was auch immer häufiger passiert, wir stellen resigniert fest, dass wir ihm die Struktur, die er braucht, scheinbar nicht geben können und ihn an einen anderen Ort wünschen. Immer öfter bleiben wir mit dem Gefühl zurück, dass wir aneinander vorbei reden anstatt miteinander etwas zu erarbeiten oder zu erkämpfen. Und auf meine Fragen, warum es zu solchen Begegnungen, die eigentlich gar keine sind, kommen muss, finde ich keine rechte Antwort.

Erschwerend kommt hinzu, dass sich das ganze Gruppengefüge der Wohngruppe verändert, und um es positiv zu beschreiben, die Begegnungen und Bewegungen zwischen den Hagenwört-Bewohnern sich vergrößern, was nicht bedeuten soll, dass die soziale Kompetenz der Bewohner sich wie durch ein Wunder vergrößert hätte. Immer öfter rotten sie sich zusammen. Und immer stärker entsteht in uns das Gefühl, von ihnen ausgeschlossen zu sein. Insbesondere die Nachtbereitschaften, die allein im Dienst sind, leiden nach wie vor darunter, für die regressiven Bedürftigkeiten gebraucht und missbraucht zu werden, sich aber ansonsten in der Rolle des Störenfrieds wiederzufinden.

Ihnen erscheint es atmosphärisch zum Beispiel geradezu unmöglich, sich einfach auch zu der Gruppe ins Wohnzimmer zu setzen. Stattdessen harren sie, beunruhigt im Büro sitzend, der Dinge, die da kommen. Bis zum Beispiel einer der Bewohner sich ausgeschlossen fühlt und hocherregt von der Nachtbereitschaft fordert, sofort seinen Mitbewohnern deutlich zu machen, dass so etwas nicht gehen würde. Unter Umständen kann dies zu einem längeren Prozess werden, in dem mit dem jungen Mann dessen unangenehme Gefühle geteilt und gewissermaßen mitverdaut werden müssen, bevor dieser dann endlich zur Ruhe kommen kann und in der Lage ist, den Weg in sein Zimmer zu finden.

Am nächsten Tag ist es kaum möglich, an dieses Geschehnis anzuknüpfen. Der Versuch, ein Erinnern daran herzustellen, wird schnell wieder als Willkürakt unsererseits definiert, ihm sein abendliches Vergnügen mit den anderen rauben zu wollen.

Michael Maas

Die Begegnungen mit den Jugendlichen gestalteten sich also vor allem in den Augenblicken schwieriger, in denen wir sie als Gruppe antrafen und dabei meist mit zwei Wortführern konfrontiert waren, während die anderen Jugendlichen eher abtauchten. Zur Zeit leben sechs Jugendliche im Alter zwischen 17 und 21 Jahren in unserer Wohngruppe. Wenn ich mich also im Folgenden auf die 2-3-Personen-Kleinstgruppe beziehe – oder sollten wir tatsächlich schon von Kleinstbande sprechen –, dann hielten sich die anderen Jugendlichen meistens auch im engeren Dunstkreis des Geschehens auf. Diese Zusammenkünfte erzeugten häufig eine Stimmung, in der wir Hagenwört-MitarbeiterInnen als zerstörerische Verfolger, im günstigeren Fall als Gefängniswärter erlebt wurden. Das ist auch insofern ein spannendes Phänomen, als es ein wesentliches Anliegen unserer „Gesprengten Institution" Hagenwört ist, den jungen Erwachsenen zur Genüge Raum und Zeit zur eigenen Gestaltung und Entwicklung zu ermöglichen. Wir wollen Begegnungsräume zur Verfügung stellen, in denen sich eine Lebenswelt im Sinne eines verfügbaren, selbstbestimmten und verlässlichen Alltags herstellen lässt. In der Umsetzung sieht das dann so aus, dass wir für die Jugendlichen nicht allumfassend präsent sind – unsere Präsenz soll vielmehr darin bestehen, möglichst verlässlich in den Momenten da zu sein, in denen den jungen Erwachsenen noch keine ausreichenden eigenen Bewältigungs- und Gestaltungsmöglichkeiten gegeben sind. Der Tübinger Professor für Sozialpädagogik, Hans Thiersch, beschrieb diese schwierige Gratwanderung zwischen aktiver Unterstützung bzw. Einmischung einerseits und Zurückhaltung andererseits folgendermaßen: „Lebensweltorientierte Jugendhilfe braucht den Takt, der prüft, was in Situationen angemessen ist, den Takt, der wegsehen, loslassen, Probleme sich selbst überlassen kann und doch einzugreifen den Mut hat, wenn es notwendig erscheint." Das heißt also, dass wir uns – bezogen auf unser Handeln – innerhalb des Kontinuums dreier Fragestellungen bewegen: *Was ist angemessen? Wo wegsehen? Wo eingreifen?*

Zurück zu den schwierigen Begegnungen: In der Wohngruppe Hagenwört gibt es viele Orte, wo man sich treffen kann. Der Garten, das wissen Sie ja nun schon, ist ein besonders beliebter Treffpunkt. Hier treffen sich die Hagenwört-BewohnerInnen meist in der Laube, wo dann nicht nur die Zigaretten rauchen, sondern in zunehmendem Maße auch die Köpfe. Die Atmosphäre entwickelt sich meist rasend schnell zu einer sehr konspirativ anmutenden. Vom Gefühl wird es *mir* als Repräsentant des Hagenwört-Rahmens verunmöglicht, den Garten noch sorglos bzw. unbeschwert zu betreten, um, wenn es schon nicht zum Rasenmähen ist, zum Beispiel Müll zu entsorgen oder im etwas abseits liegenden Gemüsebeet zu arbeiten. „O je, wenn Blicke töten könnten ...", denke ich mir noch im schnellen Passieren der Laube. Die von mir als konspirativ empfundene Jugendbande steckt nun noch tiefer die Köpfe zusammen. Es wird vernehmlich geflüstert, ohne dass Inhaltliches rüberkommt, außer die zur Stereotypie geratende Floskel: „Bleib mal cool, wir tun schon nichts Verbotenes. Außerdem nervst du!" Zunächst mag es auch den Anschein haben, dass sich hier eine Peergroup zusammengefunden hat, um sich durchaus altersadäquat von der Erwachsenen- bzw. Elterngeneration abzugrenzen. Ganz offensichtlich fehlen den Jugendlichen aber Themen, die sie im konstruktiven Sinne verbinden, weshalb sie Szenarien besprechen, in denen sich ihre ehemals gegebenen, nämlich zerrissenen bzw. fragmentierten Lebensverhältnisse widerspiegeln: Wir, die Hagenwört-MitarbeiterInnen, werden als diejenigen wahrgenommen und angesprochen, die die Jugendlichen *schikanieren, mobben, fertigmachen* wollen. Äußerungen unsererseits, die durchaus wohlmeinende Idee, den Jugendlichen mit eventuell halt- bzw. strukturgebenden Hinweisen einen überschaubaren und nicht willkürlichen Alltag zurückzugeben, werden als Bedrohung erlebt. Erst recht werden die im Flur aushängenden Hausregeln als Schikane abgetan. Schnell – und weiß Gott nicht unbemerkt – befinden wir uns dann in einer äußerst verrückten Lebenswelt, in der wir es mit einer zusammengerotteten Bande zu tun haben, der alle Mittel recht zu sein scheinen, unser Denken zu attackieren: Jede Begegnung bzw. jedes Inhalt-stiften-wollende Beziehungsangebot unsererseits wird von den Jugendlichen als Angriff wahrgenommen. In der Abständigkeit eines Vortrages ist es schwer zu vermitteln, wie unglaublich destruktiv und Kräfte zehrend diese Begegnungen sind, weshalb ich gerne die Übergabe vom 28. Dezember vergangenen Jahres zitieren möchte, in der ein Kollege für seine eigene Psychohygiene, wie er seinen Bericht einleitete, sehr ausführlich von der

Gruppendynamik berichtet. Treffpunkt ist diesmal nicht die Laube, sondern der PC-Platz direkt angrenzend ans Wohnzimmer, welches sich in unmittelbarer Nähe zum Büro der Wohngruppe befindet. Hauptakteure sind die 21-jährige Sabrina und Kevin, wobei ich betonen möchte, dass die Personen durchaus austauschbar sind, zu sehr ähneln sich ihre Handlungsmuster. Sie wirken oft wenig bis überhaupt nicht voneinander abgegrenzt und nehmen oft bis ins Detail Verhaltensmuster des jeweiligen Gegenübers auf.

Also, ein so nicht unbedingt zu erwartender, anstrengender, ärgerlicher, nicht nur an Grenzen rüttelnder, vielmehr sie überschreitender Abend; eine lange Nacht, kaum Schlaf, Nachtdienst statt Nachtbereitschaft für zwei Personen, die zwar schon in Nöten sind, aber doch die gestrige Eskalation aktiv herbeigeführt haben, ohne dass es unvermeidlich gewesen wäre. Nach der Übergabe betrete ich gegen halb neun die Küche, werde begrüßt, viel mehr nicht. Sabrina sitzt vor dem PC, chattet, Kevin als Begleiter in der Nähe. Ich frage, wie denn Weihnachten gewesen sei – keine bzw. kurze Antwort. Da Sabrina weiterhin vertieft am PC sitzt, frage ich sie, wie denn die Vereinbarungen bezüglich PC aussähen und ob sie diese noch im Kopf habe: Ab 20 Uhr sei doch das Gerät auszuschalten. Was denn für eine Vereinbarung?, meint sie, sie wisse von nichts, sie hätte doch schon oft länger vor dem PC sitzen dürfen. Kevin mischt sich ein, mit der Meinung, dass man doch auf jeden Fall länger machen dürfe, was das nun solle!? Es war gleich ein großer Widerstand im Spiel, darum erinnerte ich Sabrina an ihre Abmachung mit Horst, dass sie von 19 bis 20 Uhr am Computer sein könne. Es tut sich erst nichts. Sie bleibt einfach sitzen. Ich gehe zum Durchschnaufen kurz ins Büro, um dann nach einer Weile nochmals mit ihr in Kontakt zu kommen. Ich sage ihr, dass es ja die Möglichkeit gebe, um 20 Uhr zu sagen: Thomas, ich weiß, eigentlich geht's nur bis acht, aber darf ich heut' mal länger, als Ausnahme, ist ja wenig los?! Das kann sich Sabrina leider gar nicht gut anhören, fragt mich vielmehr pampig, was ich denn eigentlich für einen Stress mache. Nach einer weiteren Weile sitzt sie immer noch am PC, ich sage zu ihr: Also mach jetzt bitte aus, da es dir anscheinend nicht möglich ist, nach einer Verlängerung zu fragen. Sabrina chattet noch einige Minuten erregt, dann verlässt sie gereizt den PC und geht nach oben auf ihr Zimmer. Kurz darauf geht Kevin nach oben, ich gebe ihm noch mit auf den Weg, dass ich erwarte, dass er nicht gleich hinter Sabrina herspringt. Eine halbe Stunde bekomme ich von beiden nichts mit, habe allerdings das Gefühl, dass sie sich nicht an den Tipp halten, dass jeder einmal etwas für sich alleine tun solle. Dann kommen sie auch schon gemeinsam runter. Sabrina klopft an der Bürotür. Sie wolle sich entschuldigen, sie habe in ihren Regeln nachgelesen, und da stehe tatsäch-

lich, PC-Zeit von 19 bis 20 Uhr ... Ich erwidere daraufhin, das sei ja schön und gut, dennoch erkläre und rechtfertige das nicht ihr vorheriges Verhalten, da ich sie ja bereits auf die Regeln hingewiesen hätte. Vielmehr hätte sie die Strategie, alles auszureizen und sich an keine Absprachen mehr zu halten. Das verstehe sie jetzt nicht. Was ich denn wolle, sie hätte sich doch entschuldigt. Außerdem wolle sie mich bitten, nichts dem Tagdienst zu erzählen. Wieder eine halbe Stunde später plant Sabrina zu einem Freund, Paul, zu gehen. Der Tagdienst wüsste das schon. Ich nehme das trotzdem mit Befremden zur Kenntnis und erwähne, dass sie sicherlich von ihrer Mitbewohnerin Jennifer wisse, dass Paul sie nicht immer gut behandelt habe. Sie wolle doch gar nichts von ihm, meint sie. Daraufhin zieht sie sich gemeinsam mit Kevin ins Wohnzimmer zurück. Von dort höre ich sie plötzlich schreiend mit Paul telefonieren, sie scheinen sich heftig zu streiten. Sie macht keine Anstalten aus dem Wohnzimmer zu gehen, obwohl Kevin da sitzt. Ich gehe ins Wohnzimmer und rate ihr, etwaige Beziehungsprobleme könne sie in dieser Lautstärke bitte woanders als im Wohnzimmer klären. Wieder pampige Reaktion. Wenig später verlässt sie Türe schlagend das Haus. Sie wäre die nächsten zwei Stunden, bis Mitternacht bei Paul ...
In der Zwischenzeit: Kevin ist plötzlich zahm wie ein Lämmchen. Schläft bald vor dem TV. Ich wecke ihn nach 23 Uhr, er solle doch ins Bett gehen. Er rafft sich auf, kurzes nettes Gespräch im Büro. Er erinnert sich, dass er noch den Hamster von Melanie versorgen muss. Auch meint er noch, es bringe nichts, auf Sabrina zu warten, wenn die erst um Mitternacht zurückkomme, da müssten sie ja allemal ins Zimmer. Alles wunderbar!, dachte ich – erst ...
Ich höre ihn kurze Zeit später von der zweiten Etage in den ersten Stock laufen, wo er eine ganze Weile zu bleiben scheint. Wieder habe ich dieses Kontrolliergefühl, schaue kurz in den ersten Stock. Kevin läuft mir geradewegs in die Arme. Er kommt vom Rauchen auf dem Balkon. Ich versuche ihn ruhig auf das Rauchverbot in der Hausordnung anzusprechen. Ich habe das Gefühl, dass ich ihn mit meinen Worten nicht erreiche. Frage ihn, warum er sich an keine Absprache halten kann. Doch, doch, meinte er, meine Worte würden ihn schon erreichen, aber es gehe ihm halt gerade nicht so gut. Dann geht unten die Haustür auf. Sabrina kommt rein. Ich beende das Gespräch mit Kevin und sage zu den beiden, jetzt sei Rückzug ins Zimmer angesagt, jeder auf sein eigenes. Keine zwei Minuten später, ich bin noch beim Ausschalten des Trockners im ersten Stock, höre ich Sabrina oben laut telefonieren, weiß erst nicht, mit wem. Um halb eins wolle man sich treffen, Tür offen stehen lassen, leise sein, damit die Nachtbereitschaft nichts hört, so die Anweisungen. Frage mich, ob dies Kevin gilt oder Paul. Warte ob der Dreistigkeit wegen die 15 Minuten im Büro unten ab und höre dann Kevin in diesem knarzenden Treppenhaus nach oben schleichen. Ich gehe auch nach

oben, klopfe, trete ein. Sabrina will noch so tun, als sei nichts Besonderes geschehen, Kevin wolle gerade gehen. Ich sage immer noch recht ruhig, dass sie es heute Abend ausreizen und auf die Spitze treiben, dass es so nicht weitergehe und alles weitere morgen mit dem Tagdienst besprochen werde, dass ich aber wohl mitbekommen habe, dass alles telefonisch organisiert und dies alles andere als eine Belanglosigkeit sei. Daraufhin geht Sabrina hysterisch an die Decke, Scheißladen, ihr wollt mich eh loswerden, dann ziehe ich halt aus und gehe. Sie fängt an zu packen. Ich begleite Kevin nach unten. Er soll ins Zimmer gehen und nicht noch einmal im Haus herumschleichen. Zurück zu Sabrina. Packt. Kaum ansprechbar. Will zu Paul. Ich rufe Brigitte an, sie hat von den Tagdienstlern Hintergrund, überrede Sabrina, auf Brigitte zu warten. Diese führt mit Sabrina ein halbstündiges Gespräch bis ca. 1.30 Uhr. Lage scheint sich zu beruhigen. 2.30 Uhr: Sabrina verlässt das Haus, kommt kurz vor fünf wieder. War sicherlich bei Paul.

Dieser Ausschnitt aus dem Alltag in Hagenwört ist beispielhaft in seiner Verrücktheit – vielleicht auch der Betreuenden – gerade in Bezug auf Normen und Maßstäbe, die hier Anwendung finden. Unsere Arbeit in der Wohngruppe ist eigentlich durchgängig eine Gratwanderung zwischen Gewährenlassen einerseits und strukturierendem Eingreifen andererseits. Vor allem aber zeigt dieses Beispiel, wie schwer es ist, einen Überblick zu gewinnen oder zu behalten. Die Bilder und Formen der jeweiligen Hagenwört-Gruppierungen ändern sich nämlich ständig. Vieles bleibt dem Zufall überlassen. Wir bekommen zunächst nicht wirklich eine Ahnung davon, was Sabrina, Melanie, Kevin und den anderen hier nicht genannten Jugendlichen ihre Zusammenschlüsse bedeuten, wie und warum sie sich „brauchen". Allerdings lösen diese Begegnungen immer wieder von Neuem Gefühle der Ohnmacht, wenn nicht gar Verzweifelung in uns aus; und die Erinnerung an frühere Zeiten, als wir noch vorwiegend mit einer Personengruppe zu tun hatten, bei der wir auf eine doch sehr verlässliche autistische Abwehr trafen. So verrückt es auch klingen mag: Damit ließ sich richtig gut umgehen ...!

So aber stellt sich im aktuellen Alltag immer wieder von Neuem die Frage, wie denn hilfreiches Eingreifen bei der Hagenwört-Klientel überhaupt zu definieren ist, da wir es neben unserer – fast möchte man jetzt also sagen – grundsoliden autistisch-psychotischen Klientel vermehrt mit borderline-strukturierten Jugendlichen zu tun haben, die allesamt eine Affinität zu dissozialen Verhaltensmustern aufweisen. Selbstverständlich wollen wir in unserer Wohngruppe Begegnungsräume gestalten, die ressourcenorientiert ansetzen, die den Jugendlichen Raum, Zeit und Beziehungsmuster eröffnen, in denen sich eine Lebenswelt im Sinne eines weitgehend eigenverfügten, selbstbestimmten und verlässlichen Alltags konstruieren lässt. Allerdings: Ein Großteil der Jugendlichen bzw. jungen Erwachsenen reinszeniert vielmehr eine unsäglich destruktive Lebenswelt, in der vor allem der willkürliche Umgang miteinander herausragt. So vieles, was wir anbieten, wird zunächst zunichte gemacht. Noch problematischer wird es schließlich dann, wenn unsere eher autistischen Bewohner, die meist schrille bis schrullige Einzelgänger sind, sich aus ihrer doch sehr schützenden bzw. isolierenden Schale herauswagen, um in der beschriebenen Gruppe Anschluss zu finden. Das kann eigentlich nur schief gehen, da es diesem Personenkreis nicht annähernd gelingt, die vielfältig zerrissenen Bindungsstrukturen innerhalb der Gruppe zu erkennen, geschweige denn zu verstehen. So ergeht es beispielsweise Benedikt. Er ist ein junger Mann, 21 Jahre alt, der neben autistischen Zügen extrem zwanghaft ist. Er ist mittlerweile der Altvordere in unserer Wohngruppe. Seit ca. dreieinhalb Jahren lebt er hier. Er möchte gerne „dazugehören", auch wenn er nicht so wirklich weiß, wozu eigentlich. Er gerät oft ungewollt ins Gruppengeschehen, weil er im Wohnzimmer den TV-Musikkanal *VIVA* geradezu aufsaugt. Er guckt sich Outfit und Gebaren der dort auftretenden Stars und Sternchen ab. Und meist ist es ein Videoclip, ein bestimmter Popstar, mit dem sich der junge Mann dann über Wochen vergleicht. Die Gruppe benötigt er insofern, als er sich von ihr gerne Bestätigung holt, dass er eigentlich auch das Zeug zum Superstar hat. Und schon sitzt er in der Falle, weil die Gruppe, allen voran Melanie und Kevin, ihn missbrauchen, indem sie ihm nicht nur verbal bestätigen, dass er einmal ganz groß rauskommt und alles haben kann. Zur optischen Unterstützung entblößt Melanie für einen – im wahrsten Sinne – kurzen Augenblick ihre Brüste. Nach einigen Minuten wenden sich die beiden dann recht schroff von Benedikt ab und verlassen ohne ihn das Haus. Vorher teilen sie ihm noch mit, dass sie ihn nicht dabeihaben wollen. Der zurückgelassene Benedikt kann sich nun gar nicht mehr auf *VIVA* konzentrieren. Vielmehr verfolgt und zermartert ihn nur noch ein einziger Gedanke, und das häufig über Tage und Wochen: „Ich bin schon wieder misstrauisch!" Diesen Satz spricht er nicht nur aus, sondern er agiert ihn in einer ungeheuren Vehemenz gegen uns gerichtet. In diesen Augenblicken entsteht eine ganz angespannte Stimmung. Benedikt wird lautstark, äußert Morddrohungen und poltert in unerträglicher Weise durchs Haus. Er ist kaum mehr zu beruhigen, und nicht selten kommt in diesen Fällen Bedarfsmedikation zum Einsatz, weil auch exklusive 1:1-Beziehungen die Ängste dieses jungen Mannes nicht mehr binden können. Oft ist auch Tage später die Stimmung noch sehr angespannt. So können wir aus einem Übergabebericht Folgendes erfahren:

Benedikt war viel im Büro und schien einfach keinen Punkt zu finden. Verwickelte mich immer wieder in neue heftige und lautstarke Diskussionen und fing x-mal mit seiner Misstrauens-Geschichte an, er hätte die Melanie zum letzten Mal vor drei Tagen gesehen, als sie nach dem *VIVA*-Clip mit Kevin das Haus verlassen habe. Was denn da vorgefallen wäre bzw. was wir mit ihr gemacht hätten, dass sie ihn nicht mehr sehen wolle. Insgesamt wirkt er auf mich sehr angespannt, misstrauisch und daher fürchterlich vereinnahmend, er kann meine Erklärungsversuche nicht annehmen bzw. er scheint sie gar nicht zu hören, vielmehr steigert er sich immer mehr in die Thematik hinein. Da muss man noch um das eigene Wohlergehen fürchten.

Hier taucht sie plötzlich wieder auf. Die oft als ungeheuer zerstörerisch erlebte Gewalt, die mehr und mehr das Übertragungsgeschehen beeinflusst. Allerdings ist die Gewaltfantasie in diesem Fall völlig anders akzentuiert. Hatten wir bei dem von Horst genannten ersten Beispiel mit dem Gegenübertragungsgefühl zu tun, Kevin mehr oder weniger in die „Normalität" prügeln zu müssen, so taucht jetzt Gewalt in der Gegenübertragung als Handlungsinstrument auf, um die eigene Haut retten zu können, um ja nicht Opfer von Benediks Gewalttätigkeiten zu werden.

Eigentlich, und daran möchte ich an dieser Stelle nochmals erinnern, versucht der von uns verfochtene milieupädagogische Ansatz, den Jugendlichen einen Alltag in einer doch sehr strukturierten, also überschaubaren und verlässlichen Form zu vermitteln und dann danach zu fragen, welche Fördermöglichkeiten im Hinblick auf eine soziale und berufliche Integration in Betracht kommen. In einer solchen Atmosphäre liegt die besondere Bedeutung auf persönlich überschaubare, eben verlässliche Beziehungsstrukturen, in denen es eine gelungene Balance von Gemeinschaft und Individualität gibt. Wird dieser Begegnungsraum aber anhaltend mit – nennen wir es – Misstrauen versehen, werden unsere Gestaltungsmöglichkeiten zunächst einmal erheblich eingeschränkt. Man könnte das auch dramatischer formulieren: unser Handeln im Alltag ist immer in Gefahr, von den Verrücktheiten der gegebenen Lebenswelt zu sehr aufgesogen zu werden. Die hier sicherlich erforderliche Pragmatik birgt das

Risiko, nur noch im Alltag mitzuschwimmen, keine genügenden Abständigkeiten mehr herstellen zu können. Die Präsenz im Alltag, das Eintauchen in vielfältige Begegnungsräume, lässt uns auf jeden Fall aber in unterschiedliche Übertragungsdynamiken geraten, die es zu verstehen bzw. zu entschlüsseln gilt, das ist nichts Neues.

Bevor wir aber in einer abständigen Reflexion zu begreifen beginnen, was mit uns angestellt wird, haben wir im unmittelbaren Alltag vielfältige Spaltungs- und Entwertungsprozesse zu überstehen. Die Jugendlichen möchten uns nicht nur für ihre Zwecke vereinnahmen, sondern sie versuchen – bewusst und/oder unbewusst – uns gegeneinander auszuspielen. Auf dieses Phänomen wies Horst im Zusammenhang mit Melanie hin, wie sich die tiefe Zerrissenheit Melanies auf das Team übertrug. Wir bieten diesbezüglich sicherlich sehr viel Projektionsfläche – das ist übrigens eines der therapeutischen Momente in einem ansonsten sehr pädagogischen Milieu –, weshalb vorübergehende Spaltungen im Team nicht ausbleiben. Allerdings – so kann man das nach 18 Jahren der gelungenen Existenz unserer Wohngruppe wohl behaupten – werden diese Spaltungen, diese sehr fragmentarischen Anteile der Jugendlichen, relativ frühzeitig erkannt und in ihre unterschiedlichsten Begegnungsräume möglichst bearbeitet zurückgeführt. Diese Bearbeitungen finden vor allem in den sehr dicht stattfindenden Supervisionen statt. Wir erfahren in diesen Teamsupervisionen immerfort etwas von der Andersartigkeit unserer KollegInnen. Das Verständnis hierfür sichert unsere Existenz, weil das Anerkennen unserer unterschiedlichen Charaktere und Geschlechter eines unserer wertvollsten Arbeitsinstrumente darstellt (wie sagte vorgestern Benedikt beim Abendessen? „Du, Horschd, i wär so gern dei beschd'r Deil").

Gerade die Bandenbildung seitens der Jugendlichen ist es, die innerhalb des Teams zu unterschiedlichsten Wahrnehmungen und so auch zu unterschiedlichen Bewertungen führt. Wir horchen aufeinander und sind nicht selten erstaunt, welche unterschiedlichen Qualitäten von Toleranz, Angst, Aggression oder Abneigungen wir diesem Gruppengeschehen entgegenbringen. Was wir überhaupt nicht bzw. – das ist eine ehrlichere Formulierung – kaum mehr tun: Wir begeben uns nicht in ermüdende Endlos-Diskussionen, um den oder die KollegInnen von der Richtigkeit der eigenen Erlebniswelt zu überzeugen. Wir mögen hier also sehr unterschiedliche, persönliche Strategien in der Bewältigung der eigenen Ohnmacht gegenüber Bandenbildungen einsetzen, eine Haltung bleibt allerdings rahmensichernd: Wir lassen uns von den fortwährenden Entwertungsprozessen nicht zu Idioten machen, auch wenn, wie oben schon erwähnt, ständig unser Denken angegriffen wird.

Selbstverständlich ist es für einen pflichtbewussten, mit der Jugendkultur und Psychoanalyse sich beschäftigenden Sozialarbeiter schwer erträglich, wenn man auch nach über dreijähriger Begleitung eines Jugendlichen festzustellen hat, dass seine Fähigkeit, tragfähige Kontakte herzustellen, mehr oder weniger dauerhaft beeinträchtigt bleibt. So ist es für uns äußerst mühsam und beinahe nicht leistbar, einen Überblick bezüglich des tatsächlichen Eingebundenseins des Betroffenen in seine – nennen wir es Hagenwört-Peergroup zu bekommen oder gar zu behalten. Denn, wie gesagt: Die Bilder und Formen dieser Gruppe, in der sich ja ausschließlich ich-strukturell schwerst gehandicapte Jugendliche zusammenfinden, ändern sich ständig. Wer schließt sich wem an? Vieles bleibt scheinbar dem Zufall überlassen. So bereitet es uns im Alltag fortwährend große Schwierigkeiten, uns mit den Jugendlichen entlang ihrer Abwehr zu bewegen, sie in entscheidenden Momenten auch mal zu „durchbrechen", weil ihre Abwehr so multiple und schillernde Mechanismen aufweist. Zu wenig wissen wir darüber, was den Jugendlichen das Leben in diesen ständig wechselnden Gruppenkonstellationen bedeutet. Die Sprunghaftigkeit von einem sogenannten Freund zum nächsten: Ist sie ein Ausdruck manischer Abwehr? Ist es die Angst, sich auf Normalität einzulassen, weil es die Erfahrung gibt, dass man in dieser anscheinend normalen Welt bis heute nicht angekommen, geschweige denn aufgenommen worden ist? Oder ist es einfach nur die ständige, vielleicht auch getriebene Suche nach Normalität und einem ganz normalen Freund?

Wie hat es Reinhart Lempp vor vielen Jahren einmal ausgedrückt: Unsere Klientel wurde den „gesellschaftlichen Siphon" hinuntergespült. Die jungen Menschen, die wir in Hagenwört empfangen, kennen sich jedenfalls mit Normalität sehr wenig aus, ja, ich würde sogar mittlerweile weitergehen und behaupten, dass sie alles daransetzen, um möglichst wenig mit normalem Alltag zu tun zu haben. Wir erleben im Hagenwört-Kontext wahrscheinlich sehr häufig junge Menschen, die eine manische Abwehr aufgebaut haben, die regressive Wünsche gar nicht mehr zulässt. Das mag teilweise altersadäquat sein, fatal ist diese Tendenz aber in Bezug auf das Eingehen bzw. vielmehr Nicht-EingehenKönnen eines pädagogisch-therapeutischen Bündnisses. Diese Feststellung provoziert dann natürlich eine spannende Fragestellung bezogen auf die Einzelstunden, die jeder Jugendliche, der in der Wohngruppe lebt, besucht: Müssten *wir* nicht die „Einzelstundenmacher" über bestimmte Gruppenprozesse dichter informieren, damit sie mit den jungen Erwachsenen an ihrem Verhalten in der Gruppe arbeiten können? Aber wie verträgt sich das mit der Gesprengtheit der Institution, der Getrenntheit der verschiedenen Orte? Wenn sich die Jugendlichen von den Erwachsenen abzugrenzen versuchen, sie den Wunsch haben, uns von den Geheimnissen der Clique fernzuhalten, dann ist das zunächst ein normaler Prozess in der Adoleszenz, die Eltern werden ent-idealisiert. Den früh traumatisierten, ich-strukturell gehandicapten Jugendlichen ist aber genau diese Ent-Idealisierung nicht möglich bzw. zu gefährlich. Die Idealisierung muss unter allen Umständen aufrecht erhalten werden. So kommt es bei den meisten Jugendlichen zu einer Abspaltung aggressiver Gefühle, die verstärkt auf das Hagenwört-Team gerichtet werden.

So müssen wir wohl unser Verständnis von Peergroup als normale bzw. selbstverständliche Stütze bei der Ablösung, als Austragungsort für Konflikte bzw. Übungsort für Konfliktbewältigung in der Wohngruppe Hagenwört fortwährend hinten anstellen. Ute Streeck-Fischer bezeichnete die Peergroup einmal als Entwicklungsmotor, als Durchlauferhitzer. Das ist ein sehr schönes, sehr konstruktives Bild. In Hagenwört aber hat es oftmals den Anschein, dass die Peergroup vor allem missbräuchlich und entwicklungshemmend in Erscheinung tritt. Sie scheint häufig destabilisierende Wirkung zu haben.

Und schließlich sehen wir uns noch mit einem weiteren Problem konfrontiert, das hier nicht näher behandelt, auf das aber zumindest hingewiesen werden soll: Jugendkultur ereignet sich nicht mehr unbedingt in sozusagen konstanten, real existierenden Gruppen. Vielmehr erscheinen die Gruppen plötzlich wieder mehr als zersplittert. Zählte der Jugendliche eben noch zur Gruppe, ist aus ihm am nächsten Tag schon eine Art Einzelgänger geworden, der das Gruppengeschehen nun einem PC entnimmt. Plötzlich befindet sich der Betroffene in einer „virtuellen" Gemeinschaft, in der Horrorfilme und Gewaltvideos den meisten Anklang finden.

Für uns bleibt es jedenfalls eine andauernde Aufgabe, die verrückten Lebenswelten der Jugendlichen ein wenig besser zu begreifen und sie ein wenig kompatibler mit unserer Lebenswelt zu machen. Allerdings: In solch schwierigen Situationen geht es oft wirklich nicht anders, als auf das Karussell der Gruppendynamik aufzuspringen, während der Fahrt zu handeln und dabei zu hoffen, dass das Gefährt nicht nur zum Stehen kommt, sondern dass wir bis zum Halten auch noch halbwegs schwindelfrei bleiben. Beim Vermeiden derartiger Nebenwirkungen unterstützt uns unser Supervisor, Michael Günter, der vor einigen Jahren einmal das Bonmot prägte, wir Hagenwört-Mitarbeiter seien „HDVler", die erst handeln (dafür das H), dann denken (wie D) und mit Hilfe der Supervision vielleicht und hoffentlich auch zum krönenden V wie „Verstehen" gelangen – in diesem Sinne überlassen wir das Wort nun unserem Supervisor.

Michael Günter

Die Bandenbildung als pathologischer innerer Abwehrmechanismus wurde von Rosenfeld in seinem Aufsatz über den destruktiven Narzissmus eindrücklich dargestellt. Ich werde zunächst eine längere Passage aus diesem Aufsatz zitieren, um so einen Eindruck davon zu vermitteln, in welchem Zusammenhang Rosenfeld diese Prozesse verstand:

> Der destruktive Narzißmus dieser Patienten erscheint oft komplex organisiert, als hätte man es mit einer mächtigen Bande zu tun, die von einem Führer beherrscht wird, welcher alle Mitglieder daraufhin kontrolliert, daß sie sich gegenseitig dabei unterstützen, die destruktive kriminelle Tätigkeit wirkungsvoller und energischer zu verrichten. Die narzißtische Organisation erhöht jedoch nicht nur die Stärke des destruktiven Narzißmus, sondern sie dient auch dem Abwehrzweck, an der Macht zu bleiben und den Status quo aufrechtzuerhalten. Das Hauptziel scheint zu sein, eine Schwächung der Organisation zu verhindern und die Mitglieder der Bande zu kontrollieren, damit sie die zerstörerische Organisation nicht verlassen, um sich den positiven Teilen des Selbst anzuschließen oder die Bandengeheimnisse der Polizei, d. h. dem schützenden Über-Ich zu verraten, das den hilfreichen Analytiker repräsentiert, der in der Lage sein könnte, den Patienten zu retten. Wenn ein Patient dieser Art in der Analyse Fortschritte macht und sich ändern möchte, träumt er häufig, von Mitgliedern der Mafia oder von jugendlichen Verbrechern angegriffen zu werden, und es kommt zu einer negativen therapeutischen Reaktion. Nach meiner Erfahrung ist die narzißtische Organisation nicht primär gegen Schuld und Angst gerichtet, sondern scheint zu bezwecken, die Idealisierung und überlegene Gewalt des destruktiven Narzißmus aufrechtzuerhalten. Sich zu ändern, Hilfe zu empfangen, bedeutet daher Schwäche und wird als Unrecht oder als Versagen der destruktiven narzißtischen Organisation erlebt, welche dem Patienten ein Gefühl der Überlegenheit vermittelt.[1]

Rosenfeld führte im Weiteren noch ergänzend aus, dass bei manchen dieser narzisstischen Patienten die destruktiven narzisstischen Teile des Selbst mit einer psychotischen Struktur verknüpft seien. Diese sei von der restlichen Persönlichkeit abgespalten und einem Wahnobjekt ähnlich. Sie sei von einem grausamen Teil des Selbst beherrscht, das die Vorstellung erzeuge, dass innerhalb des Wahnobjektes Schmerzlosigkeit einerseits, andererseits aber auch die Freiheit herrsche, sadistischen Impulsen nachzugeben. Sie verspreche dem Patienten schnelle, ideale Lösungen für all seine Probleme. Diese falschen Versprechungen machten das normale Selbst des Patienten von seinem omnipotenten Selbst abhängig und hielten es in der Wahnstruktur gefangen. Diese sei auf narzisstische Selbstgenügsamkeit abgestellt und daher gegen jede Objektbeziehung gerichtet. Das libidinöse Selbst werde durch diese Überwältigung und Gefangennahme völlig unfähig, dem destruktiven Prozess zu widerstehen. Was Rosenfeld hier in sehr dramatischer, geradezu dämonisch personifizierter Weise beschrieb, ist erkennbar eine hochgradig pathologische Organisation.

Ich werde mich in meinen weiteren Ausführungen im Wesentlichen mit zwei Fragen beschäftigen:
– Sind derartige Bandenbildungen, wie sie Rosenfeld als intrapsychische Prozesse beschrieben hat, auch in Gruppen von Bedeutung?
– Macht es Sinn, Bandenbildung im Hinblick auf unterschiedliche Organisations- und Abwehrniveaus zu untersuchen und ihre Funktionen zu beschreiben?

Rosenfeld übertrug meiner Ansicht nach mit seiner dramatischen Metapher die Abwehrfunktion, die die Bildung einer Bande von Gleichgesinnten für die beteiligten Individuen haben kann auf die Untersuchung intrapsychischer Verhältnisse. In der äußeren Realität hilft die Bandenbildung dabei, eigene Hilfsbedürftigkeit, Schwäche und Anlehnungsbedürfnisse abzuwehren, indem diese Gefühle durch das Gruppenselbst und die damit verknüpfte Fantasie einer Omnipotenz ersetzt werden.[2]

In typischer Weise ist diese Funktion in subkulturellen Jugendgruppen realisiert. Hier dient die Bandenbildung an einem Punkt der Entwicklung, der eine grundlegende Verunsicherung im Hinblick auf die eigene Identität, die Beziehungsfähigkeit und die Sexualität mit sich bringt, der Abwehr tief reichender Ängste. Die Bandenbildung dient der Abgrenzung und damit der Vergewisserung der eigenen Autonomie, gerade auch gegen regressive Wünsche.

Gefühle von Ohnmacht und Wertlosigkeit, tiefreichende Identitätsängste, sexuelle Ängste und mit primitiven aggressiven Impulsen zusammenhängende Ängste werden durch die Bandenbildung bekämpft. Sie können über Abgrenzungsprozesse auf andere projiziert werden, wie dies beispielsweise in typischer Weise bei jugendlichen Skinheadgruppen geschieht. Sie werden zugleich im Rahmen einer solchen Bandenbildung ihres höchst idiosynkratischen Charakters entkleidet und damit in gewisser Weise sozial akzeptabel gemacht. Man muss nicht mehr fürchten, mit diesen kaum zu bewältigenden inneren Prozessen alleine zu sein und sich vollkommen abartig zu fühlen, sondern sie werden als etwas erlebt, was von der Gruppe geteilt wird. „Gemeinsam sind wir stark", heißt aus dieser Perspektive: Ich bin nicht alleine und ich bin nicht ohnmächtig. Beides wären Positionen, die kaum erträglich erschienen.

Bei Melanie konnte man dies beispielsweise daran nachvollziehen, dass zunächst berichtet wurde, sie brauche einen Bodyguard. Dann hörten wir von einem Handy, das ständig bei ihr sein musste. Es sei ein nahezu lebenswichtiges Instrument, um je nach Bedarf Oma, Mama, Freunde und Freundinnen jederzeit erreichen zu können. Schließlich wurde Kevin von ihr in genau dieser Weise als jederzeit erreichbares und verfügbares Objekt genutzt und benutzt, es sei denn, sie hatte die Möglichkeit, bei diversen Freunden außerhalb der Wohngruppe unterzukommen. Kevin seinerseits erschien als jemand, der seine tiefgreifende Identitätsunsicherheit darüber zu stabilisieren vermochte, dass er sozusagen ständig zu Sabrina und Melanie nach oben schlich. Beide erreichten es über ihre Bandenbildung, unerträgliche Gefühle von Ohnmacht und Entwertung projektiv-identifikatorisch bei den Betreuern, beispielsweise bei der Nachtbereitschaft unterzubringen. Bei Melanie war speziell zu sehen, wie sie sich über diese Prozesse permanent ihrer eigenen Autonomie versichern konnte und damit regressive Wünsche abwehrte.

Zugleich wurden aggressiv destruktive, zum Teil sadistisch anmutende Impulse projektiv bei den Betreuern lokalisiert. Die Regeln wurden mit Misstrauen betrachtet, als tyrannisch und sadistisch kontrollierend empfunden und gebrandmarkt. Es ist kein Zufall, dass sich der Konflikt mit Sabrina an einer der banalen Regeln entzündete, die als Ausdruck der Schikane der Betreuer angesehen wurde.

Eine derartige Beschreibung macht deutlich, dass Bandenbildungen nicht nur vielfältige Funktionen haben, sondern je nach Kontext und Rigidität der damit verknüpften Abwehrprozesse Entwicklungsperspektiven eröffnen oder verschließen können. Nicht immer und notwendig sind sie als pathologische Phänomene anzusehen. Man sollte nicht unterschätzen, dass das therapeutische Milieu als solches wichtige Funktionen hat, auch und gerade jenseits der unmittelbaren therapeutischen Einwirkungen der Betreuer. Nicht umsonst ist einer der zentralen Begriffe, die mit der Wohngruppe Hagenwört verknüpft sind, der der „Gesprengten Institution". Dies bedeutet, die Entwicklungspotentiale der Jugendlichen und jungen Erwachsenen auch darin zu sehen, dass sie sich gegen die Erwachsenen zusammenschließen und aus dieser Abgrenzung etwas an eigener Identität entwickeln können. Unter diesem Gesichtspunkt ist es oft schwierig zu beurteilen, wann ein solcher Bandenbildungsprozess als entwicklungsfördernd und wann er als hochgradig pathologisch, den Betreffenden potentiell schädigend anzusehen ist.

Bion stellte in seinem 1961 erschienenen Buch *Experiences in Groups and Other Papers* derartige Oszillationen in Gruppen dar. Gruppen oszillierten seiner Beobachtung zufolge zwischen der Arbeitsgruppentätigkeit und den sogenannten Grundannahmen, die derartige Gruppen gemeinsam teilen können. Bion beschrieb drei Grundannahmen, die sich zu erheblichen Hindernissen für den Arbeitsprozess einer Gruppe entwickeln können:

Erstens die Grundannahme der Abhängigkeit. Die Gruppe geht davon aus, dass sie zusammenkomme, um von einem Führer betreut zu werden, von dem sie Schutz und Versorgung erhält. Dieser Führer kann, beispielsweise in einer Gruppentherapie, der Therapeut sein, kann aber vielfach in Gruppen auch irgendein Mitglied der Gruppe selbst sein. Vom Führer wird erwartet, dass er die vorhandenen Probleme löst. Eine solche Grundannahme hätte in Bezug auf das Thema dieser Arbeit weniger mit der geschilderten Art narzisstischer Bandenbildung als mehr mit starken regressiven Tendenzen und mit Anspruchlichkeit und Versorgungswünschen zu tun. Eine solche Organisation unter der Grundannahme der Abhängigkeit erlebten wir häufig in Hagenwört. Die Rivalität um orale Versorgung schaukelte sich oft in sehr konkreter Weise in der Gruppe hoch. Jeder hatte Angst, zu wenig zu essen zu bekommen. Sehr reichliche Mengen an Fleisch wurden als nicht ausreichend angesehen, und es entstanden heftigste, manchmal bedrohlich eskalierende Konflikte darum, wer beim Abendessen Zugriff auf ein weiteres Kotelett bekam. Einfachste Anforderungen einer Mithilfe bei der Essenszubereitung wurden unter Verweis auf andere Gruppenmitglieder kategorisch abgelehnt oder entarteten zu chaotischen Szenen, nach denen die Küche einem

Trümmerfeld glich. Die Reihe der Beispiele ließe sich beliebig fortsetzen.

Eine zweite Grundannahmengruppe bezeichnete Bion als Paarbildungsgruppe. Dabei wird Hoffnung gesetzt auf eine Idee oder eine Person, die den Schwierigkeiten in der Zukunft ein Ende setzen wird. Dieses Phänomen ist häufig bei gemeinsamen Ideologien oder messianischen Führererwartungen. Diese Form der Grundannahmengruppe korrespondiert vermutlich bei Gruppenbildungen in der äußeren Realität am engsten mit dem, was Rosenfeld intrapsychisch beim destruktiven Narzissmus beschrieb. Sie war aber bei den Hagenwört-Bewohnern in seiner reinen Form eher selten anzutreffen, da diese aufgrund ihrer psychischen Struktur in der Regel zu vereinzelt waren, um sich auf diese Weise stabil zusammenzuschließen. Unsere Patienten waren meist – je stärker autistisch oder psychotisch sie organisiert waren, umso mehr –, auf sehr individuelle messianische Erwartungen ausgerichtet, die selten von anderen Gruppenmitgliedern geteilt werden konnten. Beispielhaft war dies bei Benedikt mit seinem ausgearbeiteten und perseverierend vorgetragenen detailliert ausgearbeiteten System einer Vorstellung von Frau und Familie, Villa mit Swimmingpool, Arbeit usw. zu beobachten, das die anderen zum Anlass nahmen, ihn für ihre Zwecke zu benutzen.

Dagegen ist die dritte Grundannahme, bei der die Gruppe sich zusammenfindet, um gegen etwas zu kämpfen oder davor zu fliehen, eine typische Konstellation in therapeutischen Milieus und speziell in der Wohngruppe Hagenwört. Auch diese Form der Bandenbildung hat enge Bezüge zum destruktiven Narzissmus und den eingangs geschilderten Abwehrprozessen. Ich habe bereits beschrieben, wie sich Kevin und Melanie zusammenschlossen und gegen die Betreuer kämpften. Häufig nutzten Patienten wie Melanie die Gruppe dazu, sich zum Anführer der Gruppe aufzuschwingen und gegen die Betreuer Front zu machen. Dies entlastete sie, wie bereits dargestellt, von eigenen aggressiv destruktiven Momenten und Verlassenheits- und Identitätsverlustängsten. Häufig war eine Gleichzeitigkeit von Angriff auf die von den Betreuern repräsentierten und garantierten Strukturen und Flucht aus der vermeintlichen Kontrolle und Tyrannei der Betreuer. Die Formen konnten unendlich vielfältig sein, reichten von Attacken auf das Essen und die Versorgung über Infragestellung der Regeln bis hin zu heimlichen Übertretungen der Vereinbarungen und Unterlaufen der therapeutischen Arbeit. Oft wurden auch andere Patienten benutzt, indem sie projektiv-identifikatorisch aufgeladen oder in verführerischer Weise mit dem

Triumphgefühl eines Sieges über die Betreuer gelockt wurden. Dies hat möglicherweise auch gravierende Beeinträchtigungen ihrer Entwicklung zur Folge.

In der Regel sind wir es gewohnt, derartige Prozesse im Hinblick auf Organisation und Abwehrstruktur der einzelnen Patienten, also auf die Problematik des Individuums bezogen zu analysieren und zu verstehen. Genauso legitim wäre es jedoch, derartige Prozesse selbst bei unseren schwer gestörten Patienten im Sinne einer gruppenanalytischen Reflexion auf deren Funktion für die Gruppe bezogen zu verstehen. Dem sind allerdings vor allem dadurch Grenzen gesetzt, dass bisher im Vergleich zu gruppenanalytischen Überlegungen bei neurotischen Patienten wenig über Gruppenprozesse und deren unbewusste Dimension in einer Gruppe strukturell gestörter, häufig psychotischer, autistischer oder psychosenaher Patienten reflektiert wurde.

Schließlich wäre einmal mehr darauf zu verweisen, dass auch die strukturell gestörten Patienten, wie sie in Hagenwört aufgenommen wurden, nicht nur in autistisch psychotischer Vereinzelung leben, sondern auf anderen psychischen Organisationsniveaus in der Lage waren, Gruppenprozesse zu initiieren und im günstigen Falle für ihre Entwicklung zu nutzen. Dies bedeutete andererseits, dass solche Bandenbildungen im Kern ebenso wie bei neurotischen Patienten in der beschriebenen Weise pathologischen Abwehrzwecken dienen und gegen Entwicklung und Lernen durch Erfahrung eingesetzt werden können.

Anmerkungen

1 Rosenfeld, S. 311–312.
2 Günter, 2008.

Literatur

Bion, Wilfred R., *Experiences in Groups and Other Papers*, London 1961.
Günter, Michael, „Entwertung, Gruppenidentität und Idealisierung des Aggressors bei gewalttätigen Jugendlichen in Ost und West", in: *Kinderanalyse* 16/2008, S. 158–170.
Rosenfeld, Herbert, „Beitrag zur psychoanalytischen Theorie des Lebens- und Todestriebes aus klinischer Sicht: Eine Untersuchung der aggressiven Aspekte des Narzißmus", in: *Psyche* 25/1971, S. 476–493, hier zitiert nach dem Wiederabdruck in: Bott-Spillius, Elizabeth (Hg.), *Melanie Klein heute. Entwicklungen in Theorie und Praxis* Bd. 1, *Beiträge zur Theorie*, Stuttgart 1990, S. 299–319.

Johan De Groef

„Was sich nicht lösen darf, soll man tragen." Institutionelle Arbeit als Arbeit des Teppichknüpfens

Seit dem Blankenberger Kongress „Orte zum Leben" vor fünfzehn Jahren gibt es etwas, das uns hin und wieder zusammenbringt, verknüpft. Paul Federn für mich, Ernst Federn für Euch Tübinger Kollegen spielen darin eine Rolle. Deshalb steht mein Vortrag unter einem Motto aus *Vertreibung und Rückkehr* von Ernst Federn: „Die gute Beziehung ist das Entscheidende."[1]

Die gute Beziehung ist das Entscheidende, um zu tragen, was sich nicht lösen lässt. Institutionelle Arbeit als „teppichknüpferische" Arbeit, wenn ich das so sagen darf, gründet in dem, was eine gute Beziehung genannt werden darf.

Die nachstehenden Reflexionen finden ihren Ursprung in drei Erfahrungsfeldern:

Erstes Erfahrungsfeld. Von meiner Kindheit an habe ich, unter anderem bei meinem verstorbenen Vater und später bei meinem jüngsten Bruder Karel, erfahren, was chronisches psychisches Leiden bedeutet. Auch in meinem Freundeskreis habe ich einige tragische Schicksale erlebt. Nicht umsonst habe ich einen Weg in der Psychoanalyse zurückgelegt und bin seit den achtziger Jahren auch selbst als Psychoanalytiker klinisch tätig. *Pathei mathos.* Das war kein Lernen aus indifferenter innerer Motivation, sondern aus bewegter äußerer Motivation, insbesondere ein Lernen aus und durch Erfahrungen von Leid, das man sonst psychisch „rausschmeißt", weil es unerträglich ist. Meine unbewusste und später bewusst durchgehaltene Entscheidung für den unmöglichen Beruf des Psychoanalytikers/Psychotherapeuten kann nirgendwo anders als in solchen extrinsischen Unmöglichkeiten gründen, in jenen unerträglichen, übertragenen Erbschaften in der eigenen Geschichte, die man in einem psychoanalytischen Werdegang versucht durchzuarbeiten zu verträglichen Realitäten und therapeutisch wirksamen Übertragungen.

Zweites Erfahrungsfeld. Eine ambulante klinische Praxis, in der man, neben einigen beispielhaften klassischen Analysen, Menschen mit einer komplexen Problematik, Psychosen, tiefen Kontaktstörungen begegnet. Kurz: Menschen, die in einem bestimmten Moment um Hilfe bitten und die – manchmal mit längeren Zwischenpausen,

d. h., die Bindung war noch wirksam – in schwierigen Augenblicken in ihrem Leben erneut Kontakt suchen und den Faden der früheren „Behandlung" wieder aufnehmen. Seit einiger Zeit erlebe ich, dass auch Kinder oder Angehörige früherer Patienten sich bei mir in der Praxis melden. Wiederholungen, schicksalhafte Wiederholungen?

Drittes Erfahrungsfeld. Meine Praxis in der Fürsorge, genauer in der Behindertenpflege, und zwar als Direktor von Zonnelied, einem Beschäftigungszentrum und einer Ambulanz für zweihundertfünfzig mäßig bis ernsthaft geistig behinderte Erwachsene. Neben unseren ganz gewöhnlichen „inklusiven" Reihenhäusern bauen wir in unserer zentralen „Mutteranlage" auch besondere „exklusive" Settings für Behinderte mit schweren psychiatrischen oder Verhaltensstörungen auf.

Diese drei Felder erfahre ich nicht als voneinander gelöst, dissoziiert, sondern gerade miteinander verwoben. Sie bilden den singulär verknüpften Teppich, der meine Arbeit und mein Leben trägt.

„Was sich nicht lösen darf, soll man tragen." Institutionelle Arbeit als Arbeit des Teppichknüpfens. Was dürfen Sie von mir erwarten?

Erstens: „Was sich nicht lösen darf ..." Zunächst möchte ich über die Erfahrung und die Bedeutung dieser Erfahrung reflektieren, dass nicht alle Probleme lösbar sind. Die Idee – das Fantasma – der restlosen Lösbarkeit von Problemen verlangt eine kritische Erörterung. Die Unlösbarkeit hängt auch mit einer bestimmten Zeiterfahrung zusammen, der sich wiederholenden Zeit und der linearen Zeit, die angehalten worden ist, nicht mehr fortschreitet und traumatisierend sich „tot"gestellt hat. Unlösbarkeit und Chronizität.

Zweitens: „Was sich nicht lösen darf, soll man tragen ..." Die Anerkennung der Unlösbarkeit mancher Probleme impliziert nicht die entschuldigende Befreiung von professioneller Verantwortung. Die Anerkennung der therapeutischen „Geschäftsunfähigkeit" und die ernüchternde Kränkung unseres professionellen Narzissmus zerschlägt das Bild des selbstgenügsamen Therapeuten im Plüschsessel. Die Unlösbarkeit verpflichtet unsere Berufung dazu, nach einer anderen Melodie, einer anderen Einstellung Umschau zu halten. Nicht das Lösen, sondern das Tragen wird das erste therapeutische Wort.

Drittens: „Was sich nicht lösen darf, soll man tragen. Institutionelle Arbeit als Arbeit des Teppichknüpfens." Jenes Tragen des Unlösbaren ist für mich eine Kernaktivität wie sie etwa in der psychoanalytisch inspirierten institutionellen Psychotherapie in der immer wiederkehrenden Handlung des Empfangs *(acceuil)* thematisiert wird. Dieses institutionelle Geschehen erhält für mich Gestalt in der Metapher des Teppichwebens. Nicht irgendeines Teppichs, geschweige denn eines industriell gefertigten Teppichbodens. Nein, ich habe einen Berberteppich im Auge, der auf einem Webstuhl gewebt wird, der im Berberischen *azetta* genannt wird. Ich habe die Berberteppiche im Auge, die Paul Vandenbroeck ausgestellt und in seinem Katalog mit dem Titel *Azetta* besprochen hat.

Während meiner Darstellung zeige ich Ihnen zugleich einige Bilder jener wunderbaren Berberteppiche, die auf nicht-figurative Weise, in einem Bild, in einem Augenblick zusammenfassen, was ich in etwa einer Stunde in Worte zu fassen versuchen werde. In Kombination mit einem solchen metaphorischen Bild eines Berberteppichs gebe ich Ihnen zugleich auch die Textur einiger zum Gedicht verknüpfter Worte.

Ait Ouaouzguite, Marokko, ca. 1930–1950

I. Was sich nicht lösen darf ...

Ein Gedicht der flämischen Dichterin Miriam Van Hee.

Wir werden schweigen
Oder reden ich meine aus
Den Möglichkeiten auswählen
Und leben mit dem was nicht
Lösbar ist
Wie nachts das Wetter
Umschlägt und gegen Morgen
Regen bringt wie
Züge in den Berg
Fahren so
Weiß ich nichts

Schweigen oder reden, es ist kein großer Unterschied. Es gibt nur eines, das besser ist, als Worte zu haben, und das ist, keine Worte zu haben. Das hat der flämische Dichter Herman de Coninck einmal mit einem Untertitel *(Die Kunst, nicht zu können)* gemeint: Dichter streben danach, keine Worte zu haben, indem sie möglichst wenig davon benutzen, indem sie Stille benutzen. Van Hees Poesie ist fast schweigend. Sie lebt mit dem, „was nicht lösbar ist." Probleme können lösbar sein; aber „lösbar" kann auch das sein, was Zucker im Kaffee ist. Miriam Van Hee lebt mit den Dingen, um die man nicht umhin kann, die Standfestigkeit der Realität. Dass man nicht um sie umhin kann, das muss man lernen: auch das ist die Kunst, etwas nicht zu können.[2]

Die Poesie als ein mögliches Paradigma einer menschlicheren Ökonomie, in der Quantität und Qualität umgekehrt proportional zusammenfallen. Je weniger, desto besser. Mit weniger Worten mehr sagen. Poesie als hohes Lied auf den Mangel. Weniger ist mehr. Könnte es sein, dass sich unsere therapeutische Arbeit und unsere Betreuung von Menschen mit einem chronischen Problem besser an Hand des poetischen Paradigmas denken lässt? Eine Poetik des „sanften Sektors". Eine Ökonomie, in der Menschen den unaufhebbaren Mangel oder die Lücke unzählbare Male erzählend zu schließen versuchen.

Der harte Profit und der sanfte Non-Profit-Sektor sind geläufige Gegensätze. Mir scheint es, dass der „sanfte soziale Sektor" alles zu tun hat mit der härtesten Ökonomie des unaufhebbaren Mangels, des Nicht-Könnens, der Ohnmacht. Und wo der harte Sektor gegen Bezahlung zu fliehen vermag in eine psychopathische Weise, den Mangel zu leugnen und ihm Gewalt anzutun, indem man ihn beherrschen und verwalten will, ist es die Aufgabe des sanften Sektors, sanft zu bleiben, indem man lebt mit der Härte, die der Mangel ist. Geschieht das nicht, wird auch der sanfte Sektor zum harten und werden unsere lebendigen Organisationen zu toten und tödlichen Etablissements, in denen Menschen „namenlos" „abgefertigt" werden, statt zu Gast zu sein.

Herman de Coninck spricht darüber in seinem Essay *Die Kunst, nicht zu können,* einem Vortrag über Poesie und Psychiatrie. Poesie bietet „den Trost", dass es keinen Trost gibt, den Sinn, dass es keinen Sinn gibt, sie ist geübt im Zusammengehenlassen von Dingen, die nicht zusammengehören, im Bewältigen von keinem Zusammenhang ... sie ist gut im Nicht-Können einiger Dinge. Vielleicht soll auch die Psychiatrie das die Menschen lehren. Vielleicht soll man

Menschen von der Idee abbringen, dass sie Dinge können. Man könnte sich vorstellen, dass dies einfach ist, ein Anfangspunkt, so fängt man das Leben an. Aber ich glaube, dass es ein Endpunkt ist, an dem hart gearbeitet werden muss, und den man trotzdem nie ganz erreicht. Diese Poesie nimmt es für das Nicht-Können auf. „Wie Züge in den Berg / Fahren so / Weiß ich nichts", heißt es im Gedicht von Van Hee. So blindlings lebt man eigentlich, geht man in seine Zukunft, so ohnmächtig ist Verstand dabei. Geht das anders? Ich glaube nicht, dass Menschen, die rational leben, sehr interessant sind. Eigentlich habe ich den Eindruck, dass sie nicht bestehen, diese Menschen. Sogar die Intelligentesten gebrauchen ihren Verstand nachträglich – aber davor haben sie z. B. Kinder gemacht oder sich gestritten. Man kann seine Freude am Verstand haben, um besser verstehen zu können, was einem passiert ist. Aber die wesentlichen Dinge passieren uns in der Tat, wir können sie nur zulassen. Wir können auch versuchen, sie nicht zuzulassen, aber dann brechen sie ein. Und dann wüten sie ziemlich im Unbewussten. Wir können also schließlich doch etwas: die Tür offen lassen. Es scheint gering, aber ich glaube, dass es eine der wichtigsten Funktionen der Poesie ist: dass sie jene Zulassung zum Leben, die man ja schließlich geben muss, mit einiger Grandeur gibt.

Ein fiktionalisierter, aber wahrer Kasus aus dem vollen täglichen Leben: Martine, Dirk, Peter, Mark, Griet, Christophe und einige andere.

Martine war eine mäßig geistig behinderte Frau aus einer großen Familie. Die Ätiologie der Behinderung war unbekannt. Als kleines Kind wurde sie in das Medizinisch-Pädagogische Institut St. Franziskus aufgenommen. Seit der Gründung von Zonnelied 1985 verbleibt sie bei uns in einer klassischen Wohngemeinschaft. Regelmäßigkeit und feste Strukturen vorausgesetzt, stellten sich keine nennenswerten Probleme. Sie litt zwar unter leichten Stimmungsschwankungen und konnte hin und wieder, leicht erregbar wie sie war, verbal ausholen, zum großen Ärgernis der Mitbewohner und des Personals. Zeichnen und Malen waren ihre Lieblingsbeschäftigung und manche Kollegen haben noch ein Gemälde im „Rothko-Stil" von ihr an der Wand hängen. Es gab einen guten Kontakt zur Familie, die sich auch sehr loyal zum Handel und Wandel in Zonnelied verhielt. Ihr Vater – ein gottesfürchtiger Mann – war früher schon einmal Vorsitzender des Elternrates gewesen und wurde nicht umsonst von den Vertretern der Eltern in den Verwaltungsrat geschickt. Schon früh stellte sich heraus, dass er auch einen Sohn, Dirk, hatte – Bruder von Martine – mit einer psychotischen Problematik, der als chronischer psychiatrischer Patient in einer Nachtklinik in Brüssel verblieb, wo auch mein jüngster Bruder nach einem ersten psychotischen Anfall gepflegt wurde. Der behandelnde Psychiater war auch beratender Arzt in Zonnelied. Und das eine ergab das andere. Dirk, sein psychisch kranker Sohn, war mal der Geliebte von Griet, die, nachdem sie mit ihm gebrochen hatte, Peter heiratete, den Bruder eines meiner besten Freunde, Mark, der nach seinem Jurastudium psychotisch dekompensierte und der während seiner psychiatrischen Behandlung eine „persönliche Doktorarbeit über I'tjing, Psychoanalyse und Anthropopsychiatrie" schrieb und schließlich Selbstmord verübte.

Peter – also der Bruder meines verstorbenen Freundes Mark – wurde durch einen Kunstfehler und dessen perinatale Folgen Vater eines behinderten Sohnes, Christophe. Die traumatische Erfahrung war Ursache einer ernsthaften Dekompensierung Peters, der sich schließlich, genau wie sein Bruder Mark, umbrachte.

Martine – die geistig behinderte Frau – wurde chronisch krank und verstarb nach langer Krankheit in Zonnelied, und zwar in einem nächtlichen Augenblick, in dem sie kurz alleine war, ohne Betreuung, aber auch ohne Familie. Wir hatten die Familie ja nicht mit der Arbeit des Wachens belasten wollen. Wie zufrieden die Familie mit unserer Betreuung auch war und wie sehr die Familie, trotz ihrer Trauer, auch erleichtert darüber war, dass die Zeit sie eingeholt hatte und dass die Tochter, wie in einem Generationensprung, vor ihnen gestorben war, dieser Tod war besonders schmerzlich, weil wir, webtechnisch gesprochen, einen Faden hatten fallen lassen. Martine war allein – einsam – gestorben.

Ganz anders erging es noch kein Jahr später ihrem Bruder. Auch er wurde chronisch krank – das Kettenrauchen in der Psychiatrie forderte seinen Tribut –, aber er konnte im Familienkreis und in Frieden sterben.

Vor zwei Jahren planten wir einen Neubau für 15 geistig behinderte Personen in einer der Nachbargemeinden. Ich vernahm, dass Griet, die ich seit dem Tode von Peter nicht mehr gesehen hatte, bei uns einen Antrag zur Aufnahme ihres inzwischen erwachsenen Sohnes Christophe gestellt hatte.

So viel über einige Knoten eines noch umfangreicheren und komplexeren Gewebes. Die Zeit schreitet fort, die Zeit hält nicht an, und immerfort kehrt etwas wieder, gibt es Wiederholung.

„met vieren"

Dies ist kein Berberteppich, sondern ein Teppich, der von meinem Bruder Karl gewebt wurde mit Resten der Wolle, mit der Mutter früher Pullis, Handschuhe und Schals gestrickt hat. Vielleicht ist dies eine geometrisch-figurative Darstellung von verknüpften Geschichten, von peinlichen Erfahrungen. Textil, das Textur ist und sich wie ein Textfragment lesen lässt.

Dieser Teppich ist der arbiträr angehaltene Prozess eines sonst endlosen Verknüpfens von Fragmenten und Resten, die wieder auf andere Fragmente und Reste verweisen. Und dadadurch der heilsame Akt des wiederholenden Verknüpfens selbst.

In keiner dieser Geschichten finde ich etwas von Lösbarkeit. Keine Lösbarkeit?

Ich rekapituliere meine Hypothese, die ich an anderer Stelle ausführlicher dargestellt habe. Im Ursprung verlangt keiner der Eltern nach einem behinderten Kind. Jeder verlangt – wider besseres Wissen – ein Traumkind. Die Geburt eines geistig behinderten Kindes zerschlägt den Spiegel all jener geträumten Erwartungen. Metapsychologisch wird deshalb verständlich, dass – zumindest in unserer westeuropäischen Kultur – bei der Geburt eines behinderten Kindes die Eltern in einer ersten Reaktion den psychisch unerträglichen Todeswunsch – „dieses Kind habe ich nicht verlangt" – verdrängen, verwerfen. Diese für das Kind und für die Eltern traumatisierende Erfahrung und der damit verbundene unbewusste Todeswunsch liegen einer verletzbareren und „verletzteren" Bindungsgeschichte zu Grunde, mit allen psychopathologischen Folgen.

Die Behinderung ist gleichsam ein Riss im noch nicht entwickelten Gewebe. Eine Behinderung ist keine Krankheit, die sich heilen lässt, kein Zustand, der sich wiederherstellen lässt. Eine Behinderung bleibt eine Behinderung, trotz aller Hilfsmittel. Es ist ein Zustand, der sich manifestiert in den Möglichkeiten und Beschränkungen, als verlangendes Subjekt das eigene Verlangen zu gestalten. Das

Leben eines geistig Behinderten und das Leben seiner Familie, aber auch die Gesellschaft als solche verlangt eine Ko-Konstruktion, ein Verweben verschiedener Existenzweisen. Die selbstverständlichen Lebensformen werden verknüpft – neu geknüpft mit den Lebensformen, die von sich selbst reden machen, indem sie nicht selbstredend – nicht selbstverständlich – sind. Einschließung (Inklusion) als empfangendes Verknüpfen des nicht erwarteten und nicht verlangten Gastes.

Jener Teppich, jenes Mosaikgewebe, in dem auch verlorene Fäden einen Platz bekommen haben und zum Ganzen beitragen. Dieses Aufgehen im Ganzen ist etwas ganz anderes als jenes restlos Aufgelöstwerden. Die Behinderung – wie hässlich sie anfänglich auch sein mag – wird möglicherweise zu einem gewebten Bild mit einem Schönheitsfehler.

Psychische Gesundheitsprobleme sind besondere Krankheiten, die sich von Krankheiten im biologischen Sinne unterscheiden. „Denn menschliches und also kulturelles Leben ist eine Naturkatastrophe. Eine spannende, manchmal fröhliche, manchmal willkürliche, manchmal tragische Naturkatastrophe." Freud spricht in seinen Vorlesungen nicht umsonst vom Kristallprinzip. Damit deutet er an, dass in der Pathologie die Bruchlinien dessen sichtbar werden, was im normalen Leben nur verschleiert anwesend ist. Das bedeutet, dass er keinen qualitativen Unterschied macht zwischen Pathologie und Normalität, sondern nur einen quantitativen, nämlich dass es in der Pathologie einen graduellen Unterschied, eine quantitative Disharmonie derselben Basismechanismen gibt. Nichts Menschliches ist mir fremd, wie fremd es auch scheint. Das impliziert, dass die Pathologie zum normalen Leben gehört, und dass – militärisch gesprochen – die restlose Auflösung der Pathologie die restlose Auflösung des gewöhnlichen Lebens bedeuten würde. Die präventive Ausrottung der Psychopathologie würde einem Töten des gewöhnlichen Lebens gleichkommen.

Dieser Gedanke möchte keineswegs minimalisieren, was es an therapeutischem Fortschritt gegeben hat, und er möchte auch keineswegs das Feuer der Forschung, das zu immer neuem Fortschritt treibt, löschen. Nur mahnt der Wirklichkeitssinn zu Bescheidenheit und mäßigt die aufgeblasene, megalomane Fortschrittsideologie.

Arbeiten an der geistigen Gesundheit – und in diesem Sinne das Lösen von Problemen – hat dann etwas von einer quantitativen Verdünnung, die dafür sorgt, dass sich das Maßlose der Psychopathologie für das Leben und Zusammenleben wieder eignet, sodass sich jene monströs gewordenen Kräfte erneut in normale Lebensformen einnisten können – wiederhergestelltes Gewebe –, statt dass sie in Zwangsjacken und Pharmazie zusammengepfercht und vermeintlich gelöst werden. Löcher in Socken zu nähen, das nennen wir auf Flämisch auch „Sockenstopfen". Vielleicht ist es dieses Stopfen von Löchern, das wir im Auge haben, wenn wir mit psychischem Leid, mit Behinderung konfrontiert werden.

Der vor Kurzem gestorbene Franziskaner und Spinoza-Spezialist Theo Zweerman schrieb in seinem Buch *Um der Ehre des Menschen willen. Gedankengänge in Philosophie und Spiritualität* ein wunderbares Kapitel „Wie ein Muscheltier. Gedanken über Verletzbarkeit und Wehrhaftigkeit". Muscheltier und Schnecke sind Metaphern um die Verletzbarkeit des Menschen im Allgemeinen anzudeuten. Sie werden auch benutzt, um – fast wörtlich – den geistig behinderten Menschen, den zurückgebliebenen Menschen zu bezeichnen, der, sich kaum aus seinem Häuschen trauend, die Welt mit seinen Fühlern abtastet und sich beim geringsten Widerstand in seine sichere, doch zerbrechliche Schale zurückzieht. Die Trägheit der Schnecke steht sprichwörtlich für die Langsamkeit, die den Zeitverlauf der lebenslänglichen Pflege kennzeichnet. Mit anderen Worten: Sowohl die Behinderung wie die Psychopathologie konfrontieren uns mit der wesentlichen Verletzbarkeit und dem Verletztsein des Menschen. Der Mensch zeigt sich in seiner ganzen Größe, wie er sich auseinandersetzt mit diesen Beschränkungen, in jenem unlösbaren Mangel. Verschwindet dieser Mangel, verschwindet auch der Mensch.

Schon Sophokles hatte Ödipus sagen lassen: „Wenn ich nichts mehr bin ..., werde ich dann wirklich ein Mensch?" Denn anders als das biologische Leben (das griechische *zoè*) lässt sich das menschliche Leben (das griechische *bios*) „nicht an irgendeiner vorgehaltenen Exzellenz messen, sondern es lässt sich erkennen und wiedererkennen durch die Erinnerung und das Sprechen der anderen Menschen in der Polis."

Die Linguistin, Philosophin und Psychoanalytikerin Julia Kristeva kommt dann auch zu dem Schluss: „Es ist das Erkennen und das Anerkennen der Zerbrechlichkeit des Anderen, mehr als seine Exzellenz, die als Freundschaft für jemanden und für etwas das demokratische Band stiftet."[3] Nur innerhalb dieser Art von Gesellschaft mit einem ethisch schwierigen, weil utopischen Rahmen, hat die Singularität eine Zukunft. Wie unsere Gesellschaft, das heißt, wie wir mit der Verletzbarkeit und der Chronizität umgehen, ist der

Prüfstein für unseren demokratischen Gehalt. Verletzbarkeit, Unlösbarkeit, sorgt dafür, dass die Gesellschaft keine geölte Maschine ist, sondern ein menschliches Gewebe. Die symbolische Leerstelle der Macht, die die Demokratie trägt – wie Claude Lefort dies artikuliert hat –, ist vielleicht jener abstrakte Repräsentant jener Behinderung, jener Verletzbarkeit, jenes Mangels.
Zeige mir deine Patienten, und ich werde dir sagen, wer du bist. Oder, als Paraphrase auf das Sprichwort von den Kleidern, die den Mann machen: Menschen mit einer Behinderung machen die menschliche Gesellschaft.

II. Was sich nicht lösen darf, soll man tragen

Mit dem Unlösbaren erscheint der Infinitiv „tragen", erscheint „vertragen".

Haben und sein
In der Schule standen sie an der Tafel geschrieben
Das Verb haben und das Verb sein.
Damit war Zeit, war Ewigkeit gegeben.

Die eine Wirklichkeit, die andere Schein.
Haben ist nichts. Ist Krieg. Ist nicht Leben
Ist von der Welt und ihren Göttern sein.
Sein ist über die Dinge erhaben
Erfüllt werden von göttlicher Pein

Haben ist hart. Ist Körper. Ist zwei Brüste.
Ist hungern und dursten nach der Erde.
Ist nur Sätze, nur dumpfe Pflicht.

Sein ist die Seele, ist horchen, ist weichen
Ist Kind werden und Sterne gucken,
Und dorthin langsam erhoben werden.

Zeit und Ewigkeit. Im klinischen Alltag erfahren wir dauernd, dass nur der Esel sich in Acht nimmt, wo er sich einmal gestoßen hat. Menschen dagegen stoßen sich immer wieder erneut. Wiederholung ist die Mutter der Wissenschaft, vielleicht auch weil sie der Rhythmus des menschlichen Leidens ist.

In einer anthropologischen Psychiatrie, der sogenannten Anthropopsychiatrie des Jacques Schotte (auf den Spuren von Leopold Szondis Schicksalsanalyse), auf die ich hier aus Zeitgründen leider nicht eingehen kann, wird das ganze psychopathologische Feld nicht klassifizierend, sondern kategorial verstanden, und zwar nach den anthropologischen Grundkräften, die auch im normalen Seelenleben wirken. Folgerichtig auch mit Freuds Kristallprinzip meint die Anthropopsychiatrie, dass nichts Menschliches uns fremd ist, wie fremd der Mensch auch scheinen mag. Die vier großen Gruppen der Psychopathologie (die Kontaktstörungen, die Perversionen, die Neurosen und Psychosen) werden in der allgemein menschlichen Thematik und Basisdynamik weitergedacht. Es wird angenommen, dass im Leben eines jeden Menschen und also eines jeden Patienten – ungeachtet der diagnostizierten Pathologie – jede dieser vier Basisdynamiken zugleich eine Rolle spielen, sei es in wechselnder Dominanz.

Erstens: Die Kontaktstörungen, die Stimmungsstörungen bilden die Basis, das Basisregister. Sie offenbaren das allgemeinmenschliche Thema der Stimmung, wonach wir uns mit jener genauso bekannten wie abgegriffenen Frage: „Wie geht es dir?" erkundigen. Dennoch berührt diese Frage uns im Grund unserer Existenz. Es ist die Frage, die sich nach unserer Stimmung erkundigt. Dieses Thema ist mit dem Phänomen der kreisförmigen zirkulären Zeit verbunden: das Kommen und Gehen, Tag und Nacht, auf Regen folgt Sonne, auf Sonne Regen. Dieser sich wiederholende Rhythmus, diese immer wiederkehrende Zeit verschafft uns eine Grundsicherheit, deren Basis im frühesten Mutter-Kind-Verhältnis gelegt wird, jener Bindung, die paradigmatisch ist für jeden späteren Kontakt. Auch im Kontakt zwischen Betreuer und Patient wiederholen sich die Schicksale früherer Kontakte, früherer Begegnungen. Wie viel Kommen und Gehen verschiedener Betreuer kann ein Patient ertragen? Wie lange kann ein Betreuer das dauernde Kommen und Gehen eines Patienten und dessen Familie ertragen? Wie viel Wiederholung braucht man, damit sich Gewöhnung und Vertrauen einstellen können? Das normale Leben in seinem täglichen Rhythmus impliziert die Kunst des Gewöhnlichen, des nicht Aufsehenerregenden, was zugleich das Grundlegendste und Wesentlichste ist.

Zweitens und drittens: Die Perversionen und Neurosen offenbaren einerseits die menschlichen Themen der körperlichen Lust und der Beherrschung von Objekten sowie das Thema von Gut und Böse, die Vorschriften und die Ordnung der Verhältnisse andererseits. Die entsprechenden Fragen sind: Was gefällt dir einerseits, was darfst du tun, mit wem, wo und wann anderseits? In diesen beiden Registern spielt die lineare Zeit die Hauptrolle. Es ist die Zeit des Stillstandes und der Bewegung, die Zeit, die vorwärts und rückwärts verläuft, innen und außen. In den Perversionen hat sie die Form der Gefrierung oder der Festlegung der fortschreitenden Zeit in einem kaptierten Augenblick, einem hypostasierten Moment. In den Neurosen gibt es die Orientierung der Vergangenheit (über das Heute) auf die Zukunft. In diesem Zeitregister manifestieren sich die Krisen gerade dann, wenn der geordnete Gang, der Zeitverlauf gestört wird und anhält. Bleibt man nostalgisch in der Vergangenheit hängen oder geht man genießend in der Gegenwart auf oder flüchtet man träumend in die Zukunft? Die Verknüpfung der drei Dimensionen ist notwendig, will man sich zu gegebener Stunde in das Gefüge der westlichen Zivilisation einschreiben. In einem reduktionistischen Fortschrittsglauben an eine immer besser werdende Zukunft, in der alles Heil gelegen ist und in der alles gelöst sein wird, wird die Linearität aufgelockert, sodass die Zukunft entwurzelt in eine manische Ideenflucht aufgelöst wird, die paranoid-zwanghaft verwaltet und beherrscht wird.

Viertens: die Psychosen konfrontieren uns mit den wichtigsten philosophischen Themen überhaupt. Sie berühren die Fragen von Haben und Sein, Verben die, dekliniert, unserer Identität Gestalt geben. Wer bin ich? Was will ich werden? Bin ich jemand, weil ich etwas habe, oder bin ich gerade jemand insofern ich nichts habe, weil ich dann bin, wie ich bin; ein „Du sei wie du".

Dieses Thema berührt nicht einfach den Grund, sondern den Ursprung, die Wurzeln unserer Existenz. Es ist die Zeit der Bedingtheiten: die Zeit des „wenn ich ... wenn du", „ich würde ..., und dann würdest du ..." Es ist die sich öffnende Zeit der Möglichkeiten oder die sich schließende Zeit der Unmöglichkeiten. Sich öffnen und schließen bilden die ursprünglichste Dynamik der menschlichen Existenz. Rilke hatte das bereits begriffen, als er seine *Duineser Elegien* schrieb.

Gerade deshalb ist in der Betreuung derjenigen, die klein und verletzbar oder anders und fremd scheinen, das Empfangen, das Sich-Öffnen, so wichtig. Für Eltern schließt sich die offen verlangende Zeit der Möglichkeiten des ungeborenen Kindes in der Konfrontation mit der Realität eines behinderten Kindes. Die Zeit hält ein, und jedes behinderte Baby droht in die Vorhölle gefrorener Möglichkeiten eingeschlossen zu werden. Es war einmal ... ohne ... und sie lebten noch lang und glücklich. Sehr viele Behinderte werden als ungeborene Engel in einen dialektischen Stillstand eingeschlossen. Leben, bewegen; die fortschreitende Zeit impliziert auch Endlichkeit und Tod. Und das ist eine zu schmerzliche psychische Realität, wenn ein unbewusster Todeswunsch wirksam ist.

Zusammen mit dem Stillstand werden wir mit dem rhythmisierten Stillstand der Wiederholung konfrontiert. Immer wieder, wie sicher der Stillstand auch scheint, weil man erfährt, dass der Teufelskreis nicht durchbrochen wird, keine Vertiefung kennt, nicht zur Spirale wird. Das Wiederholen, das immer wieder in keine lineare Geschichte mündet.

Die Psychoanalyse hat diese drei Zeitdimensionen in ihrer Theorie und Therapie verknüpft. Nicht umsonst ist eine Analyse unendlich (wie ihr Grundkonzept des Unbewussten); auch wenn jede Sitzung in der Zeit beschränkt ist, kann sie endlos wiederholt werden. Die freie Assoziation öffnet über die Gegenwart und die Vergangenheit die Möglichkeiten, die Unmöglichkeiten verschiedener Zukunftsbilder, und in dieser prinzipiellen Unendlichkeit ist und bleibt sie immer endlich.

Deshalb halte ich den psychoanalytischen Ansatz, das psychoanalytische Denken für den tragfähigsten Rahmen, gerade für Patienten, für die im Sinne des *furor sanandi* keine Hoffnung mehr besteht. Die Psychoanalyse gibt ihnen ja die Zeit, sich zu erholen, sich in einer Geschichte einzufinden, ungeachtet der Qualität dieser Geschichte; sogar wenn diese Geschichte repetitiv ist, gibt es noch immer den sich wiederholenden Kontakt, der selbst zur Geschichte wird.

Die großen menschlichen Probleme lassen sich nicht lösen und zeichnen sich durch eine sich wiederholende Trägheit des Herzens aus. Sie verschwinden nicht ins Nichts, sondern müssen getragen werden, immer weiter getragen werden, ertragen werden.

Mit dem Verb „tragen" begeben wir uns auf das semantische Feld des Tragens, des Ertragens, des Übertragens, aber auch der Tracht (wie eine Schwangerschaft oder wie Kleider).

Betreuer sind Sherpa. Sie haben ja eine dienende Funktion für die Patienten, die auf ihren Berg klettern. Sie haben eine phorische Funktion für das, was nicht lösbar ist und nicht lösbar werden darf. Denn „was man nicht erfliegen kann, das muss man erhinken", meint Freud, die Schrift zitierend, in *Jenseits des Lustprinzips* und er fuhr mit den tröstenden Worten fort: „Die Schrift sagt, es ist keine Sünde zu hinken." Lösbare Probleme gehören in ein paradiesisches Jenseits. Diesseits bleibt uns nur ein endliches und hinkendes Dasein, getragen von Teppichen. Nicht vom Fliegenden Teppich Aladins.

III. Institutionelle Arbeit als „teppichknüpferische" Arbeit

Weben als ein Verknüpfen von Fäden ist eine sehr beziehungsreiche Aktivität. Es ist ein Geschehen, das in allen Kulturen ursprünglich mehr als ein nur Funktionelles war; es war auch immer metaphorischen und rituellen Charakters. Nicht umsonst wird der Lebenslauf eines Menschen als ein Faden vorgestellt. Man spricht vom Lebensfaden, oder von einem Leben, das am seidenen Faden hängt. Die Griechen kannten die Schicksalsgöttinnen, die den menschlichen Lebensfaden spannen, seine Länge bestimmten und ihn durchtrennten. Das menschliche Leben und Zusammenleben, aber auch das Universum wird als ein Netzwerk, als ein Gewebe betrachtet. Auch das menschliche Sprechen und Texte werden als komplexe Gewebe aufgefasst, als Texturen.

Das Weben ist also irgendwie eine symbolische Handlung, bei der zwei unbekannte, einander fremde Elemente sich kreuzen. Zwei Fäden, die sich berühren und verbunden werden, ohne dass der eine im anderen aufgeht. Verknüpfen ist etwas anderes als verschmelzen.

Damit ist zugleich gesagt, dass dieses Bild auch höchst relevant ist für unsere tägliche Arbeit als professionelle Betreuer im Verhältnis zu anderen ... Therapeutische Verhältnisse, Übertragungen, verstanden als besondere Gewebe. In einer griechischen Bedeutungslinie könnte man von einer Penelope-Arbeit sprechen.

Paul Vandenbroeck bietet mit Hilfe des Denkrahmens der jüdischen Analytikerin und Künstlerin Bracha Lichtenberger einen neuen Blick auf eine traditionelle maghrebinische Frauengemeinschaft, aber auch auf abstrakte Kunst und weibliche Kunst an sich. Seine Ausstellung *Azetta* und der gleichnamige Katalog haben mir dabei geholfen, das Besondere unseres therapeutischen Umgangs mit Menschen mit einem unlösbaren Problem besser zu begreifen.
Ein Weiterdenken des Besonderen dieser Berberteppiche bringt uns auf die Spur dessen, was in der typisch männlich-phallischen, gleichmacherischen, produktorientierten, mechanisierten, reproduktiven Teppichindustrie verloren geht.
Diese Art von in industriellem Ausmaß produzierten Teppichen steht als Symbol für die programmierte Betreuung, die aus klar unterschiedenen und definierten Betreuungshandlungen und -modulen in vorhersagbaren und berechneten Zeiteinheiten und verallgemeinerten Verfahren, auf jedwede nach DSM-Normen definierte Pathologie angewendet werden können. Solche figurativen Teppiche gehören zum klassischen westlichen Mainstream-Paradigma einer

vermarkteten Betreuungsindustrie, die für jeden bezifferten Fall eine fertige Lösungsstrategie bereithält. Alles was nicht da hineinpasst, schlimmer noch, jeder, der nicht hineinpasst, gehört zur Restgruppe. Die Frage ist, welches Leben dieser Restgruppe noch bleibt und ob dieses Leben nicht am seidenen Faden hängt, der von der unsichtbaren Hand des Marktes irgendwann durchgeschnitten wird. Auschwitz kennt inzwischen ja viele ausgeklügelte Formen der Vernichtung, der Endlösung. Denn in der Produktion von geistiger Gesundheit und im Gesundmachen von geistig Behinderten droht der Vollzug dieser Logik des Machens, eventuell sogar bis zum bitteren Ende, des Totmachens.

Denn, wie der niederländische Dichter Gerrit Kouwenaar schrieb: „Von allem Machen ist das Totmachen wohl das Vollkommenste."

Die Webkunst der Berberfrauen kann mit einer Logik des Machens nicht gefasst werden, wohl aber in einer des schöpferischen Handelns. Und das schöpferische Handeln ist damit noch nicht in ein Distanz schaffendes Fassen in Worten übersetzt. Diese Kunst des Webens trägt eine vorsprachliche Erkenntnis und Ethik in sich und zeichnet die Kraftlinien eines weiblichen Vermögens. Diese Kunst arbeitet nicht mit der sprachlichen, vorstellungsmäßigen Sinngebung, sondern durch außersprachliche Analogie, durch körperliche Entsprechung. Die Sinngebung im Weben geht von der Ähnlichkeit zwischen Webstuhl, Erde und Gebärmutter aus. In allen dreien kommt es durch ein Abstecken von Linien und durch das Kreuzen von Kette und Aufschlag, durch die Verknüpfung von Gegensätzen beziehungsweise von verschiedenen Prinzipien zu etwas Neuem. Diese Teppiche sind auch immer verbunden mit entscheidenden Lebensmomenten im Geschehen des Mikrokosmos (Geburt, Krankheit, Behinderung, Tod, Ehe ...).

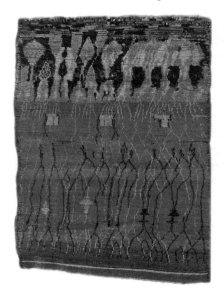

Bouja'd, Marokko um 1940

In der Teppichkunst der Berber kommt diese Kultur zum Ausdruck im sogenannten matrixialen Stil (von *matrix,* „Gebärmutter") und in den materiellen Bedeutungsträgern, Psychogramme, die eine außersprachliche Ahnung über den Weg der Synästhesie ins Bild bringen – in ein abstraktes Bild. Frauen haben einen privilegierten Zugang zur paradoxen Zeit, in der Zukunft – etwas Neues – auf traumatische Weise (weil fremd) die Vergangenheit trifft, und zu einem paradoxen Raum, wo innen und außen sich begegnen.

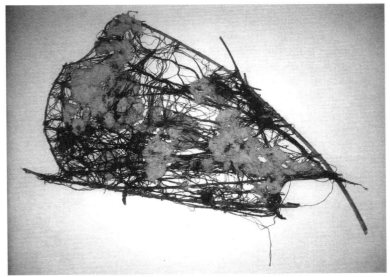

„partituur", Heide De Bruyn

Ein solches Gewebe, eine solche Matrix, handelt von der weiblichen Dimension der Pluralität und vom Unterschied-zwischen-Verschiedenen in einer geteilten Subjektivität.

Das Psychogramm ist ein Verhältnisschema des Subjekts (oder des werdenden Subjektes vor der Geburt) mit dem Nicht-Ich. Es ist auch die erste „Darstellung" einer psychischen Aktivität, die ein Geschehen in einer Grenzzone thematisiert. Nicht-Ich und Ich tasten sich ab und durchdringen sich. Wahrnehmung und Piktogramm gehören zu dem, was man die ursprüngliche Ebene der psychischen Aktivität nennt.

Das fantasmatische, matrixiale Gewebe von Ich und Nicht-Ich enthält die Reste ihrer heftigen Gefühle und die Spuren des archaischen Verhältnisses zum anderen und zu anderen, Spuren dessen, der gewesen ist.

Übersetzt in unsere tägliche Praxis bedeutet dies mindestens Folgendes: Das Verhältnis zwischen einem Betreuer und einem Patienten ist etwas Partikulares, das sich nicht reproduzieren und also auch nicht einwandfrei ersetzen lässt.

In einer chronischen, also lebenslänglichen Zeitperspektive stellt sich mithin die Frage, wie jenes Partikulare lebenslänglich Gestalt annehmen kann und zwar im vollen Bewusstsein von dessen Endlichkeit.

Nichts ist ja schmerzlicher, sowohl für die Betroffenen als auch für jede betreuende Institution (auch für die Psychoanalyse), als die eigene Endlichkeit zu denken und vorherzusehen. Jeder kleine Teppich repräsentiert diese Endlichkeit.

Diese berberischen Webkünstlerinnen fingen immer wieder von Neuem an und drückten so ihre Haltung der Hinnahme und des Mutes in Unfreiheit aus. Meisterschaft in der Beschränkung.

Das Verhältnis zwischen einem Betreuer und einem Patienten ist neben der historischen Rekonstruktion und Verknüpfung von Geschichten, vor allem das Verknüpfen des Geschehens.

Sie schreiben zusammen Geschichte(n). Mit diesen Patienten, mit diesen Menschen begibt man sich auf den Weg „unterwegs zur Sprache", in der vollen Erfahrung, dass wir,

> seit ein Gespräch wir sind und hören können voneinander ... bald sind wir –
> beim Weben – Gesang (Hölderlin).

Das tägliche Sonnenlied

Zonnelied als Institution ohne Erwerbszweck und das tatsächliche Zonnelied – wie sehr sie auch organisatorisch, verfahrensmäßig und programmatisch vorbereitet und verwaltet werden – stellen in ihrem Wesen eine tägliche Praxis dar. Das heißt eine äußerst verletzbare, denn von allen Betroffenen abhängige Ausführung einer nicht-programmierbaren, sondern konkret zu interpretierenden Aufgabe. Konkret, weil die Interpretation nur intersubjektiv, nämlich im Kontakt mit den Gästen und zusammen mit den Kollegen stattfinden kann.

Zonnelied ist eine Praxis von Menschen für Menschen. Es ist ein lebendiges Kunstwerk, das, gerade weil es ein Werk des Verlangens ist, immer verletzbar und verletztes Fragment bleiben wird. Zonnelied als Praxis ist auch selbst etwas Singuläres, das, ob man das nun mag oder nicht, sich jedweder megalomanen Beherrschungstendenz widersetzt. Wie sehr man auch zählen will und muss – was zählt, ist nicht das Zählen, sondern höchstens das nachträglich zu Erzählende. Erst braucht man ein verführerisches „*Yes we can*", dann kommen die zahlenden Manager, und endlich braucht man ein führerisches „*No, but we can this and let's hope that once we can* ..."

Ein solches Verhältnis ist nicht planbar oder programmierbar. Es wird versuchshaft zusammengesetzt oder gebastelt („bricolliert"), es wird gewebt. In unserem Fall heißt das: gewebt mit dem, was sich zufällig ergibt, mit dem, was sich, wie überraschend oder langweilig auch immer, ereignet. Deshalb sind „Textilarbeiten" wie die von Heide De Bruyn und Hilde D'hondt (zwei unserer Gäste in Zonnelied, deren Werk auch aufgenommen wurde in *Loss of Control*, der jüngsten Ausstellung von Jan Hoet im Herforder Museum) ebenfalls als Berberteppiche zu verstehen, als Psychogramme eines lebenslänglichen zusammen verknüpfenden Unterwegsseins. In der erwähnten Ausstellung ist auch der Film des deutsch-niederländischen Psychiaters Detlef Petry zu sehen: *Zu Ende behandelt, aber nicht aufgegeben.*

Die uns zur Verfügung stehenden Instrumente (Infrastruktur, Personal, Geld), wie mangelhaft und gering auch immer, sind genau wie der Webstuhl und die Kettfäden Bedingungen, die gespannt auf den Augenblick des Einsatzes, der Kreuzung von Aufschlag und Kette warten. Es ist dieser brüchige Moment des Empfangens dessen, was zufällt, der für die endgültige Figur bestimmend ist; endgültige Figur, die nur nachträglich so etwas wie ein Totalbild zu sehen gibt. Dieses Totalbild kann aber nie von Beginn an anwesend sein, es sei denn man will es in einem totalitären Prozess der Verarbeitung beherrschen.

Im Moment des Empfangens des Aufschlags findet dieser Aufschlag in einem der Kettfäden seinen Meridian (im Sinne von Paul Celan): „Aufmerksamkeit ist das natürliche Gebet der Seele."

Schließlich und weil eine gesellschaftliche Verantwortung über den Gebrauch von Steuermitteln ja auch sozial-ethisch wesentlich ist, sollte man der lebenslänglichen Betreuung und den Menschen, die darin tätig sind, nicht nur einen wirtschaftlichen, vorweg zu beziffernden Stellenwert geben, sondern man sollte ihnen ein kulturell privilegiertes Forum anbieten, auf dem sie nachträglich vom Mehrwert, den sie zusammen realisiert haben, Rechenschaft ablegen können: eine Anlage, die, nicht auf der Bank, sondern auf der figürlichen Couch, menschlich höchst rentabel ist. Schließlich ist, was gesellschaftlich zählt, ein gemeinschaftlich beseeltes Schaffen und Verflechten von Geschichten. Darüber wird auf den kulturellen Foren (meistens die kleinen Theater des menschlichen Lebens, in Wohnzimmern, an Straßenecken usw. wie damals in den griechischen Theatern) nachträglich erzählt und Rechenschaft abgelegt. Menschliche Probleme lassen sich nicht lösen, sie müssen getragen werden. Dieses Tragen impliziert immer ein gemeinsames Tragen im trägen Tempo des Verlangens. Das ist es, wovon diese Gewebe anonym Zeugnis ablegen.

Spät
Verzögere
Verzögere
Verzögere deinen Schritt.
Schreite langsamer als es dein Herzschlag verlangt
Verlangsame
Verlangsame
Verlangsame dein Verlangen
Und verschwinde mit Maßen
Nimm nicht die Zeit
Und lass die Zeit dich nehmen
Lass[4]

Anmerkungen

1 Federn 1994, S. 213.
2 De Coninck, S. 237.
3 Kristeva, S. 31.
4 Nolens , S. 597.

Literatur

Coninck, Herman de, *Het Proza*, Bd. 2, Amsterdam und Antwerpen 2000.
Federn, Ernst, und Plänkers, Tomas, *Vertreibung und Rückkehr. Interviews zur Geschichte Ernst Federns und der Psychoanalyse*, Tübingen 1994.
Kristeva, Julia, *Lettre au président de la république sur les citoyens en situation de handicap, à l'usage de ceux qui le sont et de ceux qui ne le sont pas*, Paris 2002.
Nolens, Leonard, *Laat alle deuren op een kier. Verzamelde gedichten*. Amsterdam 2004, S. 597.
Vandenbroeck, Paul, *Azetta. Berbervrouwen en hun kunst*, Gent und Amsterdam 2000.
Zweerman, Theo, *Om de eer van de mens. Verkenningen op het vlak van filosofie en spiritualiteit*, Delft 1993.

Bildnachweis

S. 210 Vandenbroeck, Paul, *Azetta*, S. 155.
S. 214 Privatbesitz Johan De Groef
S. 222 Vandenbroeck, Paul, *Azetta*, S. 151.
S. 223 Privatbesitz Home Zonnelied.

Autorinnen und Autoren

Allerdings, Ingrid, Jg. 1956, Psychoanalytische Sozialarbeiterin. Mitarbeiterin der Ambulanten Dienste und Geschäftsführerin des Vereins für Psychoanalytische Sozialarbeit e. V. Rottenburg und Tübingen.
Anschrift: Hechingerstr. 53, 72072 Tübingen

De Groef, Johan, Jg. 1955, Psychoanalytiker in privater Praxis (Brüssel), Direktor von Zonnelied (Roosdaal, Belgien), einer Einrichtung für geistig behinderte Erwachsene.
Anschrift: Kloosterstraat 7, B-1761 Roosdaal

Etrich, Sylvie Mareike, Jg. 1975, Dr. med., seit 2004 Assistenzärztin in der Kinder- und Jugendpsychiatrie Tübingen, seit 2009 in der Psychiatrischen Klinik Tübingen tätig, Systemische Beraterin und Familientherapeutin (IGST Heidelberg), in Weiterbildung zur psychodynamisch fundierten Psychotherapeutin (WIT Tübingen).
Anschrift: Osianderstr. 16, 72076 Tübingen

Fischer, Beate, Jg. 1961, Diplom-Sozialpädagogin, seit 1990 Mitarbeiterin der Sozialpädagogischen Familienhilfe in Offenbach am Main.
Anschrift: Sozialpädagogische Familienhilfe Offenbach, Taunusstr. 32, 63067 Offenbach

Günter, Michael, Jg. 1957, Prof. Dr. med., Kinder- und Jugendpsychiater, Psychoanalytiker, Leitender Oberarzt der Abteilung für Psychiatrie und Psychotherapie im Kindes- und Jugendalter, seit 1988 Vorstandsmitglied des Vereins für Psychoanalytische Sozialarbeit e. V. Rottenburg und Tübingen.
Anschrift: Osianderstr. 14, 72076 Tübingen, E-mail: michael.guenter@med.uni-tuebingen.de

Kastner, Peter, Jg. 1945, Prof. Dr., Sozialarbeiter graduiert, Dipl. Psychologe, Psychologischer Psychotherapeut, Lehranalytiker DPG/DGPT, Tätigkeiten als Sozialarbeiter (Jugendarbeit, Streetwork, Klinische Sozialarbeit), Praxis als Psychoanalytiker, Lehrauftrage an verschiedenen Hochschulen, seit 1987 Professor für Methoden der Sozialarbeit und klinische Psychologie an der Hochschule für Angewandte Wissenschaften (HAW) Hamburg.
Anschrift: Uferstr. 21, 22113 Oststeinbek

Kleefeld, Hartmut, Jg. 1953, seit 1978 in der Kinder- und Jugendpsychiatrie beschäftigt, 15 Jahre Erfahrung mit stationärer Arbeit, seit 1993 dort als Leiter des Pflege- und Erziehungsdienstes tätig, seit 1995 Mitglied des Vorstands der bundesweiten Arbeitsgemeinschaft, Leitender Mitarbeiter in der KJP (Kinder- und Jugendpsychiatrie). Mehrere Veröffentlichungen zu Fachthemen, Kollegenberater der Wohngruppe Hagenwörtstraße des Vereins für Psychoanalytische Sozialarbeit e. V. in Rottenburg und Tübingen.
Anschrift: Osianderstr. 16, 72076 Tübingen

Krüger, Christof, Jg. 1958, Dipl.-Soz.-Päd., Psychoanalytischer Sozialarbeiter, Mitarbeiter der Ambulanten Dienste des Vereins für Psychoanalytische Sozialarbeit e. V. Rottenburg und Tübingen.
Anschrift: Hechingerstr. 53, 72072 Tübingen.

Kuchinke, Thomas, Jg. 1958, Dipl.-Soz. und Dipl.-Psych., Mitarbeiter der Sozialpädagogischen Familienhilfe in Offenbach/Main.
Anschrift: Sozialpädagogische Familienhilfe Offenbach, Taunusstr. 32, 63067 Offenbach

Lazar, Ross Allen, Jg. 1945, BA, MA, analytischer Psychotherapeut für Kinder, Jugendliche und Erwachsene, Bachelor-Studium der Kunstgeschichte an den Universitäten Michigan in Ann Arbor, USA, und der LMU München; Master-Studium der Kunstpädagogik und der Früh- und Sonderpädagogik an der Universität Harvard, Cambridge, Massachusetts; 1972–1978 klinische Ausbildung zum Analytischen Psychotherapeuten für Kinder und Jugendliche an der Tavistock Clinic/Tavistock Institute of Human Relations – School of Family Psychiatry and Community Mental

Health, London; 1978-82 Mitarbeiter an der Poliklinik für Kinder- und Jugendpsychotherapie der Technischen Universität München; seit 1982 als Psychotherapeut, Psychoanalytiker, Supervisor und Berater in privater Praxis. Mitbegründer von MundO, dem Arbeitskreis zur Förderung des Lernens von Menschen und Organisationen, und des Wilfred R. Bion Forums für die Förderung der Psychoanalyse. Gastprofessor am iff, dem Institut für Forschung und Fortbildung der Alpen-Adria-Universität Klagenfurt/Wien, und an der Universität Wien, Institut für Bildungswissenschaft, Forschungseinheit Psychoanalytische Pädagogik.
Anschrift: Lisbergstraße 1, 81249 München

Leuthard, Esther, Jg. 1952, lic. phil. I, Psychologin, Mitbegründerin des „verein für psychoanalytische sozialarbeit zürich" (vpsz), arbeitet in Zürich als Psychotherapeutin und psychoanalytische Sozialarbeiterin.
Anschrift: Ausstellungsstrasse 25, CH-8005 Zürich, Tel. 0041 (0)44 272 92 12, E-mail: mailto:esther.leuthard@bluewin.ch

Maas, Michael, Jg. 1958, Dipl.-Päd., Psychoanalytischer Sozialarbeiter, Mitarbeiter des Therapeutischen Heims für Jugendliche und junge Erwachsene des Vereins für Psychoanalytische Sozialarbeit e. V. Rottenburg und Tübingen.
Anschrift: Niedernauerstr. 11, 72108 Rottenburg

Moser, Catherine, Jg. 1956, Dipl.-Psychologin und Magister der Philosophie (Sorbonne, Paris, 1979), Mitarbeit in der „Maison Verte" mit Françoise Dolto und Psychotherapeutin in verschiedenen Einrichtungen in Paris 1980–1988, seit 2002 Psychoanalytikerin für Kinder, Jugendliche und Erwachsene in eigener Praxis in Elchingen und Neu-Ulm, Supervisorin, diverse Veröffentlichungen.
Anschrift: Hasenweg 2, 89275 Elchingen-Thalfingen, E-mail: cmoserpsy@netscape.net

Nonnenmann, Horst, Jg. 1957, Dipl.-Päd., Psychoanalytischer Sozialarbeiter. Mitarbeiter der Wohngruppe für junge Erwachsene des Therapeutischen Heims im Verein für Psychoanalytische Sozialarbeit e. V. Rottenburg und Tübingen, Vorstandsmitglied.
Anschrift: Niedernauerstr. 11, 72108 Rottenburg

Pahud de Mortanges, Caroline, Jg. 1957, lic. phil. l, Psychologin, Mitbegründerin des „verein für psychoanalytische sozialarbeit zürich" (vpsz), arbeitet in Zürich als Psychotherapeutin mit Kindern, Jugendlichen und Erwachsenen sowie als psychoanalytische Sozialarbeiterin.
Anschrift: Ausstellungsstrasse 25, CH-8005 Zürich, Tel. 0041 (0)44 272 92 15, E-mail: caroline.pahud @bluewin.ch

Perner, Achim, Jg. 1953, Dipl.-Soz.-Päd., M. A., Psychoanalytischer Sozialarbeiter in Berlin, Mitglied des August-Aichhorn-Insituts für Psychoanalytische Sozialarbeit, Mitherausgeber der Arbeitshefte *Kinderpsychoanalyse*.
Anschrift: Lottumstr. 3, 10119 Berlin

Wolf, Reinhold, Jg. 1951, Dipl.-Psych., analytischer Kinder- und Jugendlichenpsychotherapeut, Mitarbeiter der Ambulanten Dienste des Vereins für Psychoanalytische Sozialarbeit e. V. Rottenburg und Tübingen.
Anschrift: Hechingerstr. 53, 72072 Tübingen

Der Frankfurter Verlag für Psychoanalyse

Jack Novick/ Kerry K. Novick
Elternarbeit in der Kinderpsychoanalyse
Klinik und Theorie

256 S., geb., € 29,90
ISBN 978-3-86099-603-4

Die Novicks konzipieren mit diesem Werk nicht weniger als eine Praxisanleitung für die Durchführung erfolgreicher Elternarbeit in der analytischen Kinder- und Jugendlichen-Psychotherapie, ohne die ein Therapieerfolg für die Kinder und Jugendlichen nicht möglich ist.

Damit füllen sie eine Lücke in der Literatur und sind gleichzeitig Vorreiter in der konzeptionellen Erfassung kinderpsychoanalytischer Erfahrungen.

Ellen Lang-Langer
Trennung und Verlust
Fallstudien zur Depression in Kindheit und Jugend

400 S., geb., € 39,90
ISBN 978-3-86099-376-7

Die Kinder und Jugendlichen, über die Lang-Langer berichtet, erfuhren Trennung und Verlust als etwas, das früh über sie hereinbrach. Verarmung des Ichs und Erstarrung in Depression waren die Folge.

Die Autorin gibt Einblick in das innere Drama der Kinder und den Kampf um die Wiedererlangung der psychischen Lebendigkeit in der Kinder- und Jugendlichen-Psychoanalyse.

Der Frankfurter Verlag
für Psychoanalyse

Hans Hopf
Angststörungen bei Kindern und Jugendlichen
Diagnose, Indikation, Behandlung

Juliet Hopkins
Bindung und das Unbewusste
Ein undogmatischer Blick in die kinderpsychoanalytische Praxis

300 S., geb., € 29,90
ISBN 978-3-86099-375-0

Der Band versteht sich als Lehrbuch zur psychoanalytischen Krankheitslehre, speziell der Angststörungen und ihrer Behandlung im Kindes- und Jugendalter. Außerdem wird die ICD-10 zur Diagnose einbezogen. Die Indikation einer geeigneten Therapieform sowie die jeweiligen behandlungstechnischen Herausforderungen werden erörtert.

256 S., geb., € 29,90
ISBN 978-3-86099-745-1

Das Buch enthält Erfahrungen aus der jahrzehntelangen Arbeit als Kinderpsychoanalytiker in, in denen es um die Integration psychoanalytischer Theorie und Bindungstheorie in klinischer Beobachtung und Praxis geht.

Bitte fordern Sie auch unseren Psychoanalysekatalog an: Brandes & Apsel Verlag
info@brandes-apsel-verlag.de • www.brandes-apsel-verlag.de